# DAVIDBOWIE
## SOUND+VISION COMPLETE

## デイヴィッド・ボウイ完全版

責任編集 和久井光司

# DAVIDBOWIE
SOUND+VISION
COMPLETE

# 常に変化を見せながらスーパースターであり続けた男

和久井光司

ロックの名盤が次々にCD化されたのは87〜88年から95年ぐらいのことで、そのころには所謂〝名盤ガイド〟の類が各社から刊行された（私もずいぶん原稿を書いたものである）。

長らく廃盤になっていたものが新譜と同様に売り場に並んだのだから、ロックの歴史を俯瞰するのは容易くなった。すでに30代になっていた私もその時期にCDで60〜70年代の〝抜け〟を補ったけれど、ハタチそこそこの子にジミ・ヘンドリクスやジャニス・ジョプリンを熱く語られたりすると、「いや、きみにはニルヴァーナの方がしっくりくるはずだけど……」と言い返したくなった。

もちろん、素晴らしい作品は時代を超える。永遠のマスター・ピースとしてあと追い世代にも支持されるのが真の名盤だと思う。けれど、ロックンロールが認知されてから40年間のアルバムがCDでだいたい出揃った95年ごろになると、私はその〝並列感〟がとてもイヤになっていた。71年から85年までは確実にあった「いまはコレだろ！」というリアルタイム感が失われていったとき、ロックは流行音楽の前線から脱落していた。

かつて〝ドント・トラスト・オーヴァー・サーティ〟と言っていた世代が40代になり、30代半ばになった自分も〝大人のロック〟と呼ばれるような音楽をやっている。トンガった若者たちはヒップホップに夢中で、ロックは妙にオタクな連中にしか受け継がれていなかった。

そんなころ（96年だったと思う）、エルヴィス・コステロにインタヴューする機会に恵まれた。予想以上に知的でシニカルだった彼は、「20代でスーパースターになれなかったら、どういうやり方で〝実力派の中堅〟として世間に必要とされるかじゃないか？　40過ぎたぼくが、いまからスターになれるわけがないんだからさ」と皮肉っぽく笑った。

「自分の音楽表現をどう変えていくか」という話をしていて、コステロは自嘲的になったのだ。そしてこうも言った。「いま意識しているのは〝明快さ〟だ。自分が面白いと思うサウンドをリスナーに届けるには、レコード会社がそれを納得してくれるだけの〝わかりやすさ〟がないと商業的に成立しない。ぼくは20年やってきたが、それはどのくらい売れるかも世間に知られてるってことだから、チャートの1位になるような展開は、メイカーもショップもしてくれないんだよ。必ずトップ10に入るようなアーティストっていうのは、存在が認知されていて説明不要だろ？　〝わかりやすい〟わけだ。そういう人のことを世間はスーパースターと呼ぶんだよ」

そのとき私の頭にポンと浮かんだのは、デイヴィッド・ボウイの顔だった。「自分の音楽表現をどう変えていくか」という話を、男性シンガー・ソングライターとして「世界に認められた」ひとりであるコステロとしていたからかもしれない。

取材の席だったから私はボウイの名前を出すことも、その話題を広げることもなかったが、帰る道々考えていたのはボウイの凄みだった。

「変化し続けながらトップ10を狙える世界的スーパースター」なんて考えたこともなかったが、デイヴィッド・ボウイほど〝変化に富んだ音楽表現〟をし続け、（その時点で）四半世紀もトップスターの位置にいるミュージシャンは他に知らなかった。エルヴィス・コステロだって普通に考えれば〝変化に富んだ音楽表現〟でイバラの道を切り拓いてきたと評価できたが、ボウイの〝変化〟はコステロの比ではない。しかも舞台や映画で主演まで張れる〝俳優〟でもあるのだから。

アトラクションズを伴ったその日のコステロのステージは、ボウイで言えばティン・マシーンのような〝バンド感〟を重んじたもので、表現衝動に駆られた〝ひたむきさ〟には久々に打たれた。けれど、それは想像できる範疇にあり、ライヴ評なら、「初期の姿を思い出させるパンキッシュな勢いに満ちていた」と書けば、多くのファンは納得してくれるはずだった。ロック・ミュージシャンの変化なんて、普通はそんなもので（何が普通かは置いておくとして)、パフォーマーとして〝芸〟が確立された人なら、アリス・クーパーのように、アナコンダが出てギロチンで……という〝お決まり〟を観せていれば、千両役者としてやっていけるのだ。その揺るぎなさもまた確固たる〝プロの仕事〟だろう。90年にNHKホールで観た彼のステージは素晴らしかった。

そう、順番で言えば、T・レックス、アリス・クーパー、デイヴィッド・ボウイだった。

71年の夏、ビートルズやローリング・ストーンズから音楽を聴き始めた私は、72年になったとたん日本でも人気が爆発したT・レックスを聴いて、ロックの〝リアルタイム〟にがぜん興味を持った。初期のビートルズやストーンズはオールディーズにしか聴こえないと思っていた私は、「テレグラム・サム」と「メタル・グルー」にシビれ、アリス・クーパーの「スクールズ・アウト」こそ〝今年の一曲だ!〟と思っていた。

その直後にとんでもない曲と出逢う。デイヴィッド・ボウイの「スターマン」だ。

なんだかキラキラしていた。声も、ギターの音も、曲の展開も、サウンドも好みだった。「お前さー、ロック聴くならこの辺は知ってろよ」とエラそうに言う先輩や、「ほー、ビートルズですか。私も一時は夢中になって武道館にも行きましたよ、歯磨きの懸賞あてて」なんて言うオジサンに、「知らないんですか? いまはこれなんですよ!」と言いたくなるような〝いま〟、いや〝未来〟をボウイに感じたのだ。

『屈折する星屑の上昇と下降、そして火星からの蜘蛛の群』は日本盤の発売日に聴いた。そしてその長ったらしい邦題をいちいち口にして、わかりあえる友だちと〝ロックの未来〟を語り合った。

その日からあと半年で50年になる。

ボウイの新作をリアルタイムで聴かなかったことはない。繰り返し聴いたアルバムも、そうでもないものもあるが、変化し続け、ひとつの場所にいない彼が好みだった。誤解を恐れずに言えば、ボブ・ディランやストーンズよりもみごとに〝転がる石〟を体現したスーパースターが、デイヴィッド・ボウイだったと思っている。

本書はそんな彼の七回忌法要と、グラム・ロック発火から50年を記念してつくった、私からのラヴ・レターだ。この〝愛〟には自信がある。

## Chapter 1

# Tales of Bowie

和久井光司

# やーみんな、今日はデイヴィッド・ボウイの話をしよう

和久井光司

## 若き日の不遇

デイヴィッド・ボウイことデイヴィッド・ロバート・ジョーンズは、1947年1月8日にロンドンのブリクストンで生まれた。幼いころから、父親の違う7歳上の兄テリーの影響が強かったデイヴィッドは、8歳のときに一家が移住したブロムリーでロニー・ドネガンらのスキッフルに夢中になり、やがてアメリカのロックンロールに感化された。ここまでは40年代生まれの英国ミュージシャンに共通する音楽体験だが、12歳となったデイヴィッドはジャズにも興味を示し、チャーリー・パーカーに憧れてアルト・サックスを始めている。

62年に高校のクラスメイトと結成したジョージ&ザ・ドラゴンズはアマチュア・バンドに終わったが、翌年、広告代理店に就職してから組んだデイヴィー・ジョーンズ&ザ・キング・ビーズはデビューのチャンスを摑む。彼らは64年9月にシングル“Liza Jane / Louie, Louie Go Home”を発表するのだ。

しかし、同バンドは鳴かず飛ばずのまま解散、次にデイヴィッドが参加したマニッシュ・ボーイズも短命に終わってしまう。65年6月にはデイヴィー・ジョーンズ&ロウアー・サードを結成し、8月には初のソロ・シングルをパーロフォンから発表するが、これも売れなかった。その年の終わりごろ、アメリカのモンキーズに同じ名前のメンバーがいることを知った彼は、“デイヴィッド・ボウイ”（ボウイは有名なナイフの銘柄に由来する）と改名した。そして66年1月から8月にかけて、パイから3枚のシングルをリリースしたが、いずれもまったく話題にならず、不遇時代は続くのだった。

ボブ・ディランがザ・ホークス（のちのザ・バンド）を従えて行った英国ツアーをロイヤル・アルバート・ホールで観て感化されたボウイは、ロウアー・サードでの活動を諦めてソロ・シンガーとなる決意をする。そして67年にはデッカ傘下のデラム・レーベルとの契約を決め、4月には念願の初アルバム『デイヴィッド・ボウイ』を発表するのだ。

この作品は英国ブルースを牽引した名匠マイク・ヴァーノンのプロデュースによるものだが、ヴァーノンから見ればボウイは〝一風変わったポップ・シンガー〟にすぎなかったようで、その個性を活かしきれていない。デラムも「売れない」と判断したのか、宣伝もほとんどされず、アルバムはすぐに市場から消えていった。67年秋、失意の底にあったボウイは、ロンドンで活躍し始めていたアメリカ人プロデューサー、トニー・ヴィスコンティと組んでデモ・テープを録り始めたが、レコード会社に聴いてもらえるチャンスは巡ってこなかった。

このころ約30分の実験映画〝The Image〟に死人の役で出演したボウイは、音楽以外の表現を考えるようになり、舞踏家リンゼイ・ケンプに弟子入りしている。一時はケンプの劇団に所属した彼は、パントマイムの訓練だけでなく、パフォーマーとしての心得や信念といったものもケンプから学んだ。当時を振り返って、ボウイはこういう発言を残している。

《劇団のために曲を書くのと引き換えに、リンゼイはぼくにレッスンしてくれた。彼は奇抜な世界があることを教えてくれたんだ。フランスの演劇家アントナン・アルトーとか、不条理演劇とかね。ステージでの立ち振る舞いや演出の方法も、多くはリンゼイから学んだ。彼こそがぼくの恩師だよ》

68年、ボウイがほかの誰とも違う〝オリジナリティ〟を模索し始めたころ、ヴィスコンティは「ティラノザウルス・レックス」のプロデュースを始めた。

マーク・ボランが、パーカッションのスティーヴ・トゥックと組んでいたこのアコースティック・デュオは、いまなら〝アシッド・フォーク〟と呼ばれそうな音と寓話性の高い歌詞が魅力だった。その表現は〝サイケデリック〟の範疇にもあったため、ロンドンのヒップな連中に注目され、DJのジョン・ピールなども懸命に彼らを推すようになるのだ。

ボランと友だちになったボウイは、パントマイムのアーティストとしてティラノザウルス・レックスの前座を務めたりしながら、〝Virgin Soldiers〟という映画にエキストラとして出演。また、バレエ・ダンサーだった当時のガールフレンド、ハーマイオニー・ファーシンゲールと、以前「バズ」というバンドで一緒だったギタリストのジョン・ハッチンソンを誘って結成したユニットでステージに立ったりしていた。ボウイのオリジナル曲やジャック・ブレルのナンバーに、パイトマイムや詩の朗読をはさんだパフォーマンスだったというから興味深いが、音や映像はまったく残されていない。

## 「スペイス・オディティ」の成功

ボウイとハーマイオニーが、スタンリー・キューブリック監督の『2001年宇宙の旅』を観に出掛けたのはそんなころだった。けれどもその直後にハーマイオニーはほかのバレエ・ダンサーとつきあうようになり、ボウイはあっさりふられてしまう。のちにボウイは、《ぼくは彼女に夢中だったから大打撃さ。彼女に去られたことと、『2001年宇宙の旅』を観たことが「スペイス・オデティ」を書くきっかけだった》と述べている。

　69年2月2日、ボウイはハッチンソンと「スペイス・オディティ」の最初のヴァージョンをレコーディングし、春には自身のプロモーション・フィルム“Love You Till Tuesday”を制作した。

　その甲斐もあって（フィルムはまったく相手にされなかったが）、「スペイス・オディティ」にフィリップスが名乗りをあげた。7月20日に予定されていた人類初の月面着陸に合わせてこの曲をリリースすれば売れる、と踏んだからだろう。マーキュリーはプロデューサーにガス・ダッジョン、オーケストラ・アレンジにポール・バックマスターを用意し、話題性のあるサウンドづくりを命じた。ところがレコーディングの数日前に、ハッチンソンがデュオの解消を言ってきた。

　《シングルの名義も〝ボウイ&ハッチ〟にするつもりだったし、デモでは1番をハッチが唄っていた。ふたりでアルバムをつくる予定だったから相当な数のデモを録っていたんだ。彼は急に〝ロックで成功するとは思えない〟と言い出して、故郷のヨークシャーに帰ることを決めていた。結婚して子供もいたから、決断しなければならなかったんだろう。それでぼくが、ひとりで全部やることになったんだ。心が折れたよ》と、ボウイは語っている。

　69年7月にリリースされた「スペイス・オディティ」は全英5位まで上がるヒットになり、続いて制作されたアルバム『デイヴィッド・ボウイ』（米盤は“Man Of Words, Man Of Music”と題され、のちにいずれも『スペイス・オディティ』と改題）が11月にリリースされた。しかし、レッド・ツェッペリンやキング・クリムゾンといったアルバム・アーティストがよしとされた時代だったこともあり、ボウイのキッチュな短篇集はまったく話題にならなかった。

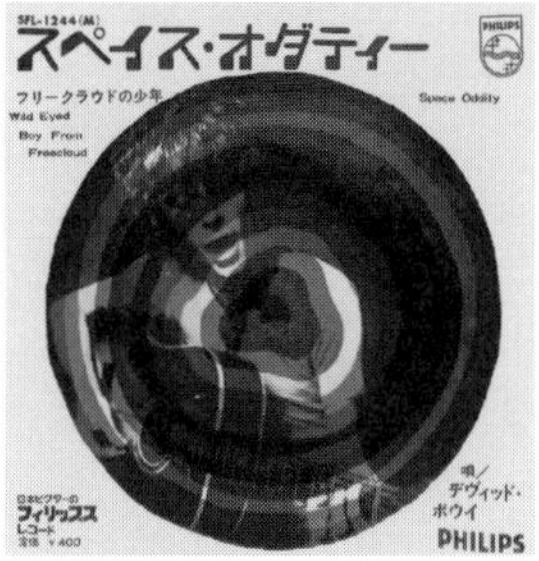

メガ・レアな日本デビュー・シングル。時価75万円！

## グラム・ロックの萌芽

救いだったのは、フィリップス／マーキュリーでもう一枚アルバムをつくれる契約だったことだ。

　70年1月、ボウイはトライデント・スタジオでシングル用のレコーディングを開始した。このときに録った「プリティエイト・スター」（のちに『アラジン・セイン』に収録される曲のオリジナル・ヴァージョン）ではマーク・ボランがギターを弾いている。エレキに持ち替えて「T・レックス」と名乗るようになった彼が、ブレイクする直前のことである。

プロデューサーのトニー・ヴィスコンティ（ベース）、ドラマーのジョン・ケンブリッジと、ハル出身のギタリスト、ミック・ロンソンと組むことにしたボウイは、彼らを単なるバック・バンドにするつもりはなかった。ロンソンのギターによって方向性が見えたということもあったが、ボウイはこのバンド「ザ・ハイプ」で、誰も観たことがないステージをやってやろう、と目論んだのである。70年2月、ロンドンのラウンドハウスで行われた彼らのギグは、実際に観客を驚かせることになった。このときのことを振り返ったボウイの発言が残っている。

《メンバー全員が何かのキャラクターに扮したら面白いと思ったんだ。ケンブリッジはカウボーイ、ヴィスコンティはスーパーマンの衣装を着ていたのを憶えている。ぼくがどんな格好をしたかは忘れたけど、現実離れした衣装で、ラメがたくさん使われた素材だったと思う。ボランも来ていて、ぼくらのあまりにも突飛なパフォーマンスに驚いていた。当時は長髪にジーンズが全盛だったから、ぼくらは観客に毛嫌いされ、ショウのあいだ、ずっとブーイングされていたんだ。最高だったよ。〝グラム・ロックのギグ〟第一号じゃないかな》

そう。グラム・ロックの発火点は、ボウイ&ザ・ハイプのこのコンサートだった。それは間違いない。刺激を受けたマーク・ボランがラメの入った衣装を着るようになり、そこにスレイドやスウィート、ゲイリー・グリッターらが続いた。

ところが、いちばんのオリジネイターであるはずのボウイは足踏みしてしまう。

彼は70年3月20日に、ヨーロッパ生まれのアメリカ人モデル、メアリー・アンジェラ・バーネットと結婚した。彼女がどれだけヒップでカッコよかったかは、ミック・ジャガーに（ローリング・ストーンズの）「アンジー」を書かせたことからも明らかだし、ボウイに男性用のドレスやアイシャドウを勧めたのもアンジーだった。5月28日にはふたりの息子ゾウイ（現在は映画監督のダンカン・ジョーンズとして知られる）が生まれ、それと同時にマネージャーの交代や、家族の問題（兄テリーが精神病を患い、入退院を繰り返していた）も抱えていたから、レコーディングが始まった『ザ・マン・フー・ソールド・ザ・ワールド（世界を売った男）』に、ボウイはもうひとつ集中できなかったのである。ドラマーがミック・ウッドマンジー（ロンソンと「ザ・ラッツ」というバンドを組んでいた）に代わったザ・ハイプは、バンドとしてのまとまりを見せていたのに。

アメリカ先行で11月に発売になった『ザ・マン・フー・ソールド・ザ・ワールド』は評判も上々で、71年1月、ボウイはマーキュリーの招きでアメリカを訪れている。新しいマネージャー、トニー・デフリーズはマーキュリーから再契約を打診されていたが、RCAが破格の条件を出してきた。ボウイとデフリーズは契約のために再びニューヨークを訪れ、ボウイはこのときに、ルー・リード、アンディ・ウォーホル、イギー・ポップと初めて会ったのだ。

ニューヨークで受けた刺激は、そのまま次のアルバム『ハンキー・ドリー』に表れる。71年はヴィスコンティがT・レックスにかかりきりだったため、ボウイとエンジニアのケン・スコットがプロデュース。ベーシストはザ・ラッツのトレヴァー・ボールダーに交代し、キーボードにリック・ウェイクマンが迎えられたのだが、ロンソンの旧友が揃ったおかげでバンド感は増した。リード、ウォーホル、ディランに捧げた曲が並んだことで、ボウイの目指す表現が明確になったのも効いて、アルバムは高く評価されることになった。

チャートには入らなかったものの、シングル・カットされた「チェンジズ」のポピュラリティと、「ライフ・オン・マーズ?」の詩情は多くのリスナーの支持を得て、この2曲は〝名曲〟と謳われるようになるのだ。

ボウイが『ジギー・スターダスト』となるキャラクターとコンセプトを思いついたのは71年の初夏で、『ハンキー・ドリー』が発売されたころ、つまり71年の暮れにはアルバムは半分ができていたという。ナイト・クラブで歌われるようなノベルティ・ソングのパロディとして書いた「チェンジズ」の評判がよかったのを受けて、〝落ちぶれたスター〟を描こうとしたボウイは、ロンドンの通りをフラフラ歩いているのを見かけたことがあった50年代のロカビリー歌手、ヴィンス・テイラーを思い出し、そのイメージを〝SF的〟に展開しようと企てたのだ。「スペイス・オディティ」〜「ライフ・オン・マーズ?」という流れの〝決定版〟にしようとしたのだろう。

72年1月、すっかりジギーになりきっていたボウイは音楽紙『メロディ・メイカー』のインタヴューで、「ぼくはずっと同性愛者だった」と語り、一躍〝時の人〟となった。のちに《あれは当時、最も挑発的な発言だったはずだ。ミュージシャンがドラッグについて語るのは当たり前になっていたから、もっと強烈なキャラづけを考え、周囲の反応を見るために試してみた発言だったんだよ》と、同性愛やバイ・セクシャルであることを完全に否定している。けれども、当時はまだゲイをカミング・アウトする有名人はいなかったから、事前プロモーションとしては完璧だった。結果〝次作でスターになることは間違いない人〟と目されたのである。

しかし『ジギー・スターダスト』の前に、T・レックスの快進撃に言及しておかないとボウイの立場は見えてこない。グラム・ロックに火をつけたのはマーク・ボランだったからだ。

## 絶頂期のT・レックス

60年代前半からロックを聴いていた世代は、本格的なハード・ロックやプログレ、また、より内省的な歌を唄うシンガー・ソングライターを好むようになっていたが、英国の子供たちが求めていたのは〝新時代のアイドル〟だった。一方には「50年代のきらびやかなロックンロールを思い出そう」という動きがあり（69年のウッドストックでシャ・ナ・ナが披露した〝ロックンロール・リヴァイヴァル〟のステージはエンタテインメントの在り方を伝えていた）、業界人たちも「シングルを売るアーティストがいなくては困る」と思い始めたのだ。そして70年に、サイモン&ガーファンクルとビートルズが解散したのも〝時代の変わり目〟の象徴となった。

T・レックスが連続ヒットを放ち始めたのは、そんなときだった。マーク・ボランがエレクトリック・ギターに持ち替え、バンド名を「T・レックス」に改めると、その快進撃が始まる。

70年10月に英国でリリースされた「ライド・ア・ホワイト・スワン」が2位まで上がり、12月18日に発売になったアルバム『T・レックス』は7位。テレビによく出演したのも効いて、71年は、2月の「ホット・ラヴ」を1位、7月の「ゲット・イット・オン」を1位、11月の「ジープスター」を2位にし、9月24日にリリースされたアルバム『エレクトリック・ウォーリアー（電気の武者）』を全英1位、全米でも32位のヒットにした。知られ始めてからわずか一年で世界的なバンドとなったのだから、〝二匹目のドジョウ〟を狙う同趣向のバンドが現れたのは当然で、スウィート、スレイド、ゲイリー・グリッターらがブギー路線を追随することになるのだ。

T・レックスの人気のピークは72年だった。1月のシングル「テレグラム・サム」（1位）に続いて、4月の「メタル・グルー」も1位、7月21日のアルバム『ザ・スライダー』が全英4位／全米17位、9月の「チルドレン・オブ・ザ・レヴォリーション」と12月の「ソリッド・ゴールド・イージー・アクション」がともに2位とヒットが続き、11月28日の日本武道館を皮切りに初の日本公演も行われた。

ボウイ、ボランらの音楽を〝グラム・ロック〟と名付けたのは『ディスク』紙の8月号で、その特集と『ジギー・スターダスト』（72年6月16日発売）の大ヒットによって、〝グラム〟はロックの新しいサブ・ジャンルとして世界に広まったのだ。

ところが、象徴的な存在だったT・レックスの人気は73年いっぱいまでしか保たず、74年になると一気に下降していった。73年2月のシングル「20thセンチュリー・ボーイ」は3位、3月のアルバム『タンクス』は4位、6月のシングル「ザ・グルーヴ」は4位、11月の「トラック・オン」は12位、74年2月のシングル「ティーンエイジ・ドリーム」は13位、アルバム『ジンク・アロイ・アンド・ザ・ヒドゥン・ライダーズ・オブ・トゥモロウ』は12位。その後は、75年7月のシングル「ニューヨーク・シティ」が15位、76年6月の「アイ・ラヴ・トゥ・ブギー」が13位まで上がったものの、76年1月のアルバム『フューチャリスティック・ドラゴン』は50位、ボランの遺作となった77年3月のアルバム『ダンディ・イン・ザ・アンダーグラウンド』は26位という成績に終わっている。

## グラム・ブームを起こした60年代リヴェンジ組

オリジネイターでありながらグラムの〝第一波〟には乗り遅れてしまったボウイは、スウィート、スレイド、ゲイリー・グリッターらがシングル・チャートに並ぶのを見て、苦々しい気持ちになっていたようだ。同門とも言えたマーク・ボランも、ボウイ自身もそうだが、グラム・ロックには〝60年代に売れなかったキャリア組の逆襲〟という側面があり、ともすれば〝芸能界的な動き〟として一蹴できたからである。

71年3月リリースの「ファニー・ファニー」(全英13位)を皮切りに、ニッキー・チン&マイク・チャップマン作/フィル・ウェインマンのプロデュースによるポップ・ナンバーを相次いでヒットさせたスウィートのデビューは68年だし、71年5月のシングル「ゲット・ダウン・アンド・ゲット・イット・オン」(16位)からチャートの常連になるスレイドは、前身のアンブローズ・スレイド、その前身のジ・イン・ビトウィーンズと遡っていくと、デビューは65年ということになる。

72年3月のデビュー・シングル「ロックンロール・パート1&2」を全英2位にしたゲイリー・グリッターにいたっては、ポール・レイヴンと名乗って64年にデビューして鳴かず飛ばずだった歌手という過去があった。

彼をグラムに導いたのは、60年代にはアンドルー・オールダム(ローリング・ストーンズの初代マネージャーで、イミディエイト・レコーズを興してスモール・フェイシズやハンブル・パイを売った)の下で働いていたマイク・リーンダーだった。マリアンヌ・フェイスフル、ジョー・コッカー、シャーリー・バッシーのアレンジで知られたリーンダーだが、彼の最も有名な仕事はビートルズの「シーズ・リーヴィング・ホーム」の弦アレンジだろう。旧知の仲だったレイヴンとリーンダーは、T・レックスのブギー路線に乗っかろうと、それを応援団風に解釈した「ゲイリー・グリッター&グリッター・バンド」というキャラクターをつくり、〝兄貴と子分たち〟の人気をお茶の間でも爆発させてしまうのだ。

リーンダーはその後、グリッターで儲けたベル・レコーズでハローを手がけることになるのだが、そういったベルのアイドル路線はもうひとつの黒幕チーム、ビル・マーティン&フィル・

# グラム・ロック名盤9選

**T.Rex "Electric Warrior"**
(Fly / HIFLY 6) 1971.9.24

「ゲット・イット・オン」と「ジープスター」を含み、"グラム・ロックの雛型"となった名盤。この"新しさ"が広まっていなければ、『ジギー〜』は理解されなかったかもしれない。

**The Sweet "Funny How Sweet Co-Co Can Be"**
(RCA / SF 8238) 1971.11.27

74年ごろがピークだったスウィートだが、大傑作はフィル・ウェインマンのプロデュースが冴え渡る初アルバム。パワー・ポップ的な方向性がグラムのもうひとつの側面を伝えている。

**Gary Glitter "Glitter"**
(Bell / BELLS 216) 1972.3.3

"キラキラ"に変身したオジサンは、実はロキシー・ミュージックにも影響を与えている。「ロックンロール・パート1＆2」の応援団風ブギーはいま聴いてもキッチュでカッコいい。

**Alice Cooper "School's Out"**
(Warner Bros / BS 2623 ) 1972.6

タイトル曲が大ヒット。学校机を模した特殊ジャケから紙パンティを履いたレコードが出てくるという仕様も受けた傑作。ボウイが嫉妬したのはアリスがデトロイト出身だからか？

**Roxy Music "Roxy Musicr"**
(Island / ILPS 9200) 1972.6.16

冒頭の「リ・メイク／リ・モデル」が"新時代のアート論"と受け取れたことから音よりも"意味"が取り沙汰されることに。ヒット・シングル「ヴァージニア・プレイン」は未収録。

**T.Rex "The Slider"**
(EMI / BLN 5001 ) 1972.7.21

「テレグラム・サム」と「メタル・グルー」を収録した全盛期の象徴。ヴィスコンティのプロデュースも冴えている。ジャケット写真をリンゴ・スターが撮影したことでも知られる名盤。

**Slade "Slayed?"**
(Polydor / 2383 163) 1972.11.1

元アニマルズのチャス・チャンドラーが仕掛けたスレイドの初期の傑作。ここからは「ママ・ウィ・アー・オール・クレイジー・ナウ」と「グッバイ・トゥ・ジェーン」がヒットした。

**New York Dolls "New York Dolls"**
(Mercury / SRM-1-675) 1973.7.27

アリス・クーパーに続いて登場した"アメリカ産グラム・ロック"は、英国勢以上に退廃的で凶暴だったため、パンクの導火線となった。トッド・ラングレンがプロデュース。

**Sizi Quatro "Suzi Quatro"**
(Rak / SRAK 505) 1973.10

アメリカ出身ながら英国でデビューしたスージー・クアトロは、ベースを抱えて歌う姿も受けて一気にブレイク。「キャン・ザ・キャン」は日本でも大ヒットし、すぐに来日を果たした。

コールターが座付き作家となってから全英的なアイドルとなったベイ・シティ・ローラーズ（BCR）に端を発している。

BCRが連続ヒットを放ち、人気を爆発させるのは74年だが、デビュー・シングル「キープ・オン・ダンシング」が発売されたのは71年6月で、初期のシングルではこれだけが全英ヒット（9位）となった。

同じ月に出たスウィートの「コ・コ」（2位）と比べると顕著だが、チン&チャップマン作品よりもマーティン&コールター作品の方がオールディーズ風で、グラム特有のキッチュな感覚や人工的なデフォルメ感はない。けれども英国で編まれた多くのグラム・ロック・コンピレーションには、必ずと言っていいほどBCRが入っているのだ。

それはグラムの要素として、「60年代リヴェンジ組の作家、プロデューサー、セッションマンが、シングル・ヒットを欲しがったレーベルと結託して起こしたブーム」という観点が見逃せないからで、ボウイやボランはたいてい〝別格〟とされている。

BCRをクビになったマーティン&コールターは、ベルでスリック、（ミッキー・モストの）ラック・レコーズでケニーというバンドを手掛けたが、オケまで一緒という使いまわしはあるし、バンドのオリジナル曲以外は同じスタジオ・ミュージシャンにプレイさせているのではないかと思えるほど、サウンドも似通っている。リーンダーがプロデュースしたハローも同様の音だから、実はグリッター・バンドの連中が演奏していたのではないかと思う。ちなみにマーティン&コールターのあとを受けてBCRをプロデュースするようになったのは、スウィートで名を売ったフィル・ウェインマンである。

ミッキー・モストはチン&チャップマンを起用して、スージー・クアトロ、マッド、スモーキーを売ったのだが、チン&チャップマンは79年にスモーキーから手を引いたあとアメリカに拠点を移し、その直後にコンビを解消。マイク・チャップマンはザ・ナックの「マイ・シャローナ」と、ニック・ギルダーの「ホット・チャイルド・イン・ザ・シティ」を全米1位にして一流の作家／プロデューサーとして認められ、ブロンディ〜デボラ・ハリーで第二の黄金時代を築いたのだ。

実は彼も下積みが長かった人で、67年にデビューして8枚のシングルと1枚のアルバムを残したタンジェリン・ピールというサイケ・ポップ・バンド出身だった。

ボウイがそういった個々を攻撃したわけではなかったが、オジサンなのに芸名にグリッター（キラキラ）を入れ、ボラン、ボウイも〝グリッター・ロック〟の仲間に入れようとしたゲイリー・グリッターには終生辛辣だったし、72年に「スクールズ・アウト」がヒットしている最中にアリス・クーパーを痛烈に批判していた（前段で書いたゲイ発言と同じで、「スターマン」〜『ジギー・スターダスト』を売るための策だったとも思える）。

私は90年にNHKホールでアリス・クーパーを、91年にロンドンのウェンブリー・アリーナでゲイリー・グリッターのステージを観ている。どちらもエンタテインメントとしては極上で、最高に楽しかったけれど、ボウイが死ぬまでこだわっていた〝芸術性〟はまったく感じられなかった。

## 出世作となった『ジギー・スターダスト』

ボウイの話に戻る。

『ジギー・スターダスト』の〝宇宙からやって来たジギーという男が、地球でロック・スターになる〟というその設定は、新しいバック・バンド、スパイダース・フロム・マーズとともに繰り広げるツアーを、よりシアトリカルなものにしたいという想いから生まれたのだろう。72年5月に先行シングルとしてリリースされた「スターマン」は全英10位／全米65位のヒットとなり、7月に発売されたアルバム『ジギー・スターダスト』も全英5位／全米75位を記録。ゲイの美青年が〝ジギー〟に扮するステージは各地で大評判となり、ボウイとミック・ロンソンはT・レックスのマーク・ボラン／ミッキー・フィンと並ぶ〝グラムのスター〟となった。

英国のメディアが〝グラム・ロック〟という言葉をしきりに使いはじめたのは72年夏のことで、アメリカや日本には「〝グラム・ロック〟と『ジギー・スターダスト』をセットにして輸出された」と言っても過言ではない。90年代末から今世紀初頭に話題になった『ベルベット・ゴールドマイン』や『ヘドウィグ・アンド・アングリー・インチ』といったグラム映画がジギー時代のボウイを彷彿させるのは、グラム・ロックのヴィジュアル・イメージを決定したのはボウイだった、という証拠だろう。

T・レックスにはなかったアルバム本位のコンセプトや、シアトリカルなステージングをもって、ボウイはグラムをアートの域に高めようとしていたのだから、音的にはハード・ロック然としたところも多かった『ジギー・スターダスト』の地点にとどまらないのは当然だった。この年にボウイはモット・ザ・フープルに「オール・ザ・ヤング・デューズ」を提供し、同曲を収録した彼らのアルバムと、ルー・リードの『トランスフォーマー』をプロデュース。翌年にかけてはイギー&ザ・ストゥージズの『ロウ・パワー』のミックスも行っている。

そして73年4月にリリースされた『アラジン・セイン』（全英1位／全米17位）で、幅広く豊かな音楽性と、ヴォーカリストとしての力量を見せつけたボウイは、名実ともに〝世界的なスター〟と認められるのだ。

ところが、初の日本公演に続いて行われた英国ツアーの千秋楽、7月3日のロンドン、ハマースミス・オデオンでのステージで、ボウイは突然ライヴ活動の停止を宣言するのだ。メンバーさえ寝耳に水だったというこの発言は大きな話題となり、〝グラム・ロックの終焉〟が囁かれるようにもなる。前段に記したT・レックスの全盛期と合わせて考えれば、〝まさに〟だった。パワー・ポップ的なサウンドに転じて生き延びたスウィートとスレイド、〝グリッター〟を安岡力也のホタテマン的な芸にしたゲイリー・グリッター以外はほとんど全滅となり、グラム時代は74年に幕を閉じる。

73年10月、ボウイは60年代のビート・バンドの名曲をカヴァーしたアルバム『ピンナップス』(全英1位/全米23位)をリリースしたが、いま考えればそれも、60年代リヴェンジ組に対して、元モッズのボウイが放った批判ではなかったのだろうか。「お前ら、ストーンズ、ザ・フー、キンクスやプリティ・シングスをナメてるのか?」という気持ちに裏打ちされた〝オリジネイターへのリスペクト〟は、いま聴いても最高に男らしい。

## 到達点となった74年ツアー

そしてボウイはジギーのイメージを払拭するために、さらに強烈なキャラクターづくりに向かう。その結晶が74年5月にリリースされた『ダイアモンド・ドッグズ』だった。

このアルバムも当然のように全英1位となったが、ジョージ・オーウェルが描いた近未来都市の恐慌に自身の一族の狂気を重ねたヘヴィな内容には、賛否の声が同時に上がった。〝話題のロック・スター〟から〝先鋭的なアーティスト〟への移行を目論んで勝負に出たアルバムらしい知的な輝きはあったが、『アラジン・セイン』に充満していた高いエンタテインメイト性が一歩後退してしまったのは否めない点である。

6月にアメリカでスタートした約1年ぶりのツアーは、「30年先を行く音楽と演劇の完璧な合体」(『メロディ・メイカー』)と絶賛されたが、壮大な規模のツアーは重圧となってボウイにのしかかり、〝ダイアモンド・ドッグ〟というキャラクターを演じていると見られることに疑問を感じるようになる。「これではジギーの二の舞いではないか」と。自分がつくり上げたものを壊していかなければ前進がないと悟ったボウイは、このアメリカ・ツアー中にまさかの変貌を見せていく。

6月に始まった〈ダイアモンド・ドッグズ・ツアー〉は、8月に行われた『ヤング・アメリカンズ』のレコーディングをはさんで、9月のセカンド・レグからメンバーも入れ替えた〈フィリー・ドッグズ・ツアー〉となり、10月にはリズム隊をチェンジしたサード・レグ〈ソウル・ツアー〉となるのだ。

いまでは各ツアーの音源が公式リリースされているが、フィラデルフィアでソウル・ミュージックに感化されたダイアモンド・ドッグズが、黒人音楽を求めてどんどん南下し、ついにはポップ・ミュージックの未来を予言するまでになったのは、間違いなく〝ロック史上最高の瞬間〟であり、半年のあいだにこれほどの成長を見せたアーティストを私はほかに知らない。

ファースト・レグの後半、フィラデルフィア公演で収録されたライヴ・アルバム『デイヴィッド・ライヴ』は、発売（74年10月29日）当時は芳しい評判ではなかったし、私もどこかピンボケだと思った。しかし、17年にリリースされた〝ニュー・ステレオ・ミックス〟で印象は大きく変わり、いまでは全アルバムの中に置いてもいちばん好きになっている。

コンセプト・メイカー／サウンド・プロデューサーとしての知性と、シンガーとしての力量が、74年の時点でここまでのものだったとは、意外に気づかれていないんじゃないかと思う。本稿で推すのもおかしいかもしれないが、デイヴィッド・ボウイの凄みを知りたければ、まず『デイヴィッド・ライヴ』のニュー・ステレオ・ミックスを聴くことだ。

続いて75年4月にリリースされた『ヤング・アメリカンズ』は、黒人音楽のエネルギーを手に入れようと試みた大胆な路線変更が高く評価されたアルバムだった。ジョン・レノンと共作した「フェイム」が全米1位となり、アルバムも全英2位／全米9位のヒットを記録した。

『ヤング・アメリカンズ』を完成させたあと、ボウイはニコラス・ローグ監督のSF映画『地球に落ちてきた男』の撮影に臨む。明らかにジギーを意識したオファーだったが、初の主演映画に気合いが入っていたのは確かで、76年に劇場公開されるやその演技は賞賛を浴びた。

しかし『地球に〜』に入れ込んだ反動は、ドラッグ依存を加速させ、精神的なバランスにも影響を及ぼした。そこでボウイは『ヤング・アメリカンズ』のテーマを裏返すことで、アイデンティティの再発見を試みる。「白人である私、ヨーロッパ人である私は、いかに黒人音楽を取り入れるべきか」と考えてたどりついた『ステイション・トゥ・ステイション』は76年1月にリリースされ、全英5位／全米3位のヒットを記録した。ソウル〜ファンクを吸収したロックにヨーロッパ的な美意識を混在させた〝新しさ〟は、前作以上の絶賛を浴びたのである。

## ベルリン三部作からのニュー・ウェイヴ化

76年2月に始まった〈ステイション・トゥ・ステイション・ツアー〉は、強烈な白色光を中心に構成されたステージで、その美しさはボウイ史上屈指のものとなった。当時カンやクラフトワークにハマっていたというボウイは、そういったドイツのロック・バンドから、かつての表現主義の映画に遡り、ヨーロッパ文化に傾倒していったのだ。《フリッツ・ラングやゲオルグ・ヴィルヘルム・パブストの映画の照明、白いシャツに黒いベストと黒いスラックスの、ベルリンのパフォーマーのようなイメージ。モノクロのそれはちょっと攻撃的な強さを持っている。あのツアーは個人的にも、演劇的な観点からも、最も成功した試みだった》と語っている。

ツアー後、ボウイはスイスに家を借り、パリでイギー・ポップのアルバム『イディオット』をプロデュースした。抜け殻のようになっていたボウイは、イギーのアルバムで新しいサウンドを試し、それを自身の次作に繋げようとしたのだ。

76年10月、ボウイとイギーはドラッグ漬けの生活から立ち直るために揃ってベルリンに移住し、ボウイは『ロウ』の制作に乗り出した。ブライアン・イーノを音づくりのパートナーに選び、トニー・ヴィスコンティにプロデュースを依頼したボウイが、イーノの操る電子楽器とロックの融合をもってニュー・ウエイヴに参戦したとき、「変容こそがボウイの魅力」との評はついに定着する。77年1月にリリースされた『ロウ』は全英2位／全米11位、その続編と言っていい同年10月リリースの『ヒーローズ』は全英3位／全米35位と健闘し、ボウイはパンク世代からも絶大な支持を得るようになるのだ。

『ヒーローズ』のプロモーションをかねて9月にいったんロンドンに戻ったボウイは、マーク・ボランがホストのテレビ番組に出演して、「ヒーローズ」を初披露した。ふたりが前に出てきたとき、ボランは膝ぐらいの高さのステージから足を踏み外し、観客の笑いを誘ったのだが、その一週間後、彼は妻グロリア・ジョーンズが運転するミニ・クーパーの助手席で街路樹に激突する事故に遭い、あえなく命を落としてしまう。

ボランの死をボウイがどう受け止めたのか、私は知らないが、78年のワールド・ツアーに向けて、とにかく前向きにものごとを進めていくしかなかったのだろう。

ボウイ二度目の来日となったこのツアーを、私は12月11日の日本武道館で観ている。73年の初来日を見逃していた私は、友人のツテをたどってファン・クラブの女の子にチケットを用意してもらい、ステージ正面3列目という最高の席で、初めてボウイを観た。ライヴ盤『ステージ』のジャケットで知られる蛍光灯の並ぶセット、想像を超えた衣装でパントマイムするボウイと、当時はまったく無名だったエイドリアン・ブリュウのギターに驚かされたライヴだったが、一部と二部を逆にした『ステージ』の曲順にはまったく納得がいかなかった。

イーノ色がより強く出た79年5月の『ロジャー』(全英4位／全米20位)をもってベルリンを離れたボウイは、ニューヨークで70年代を総括するアルバム『スケアリー・モンスターズ』を録音する。「スペイス・オディティ」のトム少佐がただの麻薬中毒者だったと告白する「アシュズ・トゥ・アシュズ」をもって、自らの変容の歴史をあざ笑うかのような『スケアリー〜』は80年9月にリリースされ、全英1位／全米12位の成績を残した。RCAにおける最後のアルバムという立ち位置が過去への辛辣な口調となって表れたのかもしれないが、「その厳しさこそがボウイの根幹を示す傑作だ」と、いまでも私は思っている。

　この年、ボウイは『エレファント・マン』の舞台で主演を張り、7月のブロードウェイ、ブース・シアター、8月のシカゴ、ブラック・ストーン・シアター、9月〜翌年1月は再びブース・シアターという日程で、正味5ヶ月に及んだアメリカ公演を成功させている。この作品での演技は高く評価され、第4回サターン賞の主演男優賞を獲得することにもなった。

　また、宝酒造の焼酎「純」のテレビCMに出演したのもこの年だ。提供曲「クリスタル・ジャパン」はシングルとして発売され、ボウイは日本で最もポピュラーな世界的スーパースターとなったのである。

## 『レッツ・ダンス』で頂点へ

83年、EMIアメリカに移籍したボウイは、『ジギー・スターダスト』や『ロウ』を忘れさせるメガ・ヒット作『レッツ・ダンス』を生む。シックのナイル・ロジャースをプロデューサーに迎え、デジタル・ビートによるダンス・オリエンテッドなサウンドを確立したのは、マイケル・ジャンソンやプリンスらによって〝ブラック・コンテンポラリー〟という新しい扉が開かれたことへの答えだったはずで、それはまさしく〝80年代の音〟だった。全英／全米ともに1位となった先行シングル「レッツ・ダンス」に続いて、アルバムは全英1位／全米4位。この年は大島渚監督の映画『戦場のメリークリスマス』への出演も話題だったから、日本での人気はピークに達した感があった。

　そして84年9月の『トゥナイト』(全英1位／全米11位)、87年4月の『ネヴァー・レット・ミー・ダウン』(全英6位／全米34位)とダンス・オリエンテッド路線は続いていったのだ。

　グラム時代からのファンの多くはこの時代のボウイに否定的だが、『ヤング・アメリカンズ』〜『ステイション・トゥ・ステイション』で試みられた黒人音楽の吸収と、『ロウ』〜『ヒーローズ』でのシンセ・ポップへの理解を考えれば当然の帰結だったはずで、あっからかんと『レッツ・ダンス』をメガ・ヒットにしてしまうことこそ、ボウイの変容の、一筋縄ではいかないトリッキーさなのである。

　しかし世界的ヒットのおかげで、オーディエンスの多くは代表曲をまんべんなく演奏することを望む一般層となってしまった。そこにはジギーを演じるような重圧はなかったはずだが、いつもヒット曲を唄わなければならないのも似たようなもの。

宝焼酎「純」のCMソング

持ち前のサーヴィス精神から、CDの普及に合わせて『ネヴァー・レット・ミー・ダウン』を長尺にしたのも災いして、〝帰る場所〟を失くしてしまった感があったのも致命的だった。

## ティン・マシーンを経た展開

しかし、ボウイはそこで終わるような人ではなかった。88年、スタッフを解雇した彼は、自分もメンバーの一員でしかない初めてのバンド、ティン・マシーンを結成する。

この年の7月1日、ロンドンのインスティテュート・オブ・コンテンポラリー・アーツ（ＩＣＡ）で、『ロジャー』収録の「ルック・バック・イン・アンガー」がアヴァンギャルド・ダンス集団「ラ・ラ・ラ・ヒューマン・ステップス」によって上演された際に、アレンジャーとして演奏に参加したニューヨーク生まれのアメリカ人ギタリスト、リーヴス・ガブレルスと意気投合したボウイは、イギー・ポップ・バンドのメンバーだったトニー（ベース）と、ハント（ドラムス）のセールズ兄弟を呼び寄せ、バンド結成に踏み切ったのだ。ボウイが直接3人に電話して、スケジュールを決めたという。

シンプルなバンド・サウンドで時のオルタナティヴ・ロックに同調しようとした彼らは、ＩＣＡでガブレルスに協力したケヴィン・アームストロング（ヴァン・モリソンのバンドで活躍し、ソロ・アルバムもリリースしていた）に「バス・ストップ」のリズム・ギターとオルガンを頼んだ以外は4人で演奏し、ガレージ・バンドさながらの方向性を打ち出した。

89年3月にリリースされたファースト・アルバム『ティン・マシーン』は全英3位／全米28位まで上がり、幸先にいいスタートを切ったが、ＥＭＩアメリカとの契約切れにともなって移籍先を探さなければならなかったボウイは、まず過去の音源の配給をアメリカのライコディスクに移し、キャリアを集大成するＣＤボックス『サウンド・アンド・ヴィジョン』と、オリジナル・アルバムのＣＤ化をプロモーションするソロ・ツアーに出るのだ。そのせいでティン・マシーンとしての活動は中断するのだが、日本のビクターが中心となってアメリカで興した新レーベル、ヴィクトリーとの契約に漕ぎつけ、91年9月にはそこから『ティン・マシーンⅡ』がリリースされたのだ。しかしこのアルバムがセールス的に惨敗したことでレーベルはあっさり傾き、92年7月リリースの『ティン・マシーン・ライヴ：Oy Vey Baby』をもってバンド活動も停止してしまったのである（解散のアナウンスはなかった）。

しかし、小さな会場をまわって気の向くまま演奏したティン・マシーンのツアーと、新興レーベルとの契約は、ＲＣＡやＥＭＩのような大資本にいて、思いつきでセット・リストを変えることなどできない大規模なツアーに縛られていたボウイにとってはガス抜きになった。私生活では92年にソマリア出身のモデル、イマン・アブダルマジャドと再婚し（アンジーとは80年に離婚）、自由度の高い創作環境を求めるようになるのだ。

オランダ資本のサヴェージと契約を結んだボウイは93年4月に6年ぶりのソロ『ブラック・タイ・ホワイト・ノイズ』を発表。全英1位／全米39位という成績を残して前線復帰を印象づけた。この年の11月にはBBC制作のテレビ・ドラマ『ザ・ブッダ・オブ・サバービア』のサントラ盤という名目の同名アルバムをリリースしているが、実際にドラマに使われたのはテーマ曲だけ。ほかはボウイの素顔が見える小品集といった趣のオリジナル・アルバムで、発売はアリスタ／BMGからだった。

その流れから95年9月の『アウトサイド』も同レーベルからリリースされるのだが、前作を聴いて名乗りを上げたブライアン・イーノと組んだのも功を奏して、インダストリアル、アンビエント、エレクトロニカと、ロックやジャズが渾然一体となった〝新しいアート・ロック〟の提示は、ボウイのポップ・センスがさらに進化していることを物語っていた。こういうアルバムが全英8位／全米21位となったのはその後の活動を楽にしたし、ヒット曲やポピュラリティを売りにしない〝商業アート〟として音楽の価値を知らしめることにもなった。

あらためてリーヴス・ガブレルスをパートナーに選んだ97年2月の『アースリング』は、ドラムン・ベースやジャングルといった新しいリズムを取り入れたエレクトロニカといった風情のアルバムで、全英6位／全米39位。

新たに契約したヴァージンから99年10月にリリースされた『アワーズ…』は、ヴァーチャル・リアリティの世界が舞台になったコンピューター・ゲーム『オミクロン：ザ・ノマド・ソウル』のサウンドトラックとして制作が始まったものだが、質の高い曲が揃って興に乗ったからか、オリジナル・アルバムに発展。ポップなヴォーカル・ナンバーへの回帰が見られたから評判もよく、全英5位／全米47位まで上がっている。

ボウイはこのアルバムを完成させたあとすぐに、60年代から70年代はじめにかけての自作曲をリメイクした『トイ』をレコーディングしたが、ヴァージンにリリースを拒否され、契約も失ってしまうのだ。

## 黒い星が暗示したこと

今世紀に入って敢行された〝ビジネスの見直し〟と、その〝実践〟が、16年1月10日にこの世から旅立つまでのボウイの〝新しい表現〟だった、と私は思っている。チャプター8の論考（144～146ページ）と『アワーズ』の解説（162～163ページ）に吉村さんがお書きになったことが、ボウイの最終章の「すべてを決めた」と言っても過言ではないだろう。

自身のレーベル「ISO」を興して、制作も発信もすべて自分で行うようになったボウイは、トニー・ヴィスコンティとの黄金タッグを復活させた02年6月の『ヒーザン』を全英5位／全米14位のヒットにして、自我の強さを見せつける。

続く03年9月の『リアリティ』は全英3位／全米29位。10月には久々に世界をまわる大規模なツアーがスタートした。が、翌年6月23日のプラハ公演中に身体の不調を訴えたボウイは、25日に出演した〈ザ・ハリケーン・フェスティヴァル〉を最後にツアーを中断して心臓のバイパス手術を受け、その後はほとんど人前に出るのをやめてしまった。

およそ10年ぶりのアルバムとして13年3月にリリースされた『ザ・ネクスト・デイ』が難なく全英1位／全米2位となったとき、ISO設立後はインターネットでのプロパガンダを最大の武器にしてきたボウイの〝読み〟が、いかに的を射ていたかを世界に知らしめることにもなった。ビジネスの面でも〝攻めていく姿勢〟が高く評価されたのである。

そして『ザ・ネクスト・デイ』の発売に合わせて13年3月23日にロンドンのヴィクトリア&アルバート美術館で始まったのが、大回顧展〝David Bowie Is〟だ。個人のロック・アーティストのエキシヴィジョンとして類を見ない規模となったイヴェントは5ヶ月にも及び、その後、カナダ、ブラジル、ベルリン、シカゴ、パリ、メルボルンを巡回、15年12月にはオランダに上陸したが、69歳の誕生日に『★（ブラックスター）』が世界一斉リリースとなった矢先に、ボウイは星に帰ってしまったのだ。『★』は各国のチャートで1位となり、「最後まで前進し続けたスーパースター」という評価を一般層にまで（悲しいぐらい）定着させてしまったが、アルバムの内容は決して大衆的なものではなく、「ポップ・ミュージックの未来を模索することで〝永遠に錆びつかないポップ〟を提示した」とも解釈できる、実に先鋭的な作品だった。

回顧展はその後イタリアを経て、東京にもやって来た。17年1月8日〜4月9日まで丸4ヶ月、汐留の寺田倉庫で開催された〝David Bowie Is〟には私ももちろん足を運んだが、こんなに多くの人がボウイに興味を持っているのか、と思うほどの盛況ぶりで、ちょっと希望を感じたのである。

どう考えてもあれを観た人の大半は、「よくわからなかった」はずで、「デイヴィッド・ボウイは常人の考えの外で生きたアーティストだったんだな」と納得するしかなかったと思う。でも、だからこそ〝ボウイの話〟をする意味が見えてきたし、我々は〝伸びしろ〟の上を歩き続けられるのだ。

「亡くなったとたん総括されるなんてまっぴらだぜ」と微笑む彼の顔を思い浮かべながら、少しでも多くの人が〝デイヴィッド・ボウイ〟を考えてくれたら、本書のいかけも、しっかり受け取っていただけると思う。

## Chapter 2

# All Release of Albums

山田順一

# 〝華麗なる変容〟のダイナミズム

山田順一

音楽家、俳優としてはもちろん、紛れもないロック・スターであり、真の芸術家でもあったデイヴィッド・ボウイが、突然この世を去ってから早くも6年の月日が流れた。約半世紀に及んだ彼の活動は、自身の振幅の大きさに比例するように多岐に亘っていたため、その身が永遠に輝く星となってからも、世代を超えたさまざまな分野に大きな影響を与え続けている。ボウイの魅力を探っていくと、煌びやかなグラム・ロックに始まる彼の音楽やパフォーマンスを愛したファンもいれば、単純に「レッツ・ダンス」のメガ・ヒットと映画『戦場のメリークリスマス』での熱狂ぶりを思い出す人もいるだろう。あるいは、そのルックスやファッション・センスを好きな人もいれば、独特なアート感覚と常に時代の一歩先を行く姿勢に惹かれるクリエイターだっているはずだ。だからこそ〝ボウイ観〟は人それぞれであり、それだけ彼は多面的な光りを放っているのである。

実像と虚像の間を行き来しながらキャリアを築いていたボウイの素の姿までを知る必要はないにせよ、彼の活動の全体像を把握することだって決して簡単なことではない。例えば、ミュージシャンとしてのボウイに絞っても、作品の数は多く、現在の中古市場ではレア・アイテムとなって入手困難なものも少なくないし、彼の没後にリリースされたタイトルも、優に30を超えている上に限定盤が多いので、迷っているうちに、または気づいたころには時すでに遅し、ということになっている。当然、何から聴き始めればいいか、何を聴くべきかと思案するリスナーもいると思う。そんな状況は音楽以外のほかの活動についても同様で、ボウイに関するありとあらゆるものが出ている中、いかに熱烈なファンだとしても、すべてを押さえてチェックするのは、とても無理な話だ。

とりわけ彼は自身のスタイルを日々、更新していたこともあり、一筋縄ではいかない存在だった。いや、アップデイトは今もなお続いているわけで、どうしてもひとつのまとまりでは完結しきれない。だから、特定の期間で区切ったり、ほんの一面からの視点で論じられることが多かったのだが、――時代と刺激し合いながら、常に変化を続けてきたボウイ――という漠然としたイメージを具体化する上で、テキストとなるべき適切なガイド・ブックが少なかったのも、また事実である。

本書『デイヴィッド・ボウイ完全版』は、〝ありそうでなかった〟決定版の一冊を目指して制作されている。通常のガイド・ブックならば、彼がこれまで発表してきた音楽／映像作品をクロノジカルに並べるところだが、そこをあえて録音順・編年体にこだわり、流れの中に重要な再発や周年ごとに何度も発売されたアニヴァーサリー作品も組み込むことで、ボウイがその時折々に何を考え、どう動き、それに対して誰がどんな風に絡み、どう受け取られたのかが、これまで以上に見えてくる仕組みになっている。わかりづらかった再発やデラックス版の内容も明確になり、すっきりするはずだ。

ビート・バンドの一員を経て、シンガー・ソングライターとしてソロ・デビューした彼が、周囲のさまざまな影響を受けながら成長し、ジギー・スターダスト、アラジン・セイン、ハロウィン・ジャック、シン・ホワイト・デューク……といったペルソナとともに次々と作風を変えていった裏には、思っている以上のダイナミズムがある。ボウイが進んできた道を、録音順・編年体で一挙に紹介することによって、これまで隠れていたミッシング・ピースが埋まり、その変遷を肌で実感できるのではないだろうか。それでも、本書にはボウイのすべてがコンプリートされているわけではないし、いろいろと至らぬ点や足りない部分があると思う。しかし、新たな見地から彼の軌跡を一冊にコンパイルした、この『デイヴィッド・ボウイ完全版』がひとつの指針となり、ボウイに興味を持つ人がさらに増えることを願ってやまない。

今年はソロ・デビュー・アルバムのリリースから55年という節目の年である。ボウイが続けてきた〝華麗なる変容〟の全貌をたっぷりとお楽しみいただきたい。

**Hunky Dory**
1971/12/17

**Space Oddity**
[UK・Another Jacket]
1972

**The Man Who Sold The World**
[UK・Another Jacket]
1972

**The Man Who Sold The World**
[GER]
1972

**The Rise And Fall Of Ziggy Stardust And The Spiders From Mars**
1972/6/16

**Aladdin Sane**
1973/4/13

**Pinups**
1973/10/19

**David Bowie**
[UK]
1967/6/1

**David Bowie**
[UK・a.k.a. Space Oddity]
[US]
1967

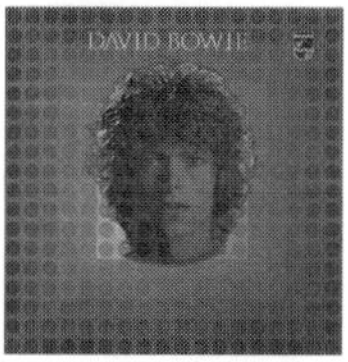


**David Bowie**
[UK・a.k.a. Space Oddity]
1969/11/14

**Man Of Words / Man Of Music**
[US・a.k.a. Space Oddity]
1969

**The Man Who Sold The World**
[US]
1970

**The World of David Bowie**
1970

**The Man Who Sold The World**
[UK]
1971/4/10

**Stage**
1978/9/27

**Lodger**
1979/5/25

**Scary Monsters**
1980/9/12

**Changestwobowie**
1981

**Bowie Rare**
1982

**Let's Dance**
1983/4/14

**Ziggy Stardust - The Motion Picture**
1983/10/31

**Diamond Dogs**
1974/5/24

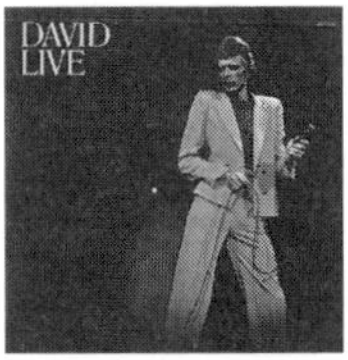


**David Live**
1974/10/29

**Young Americans**
1975/3/7

**Station To Station**
1976/1/23

**ChangesOneBowie**
1976

**Low**
1977/1/14

**Heroes**
1977/10/14

**The Man Who Sold The World**
[Rykodisc Reissue]
1990

**Hunky Dory**
[Rykodisc Reissue]
1990

**The Rise And Fall Of Ziggy Stardust And The Spiders From Mars**
[Rykodisc Reissue]
1990

**Aladdin Sane**
[Rykodisc Reissue]
1990

**Pinups**
[Rykodisc Reissue]
1990

**Diamond Dogs**
[Rykodisc Reissue]
1990

**David Live**
[Rykodisc Reissue]
1990

**Golden Years**
1983

**Tonight**
1984/9/24

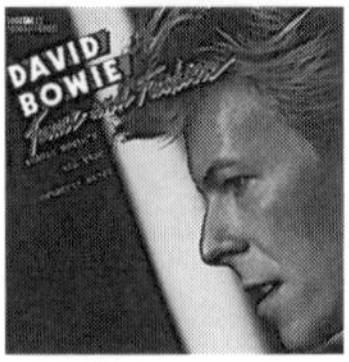


**Fame And Fashion**
1984

**Never Let Me Down**
1987/4/20

**Tin Machine**
**Tin Machine**
1989/5/22

**Sound+Vision**
1989

**Space Oddity**
[Rykodisc Reissue]
1990

**Lodger**
[Rykodisc Reissue]
1991

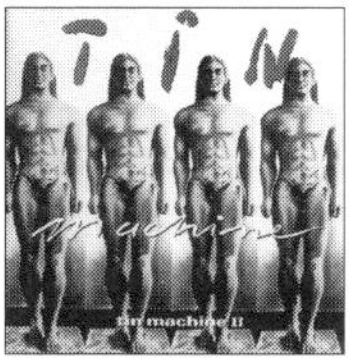


**Tin Machine**
**Tin Machine II**
[Another Jacket]
1991

**Early On**
**(1964–1966)**
1991

**Tin Machine**
**Live: Oy Vey Baby**
1992/7/2

**Scary Monsters**
[Rykodisc Reissue]
1992

**Black Tie White Noise**
1993/4/5

**The Buddha of Suburbia**
(Soundtrack album)
[UK]
1993/11/8

**Changesbowie**
1990

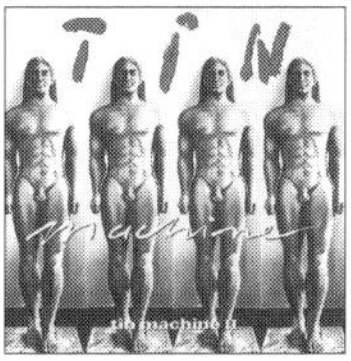


**Tin Machine**
**Tin Machine II**
1991/9/2

**Young Americans**
[Rykodisc Reissue]
1991

**Station To Station**
[Rykodisc Reissue]
1991

**Low**
[Rykodisc Reissue]
1991

**Heroes**
[Rykodisc Reissue]
1991

**Stage**
[Rykodisc Reissue]
1991

**Earthling In The City**
1997/11/1

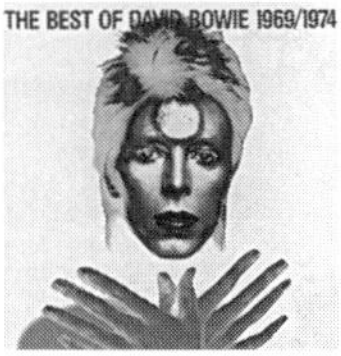

**The Best Of David Bowie 1969/1974**
1997

**The Best Of David Bowie 1974/1979**
1998

**Hours...**
1999/10/4

**liveandwell.com**
[Risky Folio]
1999/11/1

**Bowie At The Beeb**
2000

**Heathen**
2002/6/11

**"All Saints" Instrumental Christmas '93**
1993

**The Singles Collection**
1993

**The Santa Monica '72**
1994

**1. Outside (The Nathan Adler Diaries: A Hyper-cycle)**
1995/9/25

**The Buddha of Suburbia**
**(Soundtrack album)**
[US]
1995

**Rarestonebowie**
1995

**Earthling**
1997/2/3

**Club Bowie (Rare And Unreleased 12″ Mixes)**
2003

**Diamond Dogs**
[30th Anniversary 2CD Edition]
2004

**1. Outside (The Nathan Adler Diaries: A Hyper-cycle)**
[Limited Edition]
2004

**Earthling**
[Limited Edition]
2004

**Hours...**
[Limited Edition]
2004

**David Live**
[New Stereo Mix]
2005

**Stage**
[Remastered]
2005

**The Rise And Fall Of Ziggy Stardust And The Spiders From Mars**
[30th Anniversary 2CD Edition]
2002

**Best Of Bowie**
2002

**Reality**
2003/9/15

**Aladdin Sane**
[30th Anniversary 2CD Edition]
2003

**Ziggy Stardust - The Motion Picture**
[30th Anniversary 2CD Special Edition]
2003

**Black Tie White Noise**
[Limited Edition]
2003

**Sound+Vision**
[4CD]
2003

**iSelect**
2008

**VH1 Storytellers**
2009/7/6

**Space Oddity**
**[40th Anniversary Edition]**
2009

**A Reality Tour**
2010/1/25

**Station To Station**
[Special Edition]
2010/9/27

**Station to Station**
[Deluxe Edition]
2010/9/27

**David Bowie**
[Deluxe Edition]
2010

**Young Americans**
[Special Edition]
2007

**Glass Spider**
2007

**Heathen**
[Limited Edition]
2007

**Reality**
[Limited Edition]
2007

**Strangers When We Meet**
2007

**The Best Of David Bowie 1980/1987**
2007

**Live Santa Monica '72**
2008/6/30

**Nothing Has Changed**
[3CD]
2014

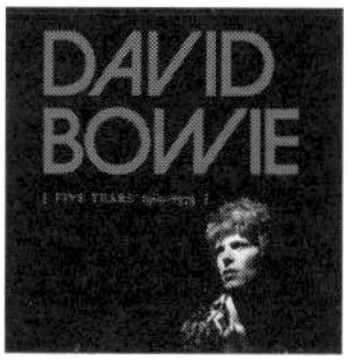


**Five Years 1969–1973**
2015/9/25

**★ (Blackstar)**
2016/1/8

**Who Can I Be Now? (1974–1976)**
2016/9/23

**Legacy**
2016

**Live Nassau Coliseum '76**
2017/2/10

**No Plan EP**
2017/2/24

**The Rise And Fall Of Ziggy Stardust And The Spiders From Mars**
[40th Anniversary Edition]
2012

**The Rise And Fall Of Ziggy Stardust And The Spiders From Mars**
[40th Anniversary Heavy Weight Vinyl & Hi Res Audio Edition]
2012

**The Next Day**
2013/3/8

**The Next Day Extra**
2013/11/4

**Aladdin Sane**
[40th Anniversary Edition]
2013

**Nothing Has Changed**
[2CD]
2014

**Nothing Has Changed**
[2LP]
2014

**Bowie Now**
2018

**Serious Moonlight (Live '83)**
2019/2/15

**Glass Spider (Live Montreal '87)**
2019/2/15

**Spying Through A Keyhole (Demos And Unreleased Songs)**
2019/4/5

**Mercury Demos**
2019/6/28

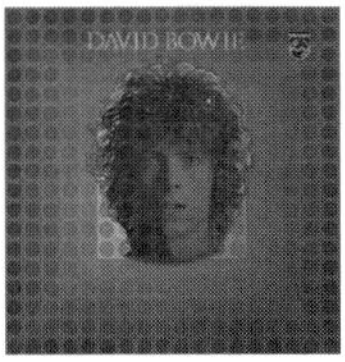


**Space Oddity**
[50th Anniversary Edition]
2019/7/12

**Conversation Piece**
2019/11/15

**Cracked Actor (Live Los Angeles '74)**
2017/4/22

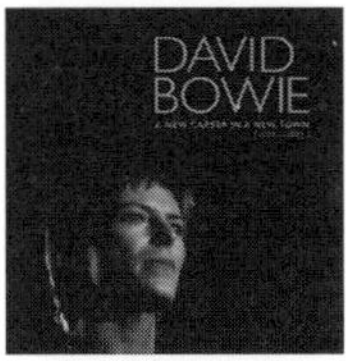


**A New Career in a New Town (1977–1982)**
2017/9/29

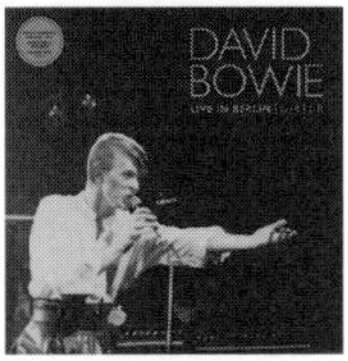


**Live In Berlin (1978)**
2018/3/1

**Welcome To The Blackout**
2018/4/21

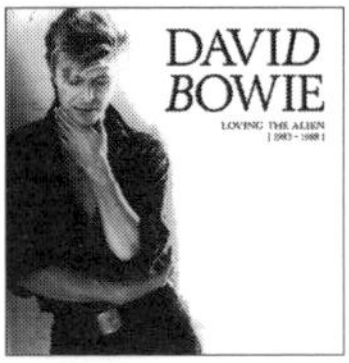


**Loving the Alien (1983–1988)**
2018/10/12

**Glastonbury 2000**
2018/11/30

**Stage**
[2017 Version]
2018

**Look At The Moon! (Live Phoenix Festival 97)**
2021/2/12

**Something In The Air (Live Paris 99)**
2021/3/12

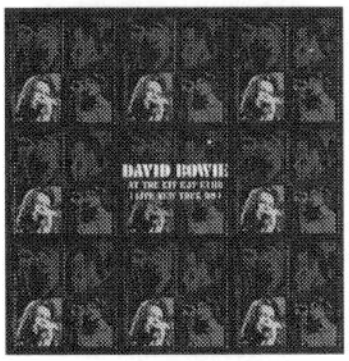


**David Bowie At The Kit Kat Klub (Live New York 99)**
2021/4/2

**The Width Of A Circle**
2021/5/28

**Brilliant Adventure (1992–2001)**
2021/11/26

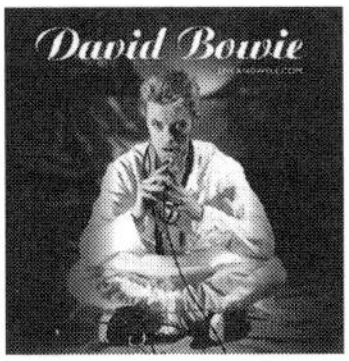


**liveandwell.com**
[ISO]
2021

**Toy (Toy: Box)**
2022/1/7

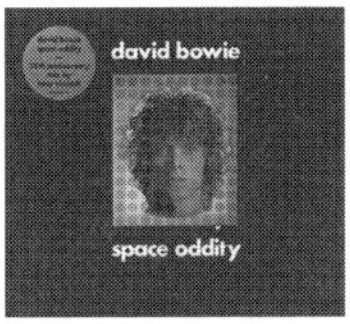


**Space Oddity**
[50th Anniversary Mix]
2019

**Is It Any Wonder?**
2020/3/20

**I'm Only Dancing (The Soul Tour 74)**
2020/8/29

**ChangesNowBowie**
2020/8/29

**Ouvrez le Chien (Live Dallas 95)**
2020/10/20

**Metrobolist (Nine Songs By David Bowie)**
2020/11/6

**No Trendy Réchauffé (Live Birmingham 95)**
2020/11/20

## Chapter 3

# Works 1967–1973

犬伏 功、梅村昇史、真下部緑朗、山田順一

# 新たな名前とともに始まった〝変容〟の第一幕。

犬伏 功

デイヴィッド・ロバート・ジョーンズは、ビート・グループ世代としては少し遅めの47年1月8日に生まれた。彼はまだセミ・プロ・バンドだったコンラッズの末端メンバーとして音楽活動をスタート、64年にはデイヴィー・ジョーンズ・ウィズ・ザ・キング・ビーズを結成し英ヴォカリオンから念願のレコード・デビューを果たしている。その後もザ・マニッシュ・ボーイズ、デイヴィー・ジョーンズ・アンド・ザ・ロウワー・サードとして活動、彼は常にバンドマンであり続けたが、成功を摑むに至らない日々が続いていた。しかし、66年1月には西部開拓時代の英雄、ジェームズ・ボウイが愛用したとされる大型のナイフ、通称〝ボウイ・ナイフ〟から名前を拝借した〝デイヴィッド・ボウイ〟と改名（より有名なモンキーズのデイヴィー・ジョーンズとの混同を避けるためといわれているが、モンキーズの正式デビューは66年8月。彼自身が新しい芸名を欲したというのが真相だろう）、4月にはマネージャーのラルフ・ホートンからの打診を受け、マンフレッド・マンを成功に導いたケネス・ピットが共同でマネジメントを行うようになると、ボウイを取り巻く状況は一変する。

ここまでがボウイの〝前史〟だ。ホートンは売れない彼に親身になってつき合い、数枚のシングルをリリースする機会を作ったものの、バンドを集めては売り出すというスタイルをただ繰り返しただけだ。しかしピットは違った。ボウイの作曲能力と恵まれたルックスを見抜いた上で、曲作りを促し、活動のバックボーンを整え、多面的な〝マーケティング〟を仕掛けていったのだ。

その最初の成果となったのが、67年1月にリリースされたオスカーのシングル「オーヴァー・ザ・ウォール・ウィ・ゴー」だった。オーストラリア出身のプロモーター／マネージャー、ロバート・スティグウッドが当時売り出していたシンガーによるボウイの〝脱獄賛歌〟は、ヒットこそ逃したものの世間で大きな話題となった。ピットはボブ・ディランの英国におけるパブリシスト（英国でディランの〝ベースメント・デモ〟を収めたアセテート盤を拡散させた張本人でもある）も務めており、楽曲を売り込む能力に長けていた。そして、その思惑通りボウイは一躍〝ソングライター〟として注目を集めたのだ。さすがにまだ無名だったボウイ作品の米国への輸出こそ失敗に終わったが、ボウイを英デラムへ〝新進気鋭のシンガー・ソングライター〟として売り込みが成功したのはピットがいたからこそだった。デラム時代もヒットこそ放つことはなかったものの、ボウイの才能は世間に認められつつあり、パントマイムの巨匠リンゼイ・ケンプも最初のソロ・アルバムを気に入ったひとりだった。

ボウイはもともと〝演劇〟への強い関心を抱いていた。この頃にはケンプのダンス・スクールに生徒として参加し、68年には舞台『ピエロ・イン・ターコイズ』に出演するなど、その思いは相当高まっていたようだ。同じ時期にボウイはザ・バズ時代からの相棒〝ハッチ〟ハッチンソンと当時の恋人、フェルミオーネ・ファーティンゲイルとのフェザーズをはじめ、数々のユニットにも携わったが、短期間だけ加入したライオット・スクワッドでは白塗りのメイクでステージに立ったこともあった。この頃に自宅で録音された「スペイス・オディティ」のホーム・デモの中にはハッチンソンと配役を分担して歌っているものもあり、ここでもボウイが音楽に演劇的要素を盛り込むべく試行錯誤していた様子が窺える。ピットが自費を投じて制作した、当時としては画期的なプロモーション・フィルム『ラヴ・ユー・ティル・チューズデイ』も、そんなボウイを後押しするツールとして大いに役立ったようだ。

そんなボウイの進むべき〝道〟が一気に開けたのが、英マーキュリーとの契約締結だ。同社のA&R、カルヴィン・リーは、先のピット制作のフィルムを観て迷わずボウイと契約を交わしたという。マーキュリー移籍後初のシングル「スペイス〜」はボウイにとってはじめてのヒットとなったが、スタンリー・キューブリックの映画

『2001年宇宙の旅』が公開された年に書かれたこの曲がリリースされたのは、米アポロ計画による人類初の月面着陸が全世界にテレビ中継される数日前の69年7月11日のこと。この曲にとってこれ以上ない好機だった。ボウイはこのヒットで〝タイミング〟の重要性を思い知ることになったのだ。

これ以降のボウイは〝演劇〟性と世間を賑わせる〝タイミング〟をしっかり捉えながら創作活動を続けていった。その演劇性は、マーキュリーから発売された2枚目のアルバム『世界を売った男』のアートワークに早くも現れていた。美しいドレスを纏ったボウイがベッドに横たわりトランプを投げる姿が、アルバム全編に漂う退廃的なムードを描いており、そこに作品を演じようとするボウイの姿が観てとれるのだ。マレーネ・ディートリヒからインスパイアされたという次作『ハンキー・ドリー』のアートワークもしかり。そんなボウイの演劇性は、72年1月より始まった〝音楽と演劇の融合〟を実践したステージにより生まれた新たなキャラクター、〝ジギー・スターダスト〟という最高の成果を生み出し、大きな成功へと繋がっていく。

72年6月発売のアルバム『ジギー・スターダスト』は、このステージで生まれたキャラクターを音楽的に具現化したものであり、これまでの演劇的要素を作品へフィードバックすることで、極めて高いストーリー性を持ったアルバムを生み出すことに成功した稀有な例となった。ボウイという存在がミュージシャンという枠から大きく逸脱した壮大なものに思えるのは、このように音楽と演劇の相互関係の中に自身を置いていたからなのだろう。

しかし、様々な試行錯誤により生み出された〝ジギー〟は突如、終焉を迎えている。〝ジギーの米国襲来〟が当初のコンセプトにあったという73年4月リリースのアルバム、『アラジン・セイン』発売から3ヶ月後の7月3日、ロンドンのハマースミス・オデオン公演でボウイがいきなりキャラクターの封印を宣言したのだ。それは世間に大きな衝撃を与えたが、ボウイにとってそれは〝変容〟の新たなタイミングが訪れただけなのかもしれない。かつてボウイが愛した曲をカヴァーしたアルバム『ピンナップス』(73年10月発売)でそれを〝清算〟してしまうあたりも彼らしいが、ボウイは過去を捨て、早くも新たなステージへと向かうのである。

# David Bowie

**Original**
[**Side A**] 1. Uncle Arthur / 2. Sell Me A Coat / 3. Rubber Band / 4. Love You Till Tuesday / 5. There Is A Happy Land / 6. We Are Hungry Men / 7. When I Live My Dream
[**Side B**] / 1. Little Bombardier / 2. Silly Boy Blue / 3. Come And Buy My Toys / 4. Join The Gang / 5. She's Got Medals / 6. Maids Of Bond Street

**Deluxe Edition**
[**Disc 1**] The Original Stereo & Mono Mix Remastered
[**Disc 2**] 1. Rubber Band (Single Version) / 2. The London Boys / 3. The Laughing Gnome / 4. The Gospel According To Tony Day / 5. Love You Till Tuesday (Single Version) / 6. Did You Ever Have A Dream / 7. When I Live My Dream (Single Version) / 8. Let Me Sleep Beside You / 9. Karma Man / 10. London Bye Ta-Ta / 11. In The Heat Of The Morning (Previously Unreleased Mono Vocal Version) / 12. The Laughing Gnome (Previously Unreleased Stereo Mix) / 13. The Gospel According To Tony Day (Previously Unreleased Stereo Mix) / 14. Did You Ever Have A Dream (Previously Unreleased Stereo Mix) / 15. Let Me Sleep Beside You (Previously Unreleased Stereo Mix) / 16. Karma Man (Previously Unreleased Stereo Mix) / 17. In The Heat Of The Morning / 18. When I'm Five / 19. Ching-A-Ling (Previously Unreleased Stereo Mix) / 20. Sell Me A Coat (Remix) / 21. Love You Till Tuesday / 22. When I Live My Dream / 23. Little Bombardier / 24. Silly Boy Blue / 25. In The Heat Of The Morning

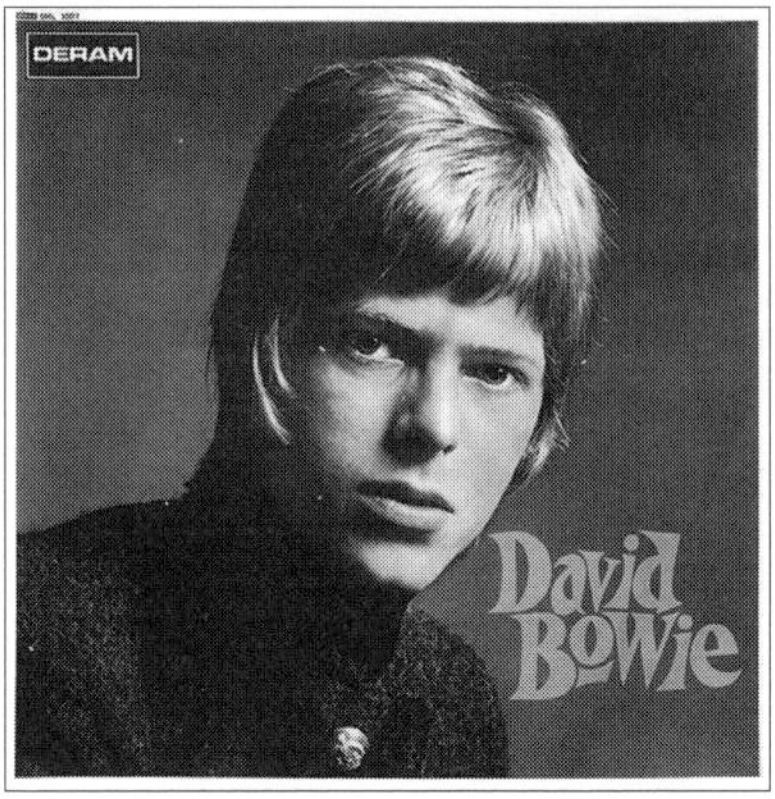


**〈初版〉デビッド・ボウイー／デビュー・アルバム**
**〈現行〉デヴィッド・ボウイ**

UK・Deram／DML 1007 (mono), SML 1007 (stereo)
Recording: 1966年11月14日〜1967年2月25日
Release: 1967年6月1日

US・Deram／DE 16003 (mono), DES 18003 (stereo) 1967年

デッカ・レコード傘下にデラム・レーベルが設立されたのは66年。ボウイのデビュー・アルバムは翌年6月にそこから発売された。プロデュースはマイク・ヴァーノン。限定99枚の7インチ・レーベル「パーダ」を主宰し、ジョン・メイオールとエリック・クラプトンの共演シングルなどを話題にしたブルース狂である(のちにブルー・ホライズンを設立)。エンジニアはガス・ダッジョン(のちにエルトン・ジョンのプロデュースで有名になる)。つまり、70年代の英国ロックを担うスタッフが集結していたわけだ。

バックを務めたのは、デック・ファーンリー(ベース)、デレク・ボイズ(オルガン)、ジョン・イーガー(ドラムス)ら。64年6月の「リザ・ジェーン」を皮切りに、さまざまな名義で5枚のシングルを出しながらどれも不発に終わっていたボウイが、改めてソロ・キャリアをスタートさせた重要作である。

ここからは「ラバー・バンド／ロンド

ン・ボーイズ」（66年12月）「ラフィング・ノーム／ゴスペル・アコーディング・トゥ・トニー・デイ」（67年4月）、「ラヴ・ユー・ティル・チューズデイ／ディドゥ・ユー・エヴァー・ハヴ・ア・ドリーム」（67年7月）と3枚のシングルがカットされたが鳴かず飛ばずに終わり、デラムとの契約は簡単に打ち切られた。

ビートルズの『サージェント・ペパーズ・ロンリー・ハーツ・クラブ・バンド』と発売日が同じという不運もあったが、存在感に乏しい新人のデビュー・アルバムといった印象は否めない。トレンドが〝ロック〟となった時代に〝ビート・バンドあがりのポップ・シンガー〟としてデビューさせられた感が色濃く、彼の個性はまだ形になっていないのだ。

手拍子で始まる「アンクル・アーサー」は〝スウィンギン・ロンドン〟の時代を象徴するようなポップ・チューン。最初のシングル曲「ラバー・バンド」ではチューバのイントロが勇ましい雰囲気を醸し出している。明るい「ラヴ・ユー・ティル・チューズデイ」と「ゼア・イズ・ア・ハッピー・ランド」は、そのまま当時のダスティ・スプリングフィールドが歌ってもよさそうなポップス寄りのフォーク・ロックだ。「ウィー・アー・ハングリー・メン」は救世主が人間に喰われるというSF的な歌詞で、素直なメロディとは裏腹の内容。この不気味さをスタッフ陣が掬い上げていれば、単なるポップ・アルバムに終わることはなかったのではないかと思う。

B面で面白いのはヴォードヴィル調の「リトル・ボムバーディアー」と、チベットのラサをテーマにした「シリー・ボーイ・ブルー」、SEが怪奇的な「プリーズ・ミスター・グレイヴディガー」だが、それらも〝変化球〟としか受け取れないのが残念。アイドル風のジャケも内容を伝えているけれど、ここからボウイがいかに切り替えていったかを見ないと、物語は始まらない。

（真下部）

## Deluxe Edition

EU・Deram/Universal / 531 792-5
2010年［CD］

67〜68年の英デラム期を網羅した10年発売のデラックス・エディション。アルバムのモノ・ヴァージョンを初復刻、3枚のシングル両面に、70年にデッカがリリースした“The World Of David Bowie”で発掘された未発表曲、未発売に終わったシングル曲などをしっかり詰め込んでいる。68年に録音されるもデッカ／デラムがシングル発売を却下、同レーベルと決別の一因となった「ロンドン・バイ・タ・タ」は本作が初出だ。

（犬伏）

## David Bowie (Space Oddity)

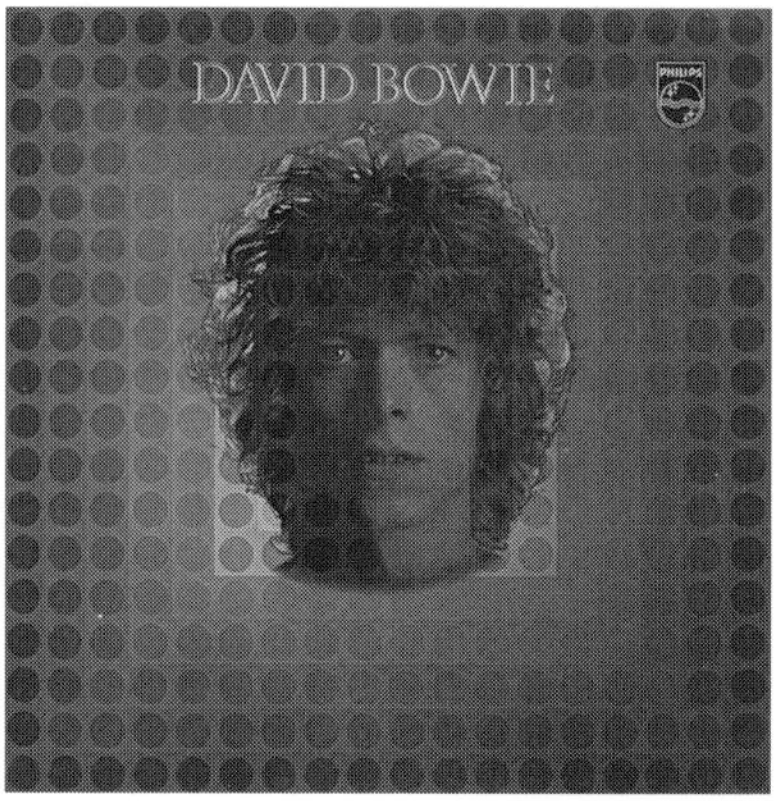


**スペイス・オディティ**

UK・Philips／SBL 7912
Recording: 1969年6月20日、7月16日〜10月6日
Release: 1969年11月14日

**Original**
[**Side A**] 1. Space Oddity / 2-1. Unwashed And Somewhat Slightly Dazed / 2-2. Don't Sit Down / 3. Letter To Hermione / 4. Cygnet Committee
[**Side B**] 1. Janine / 2. An Occasional Dream / 3. The Wild Eyed Boy From Freecloud / 4. God Knows I'm Good / 5. Memory Of A Free Festival

**Rykodisc Reissue** [CD]
Bonus Tracks 11. Conversation Piece / 12. Memory Of A Free Festival Part 1 / 13. Memory Of A Free Festival Part 2

**40th Anniversary Edition** [CD]
[**Disc 1**] The Original Album Remastered
[**Disc 2**] 1. Space Oddity (Demo) / 2. An Occasional Dream (Demo) / 3. Wild Eyed Boy From Freecloud / 4. Let Me Sleep Beside You (BBC Radio Session D.L.T. Show) / 5. Unwashed And Somewhat Slightly Dazed (BBC Radio Session D.L.T. / 6. Janine (BBC Radio Session D.L.T. Show) / 7. London, Bye, Ta-Ta (Stereo Version) / 8. The Prettiest Star (Stereo Version) / 9. Conversation Piece (Stereo Version) / 10. Memory Of A Free Festival (Part 1) / 11. Memory Of A Free Festival (Part 2)

**50th Anniversary Mix** [CD]
オリジナルと同内容

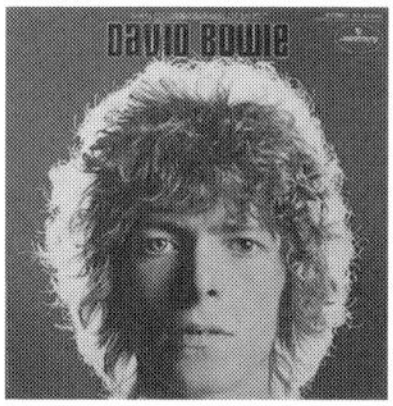


**Man Of Words / Man Of Music**
US・Mercury／SR 61246
1969年

**Space Oddity**
UK・RCA Victor／LSP-4813
1972年

68年春に公開されたスタンリー・キューブリック監督の映画『2001年宇宙の旅』にインスパイアされて「スペイス・オディティ」を書いたころ、ボウイの音楽活動は行き詰まっていた。リンゼイ・ケンプのもとでパントマイムを学んでいたのも、デラムに契約を切られ、ポップ・シンガーとしての未来に疑問を持ったからだろう。しかし当時のマネージャー、ケネス・ピットは「スペイス・オディティ」をタイムリーだと感じ、同曲を含む3曲のデモを聴かせて回ったのだ。その結果マーキュリー・レーベルのカルヴィン・リーの目にとまり、フィリップスとの契約に漕ぎ着けたのである。

ガス・ダッションにプロデュースを任せた「スペイス・オディティ」は、69年7月にまずシングルとしてリリースされた(B面は「ワイルド・アイド・ボーイ・フロム・フリークラウド」)。世界的な話題だったアポロ11号の月面着陸に便乗するような格好だったが、BBCがアポロ関係のニュースのたびにテーマ曲代わりに流したのが効いて、全英チャートの5位まで上がったのだ。このヒットを受けて急遽アルバムが制作されることになり、まだ無名に等しかったトニー・ヴィスコンティがプロデュースを手がけることになる。

バック陣は、ペンタングルのテリー・コックス（ドラムス）、のちにクイヴァーで活躍するティム・レンウィック（ギター、フルート）、ブルー・ミンクのハービー・フラワーズ（ベース）らアコースティック系のミュージシャンで、のちにシンガー・ソングライターとして活躍するキース・クリスマスがギター、ストローブス〜イエスで名を馳せるリック・ウェイクマンがキーボードで参加しているのは見逃せない。ウェイクマンはこれが二度目のレコーディング・セッションだったそうである。

「スペイス・オディティ」が受けたのは、地上の管制官と宇宙を漂うトム少佐の通信というストーリーが、トムの孤立感をみごとに描いていたからだ。ブラック・パワーやステューデント・パワーがかつてない盛り上がりを見せ、〝共闘〟や〝革命〟が何かと話題になった時代だが、〝個〟はどこまで行っても〝個〟なのである。SF的な意匠がドラマティックだったということもあるが、それだけには終わらず、ちゃんと〝人間〟が表現されていたから、ボウイの才能は一部で高く評価されることになったのだ。

この曲、13年にはカナダの宇宙飛行士クリス・ハドフィールドが国際宇宙ステーションで歌い、宇宙で録音／撮影された初のミュージック・ヴィデオとして、（ボウイ承認のうえ）1年間限定でYouTubeに公開された。

アルバムのA面は、父へイウッドを亡くして精神的に不安定だった時期に書かれた「アンウォッシュド・アンド・サムホワット・スライトリィ・ダイズド」や、かつての恋人ヘルミオーネ・ファージンゲールへの想いを歌った「レター・トゥ・ヘルミオーネ」、ウェイクマンが弾くハープシコードやオルガンが印象的な10分弱の大作「シグネット・コミティー」が聴きどころだ。

ブリティッシュ・フォークの影響が色濃い「ジャニーヌ」から始まるB面は、リコーダーが心を和ませる小品「アン・オケイジョナル・ドリーム」や、壮大なオーケストレーションをバックに朗々と歌い上げる「ワイルド・アイド・ボーイ・フロム・フリークラウド」、歌詞にボブ・ディランの影響が窺える「ゴッド・ノウズ・アイム・ゴッド」に刮目しておきたい。ラストの「メモリー・オブ・ア・フリー・フェスティヴァル」は69年8月にベッケナム・アーツ・ラボが開催したフェスのオマージュで、美しい合唱で締め括られている。

本作は『ジギー・スターダスト』発表後にRCAから再発され、『スペイス・オディティ』と改題された。

（真下部）

## Rykodisk Reissue

US・RCD 10131 1990年［CD］

RCAレーベル離脱後、初の本格的CDリイシューとなった米ライコディスクによるリマスター盤。『世界を売った男』が初回時の〝ドレス・カヴァー〟に戻される一方で、本作はRCA時代のアートワークが踏襲されたが、RCA版ではカットされていた「ドント・シット・ダウン」が復活、さらに70年のシングル曲「カンヴァセーション・ピース」「フリー・フェスティバルの思い出・パート1」「同2」が追加収録されている。（犬伏）

## 40th Anniversary

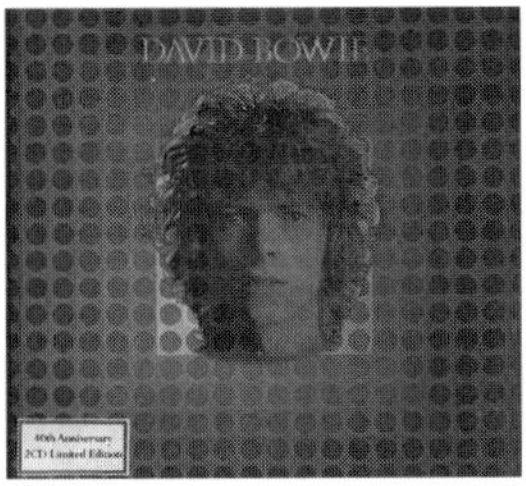


EU・EMI / DBSOCD 40 2009年［CD］

89年のライコによるCD再発を経て、ボウイのカタログは99年にヴァージンに統合、その際にボーナス曲が一掃され多くのファンを困惑させた。今も一部は再発売が叶わないままだが、このアルバムは遙かに充実した40周年記念版のおかげで旧盤が不要となった。追加トラックは実に15曲。デモあり、BBCラジオでの録音あり、別ミックス／ヴァージョンありで、数ある『スペイス～』の再発盤の中でも一番の充実ぶりである。（犬伏）

## 50th Anniversary Mix

EU・Parlophone / DBSOCD50 2019年［CD］

40周年記念版から10年、発売50年の大きな節目にリリースされたのはトニー・ヴィスコンティによる最新リミックス版だった。これはマーキュリー初期のレア音源を集めたCD5枚組ボックス「カンヴァセーション・ピース」に収められたものの単独発売盤で、アナログLPも同時発売されている。いきなりフル・ヴォリュームで始まる「スペイス・オディティ」に驚いてしまうが、ミックス自体は端正で好感が持てる。（犬伏）

## Spying Through A Keyhole (Demos And Unreleased Songs)

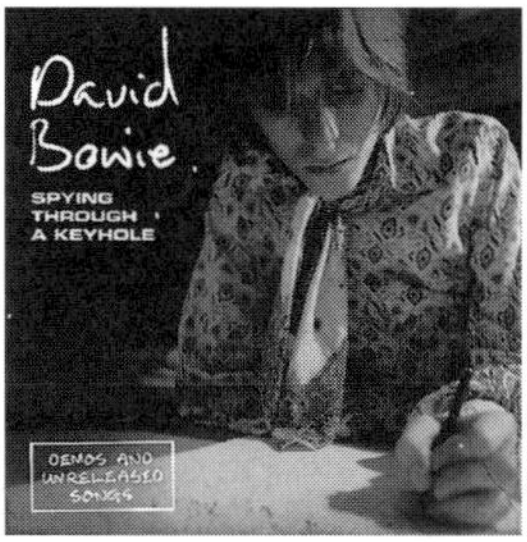


USA, EU・Parlophone／0190295495084［7 inch Box］
Recording: 1968年1月〜11月
Release:2019年4月5日

［**Side A**］Mother Grey (Demo)
［**Side B**］In The Heat Of The Morning (Demo)
［**Side C**］Goodbye 3D (Threepenny) Joe (Demo)
［**Side D**］Love All Around (Demo)
［**Side E**］London Bye, Ta-Ta (Demo)
［**Side F**］Angel Angel Grubby Face (Demo Version 1)
［**Side G**］Angel Angel Grubby Face (Demo Version 2) / Space Oddity (Demo Excerpt)
［**Side H**］Space Oddity (Demo w/ Hutch)

「スペイス・オディティ」の発売50年を記念しリリースされたデモ音源集で、いずれもアナログ盤をマニアックな装丁のボックスに収めたもの。『スパイング・スルー・ア・キーホール』は68年頃に自宅で録られたデモを集めたもので、デラム時代の完成品が存在する「イン・ザ・ヒート・オブ・ザ・モーニング」「ロンドン・バイ・タ・タ」から、存在すら知られなかったものまで内容はさまざまだが、「スペイス〜」は最初期のデモとジョン〝ハッチ〟ハッチンソンとのデュオ・スタイルの2種が収録されている。『ザ・マーキュリー・デモ』は同レーベルのA&R、カルヴィン・リーの上司に聴かせるためボウイとハッチンソンが手持ちの曲を一発録りしたもので、これが契約締結のきっかけとなった。「スペイス〜」のみエディット版が過去にリリース済みで、他はすべて初登場。両ボックスともに全曲が「カンヴァセーション・ピース」でCD化された。（犬伏）

## Mercury Demos

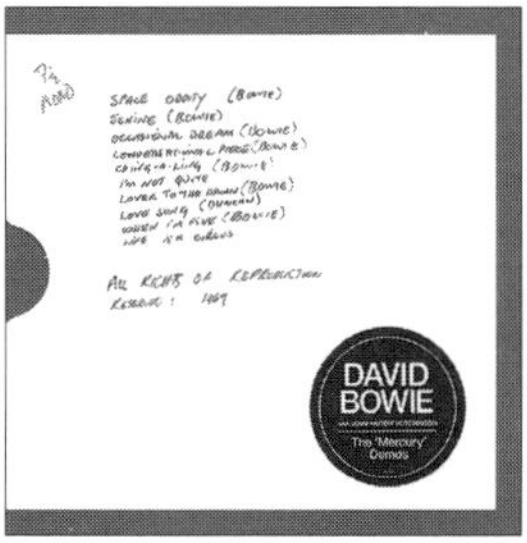


USA, EU・Parlophone／DBMD 1969
Recording:1969年2月〜4月
Release:2019年6月28日

［**Side A**］
1. Space Oddity
2. Janine
3. An Occasional Dream
4. Conversation Piece
5. Ching-A-Ling
6. I'm Not Quite (AKA Letter To Hermione)

［**Side B**］
1. Lover To The Dawn
2. Love Song
3. When I'm Five
4. Life Is A Circus

## David Bowie (Space Oddity)

EU・Parlophone / DBMD 1969
[7 inch Box]
Release: 2019年7月12日

**[Side A]** Space Oddity (Original Mono Single Edit) **[Side B]** Wild Eyed Boy From Free-cloud (Original Mono Single Version) **[Side C]** Space Oddity (2019 Mix – Single Edit) **[Side D]** Wild Eyed Boy From Free-cloud (2019 Mix – Single Version)

「スペイス・オディティ」発売50年を記念したアナログ・ボックスの第3弾は「スペイス〜」の初回シングルを再現、最新リミックス盤も同梱したユニークな復刻盤だ。これらの箱の収録曲をさらに拡張し、マーキュリー初期のボウイを集大成したのが「カンヴァセーション・ピース」。アルバム『スペイス・オディティ』のヴィスコンティ最新リミックスを含む驚きのレア・トラックが、CD5枚にたっぷり詰め込まれている。（犬伏）

## Conversation Piece

**カンヴァセーション・ピース**

EU・DBCP 6869 [5CD BOX]
Recording: 1968年1月〜1969年10月
Release: 2019年11月15日

**[Disc 1] Home Demos**
1. April's Tooth Of Gold / 2. The Reverend Raymond Brown (Attends The Garden Fête On Thatchwick Green) / 3. When I'm Five / 4. Mother Grey / 5. In The Heat Of The Morning / 6. Good-bye 3d (Threepenny) Joe / 7. Love All Around / 8. London Bye, Ta-Ta / 9. Angel Angel Grubby Face (Version 1) / 10. Angel Angel Grubby Face (Version 2) / 11. Animal Farm / 12. Space Oddity (Solo Demo Fragment) / 13. Space Oddity (Version 1) / 14. Space Oddity (Version 2) / 15. Space Oddity (Version 3) / 16. Lover To The Dawn / 17. Ching-a-Ling / 18. An Occasional Dream / 19. Let Me Sleep Beside You / 20. Life Is A Circus / 21. Conversation Piece / 22. Jerusalem / 23. Hole In The Ground
**[Disc 2] Mercury Demos**
**[Disc 3] Conversation Pieces**
1. In The Heat Of The Morning (Decca Mono Version) / 2. London Bye, Ta-Ta (Decca Alternative Version) / BBC Top Gear Radio Session With The Tony Visconti Orchestra, Recorded 13th May, 1968 / 3. In The Heat Of The Morning / 4. London Bye, Ta-Ta / 5. Karma Man / 6. When I'm Five / 7. Silly Boy Blue / 8. Ching-a-Ling / 9. Space Oddity (Morgan Studios Version – Alternative Take) / 10. Space Oddity (U.K. Single Edit) / 11. Wild Eyed Boy From Freecloud (Single B-side – Mono Mix) / 12. Janine (Mono Mix) / 13. Conversation Piece / BBC Dave Lee Travis Show Radio Session, Recorded 20th October, 1969 / 14. Let Me Sleep Beside You / 15. Unwashed And Somewhat Slightly Dazed / 16. Janine
**[Disc 4] 1-9. The David Bowie (AKA Space Oddity) Album 1969 Stereo Mixes / The Extras**
10. Wild Eyed Boy From Freecloud (Single B-side Stereo Mix) / 11. Letter To Hermione (Early Mix) / 12. Janine (Early Mix) / 13. An Occasional Dream (Early Mix) / 14. Ragazzo Solo, Ragazza Sola (Full Length Version)
**[Disc 5] 1-10. The Space Oddity Album 2019 Mixes / The Extras**
11. Wild Eyed Boy From Freecloud (Single Version) / 12. Ragazzo Solo, Ragazza Sola

## The Man Who Sold The World

**Original**
［**Side A**］1. The Width Of A Circle / 2. All The Madmen / 3. Black Country Rock / 4. After All
［**Side B**］1. Running Gun Blues / 2. Saviour Machine / 3. She Shook Me Cold / 4. The Man Who Sold The World / 5. The Supermen / RE Rykodisc / Bonus Tracks / 10. Lightning Frightning / 11. Holy Holy / 12. Arnold Corns - Moonage Daydream / 13. Arnold Corns - Hang On To Yourself

**Rykodisc**
Bonus Tracks
10. Lightning Frightning / 11. Holy Holy / 12. Arnold Corns-Moonage Daydream / 13. Arnold Corns-Hang On To Yourself

〈初版〉**この世を売った男**
〈現行〉**世界を売った男**

UK・Mercury／6338041
Recording: 1970年4月17日～5月22日
Release: 1971年4月10日

**The Man Who Sold The World**
US・Mercury／SR 61325
1970年

**The Man Who Sold The World**
UK・RCA Victor／LSP 4816
1972年

**The Man Who Sold The World**
GER・Mercury／6338 041D
1972年

移籍したフィリップスから69年7月にリリースしたシングル「スペイス・オディティ」が全英5位のヒットとなり、広く知られるようになったボウイは、ライヴ用のバンド「ハイプ」を結成。当初はミック・ロンソン（ギター）、トニー・ヴィスコンティ（ベース）、ジョン・ケンブリッジ（ドラムス）という布陣で、70年2月にカムデン・タウンのラウンドハウスで初ステージを踏んだ。4月にはケンブリッジが脱退し、ロンソンと「ザ・ラッツ」というバンドを組んでいたミック〝ウッディ〟ウッドマンジーに交代。鍵盤のラルフ・メイスも加えて、本作のレコーディングを開始したのだ。

3月にアメリカ人モデル、アンジーことメアリー・アンジェラ・バーネットと入籍したボウイは、彼に負けず劣らず個性的だったアンジーがイメージ作りに貢献したこともあって、サウンドとヴィジュアルが一体となった表現を考えるようになり、前作までの中途半端な雰囲気は払拭されていく。

サウンド面では、ロンソンの強烈なギター・リフを効果的に使ってパワフルなバンド・サウンドをつくるようになり、レッド・ツェッペリンやディープ・パープルら英国のハード・ロックの主流とはかなり趣の異なる路線に舵を切っている。それはおそらく、同時にT・レックスのプロデュースを手掛けていたヴィスコンティがシングル・ヒットを重じていたからだろうし、ロンソンがMC5やストゥージズといったデトロイトのガレージ・バンドを好んでいたからでもあるだろう。つまり最初から、ブルース・ロックの発展形だった英国のハード・ロックにはない、のちのパンクに近いサウンドが目標だったわけだ。

録音が始まった時点で完成していたのは「ザ・ウィドゥス・オブ・ア・サークル」だけ。セッションを重ねる中で、ボウイはロンソンのギターとヴィスコンティのベースに応えるように曲を書き上げていった。歌詞とサウンドの整合性が高く、アルバムとしてのトータリティにあふれているのは、ボウイがやがて〝グラム・ロック〟と呼ばれるようになる方向性に確信を得ていた証拠だろう。

「ブラック・カントリー・ロック」でボウイはマーク・ボランに似たヴィブラート唱法を披露しているが、それも次の時代を見据えての意識的な〝スタイルの提示〟だったように思う。

先行発売となったアメリカ盤は、マイケル・ジョン・ウォーラーのコミック、ヒューストン・カウボーイを使ったジャケットだった。一方、英国盤はマーカス・キーフが撮影したボウイの写真、通称ドレス・カヴァーでのリリースである。これはいわゆる〝女装〟ではなく、マイケル・フィッシュのファッションブランド「ペキュリアー・トゥ・ミスター・フィッシュ」の男性用ドレスを着用しているだけなのだが、曖昧な性のイメージは当時のロンドンっ子をざわつかせた。（真下部）

## Rykodisk Reissue

US・Rykodisc / RCD 10132 1990年［CD］

「ライトニング・フライトニング」は70年ごろの未発表曲。ここでしか聴けない。「ホリー・ホリー」は74年のシングル「ダイアモンド・ドッグズ」のB面に収められていた72年録音のリメイク・ヴァージョン。あとの2曲は71年にアーノルド・コーンズ名義で発売されたシングルの両面。そのうち「ムーンエイジ・デイドリーム」は冒頭が編集されている。以上の3曲は［ファイヴ・イヤーズ1969–1973］にも収録。

（山田）

## The Width Of A Circle

**ウィドゥス・オブ・ア・サークル**
**〜円軌道の幅〜**

EU・Parlophone／CDWOAC 50
[CD]
Recording: 1970年4月18日〜5月22日
Release: 2021年5月28日

**[Disc 1] The Sunday Show Introduced By John Peel Recorded On 5th February, 1970:** 1. Amsterdam / 2. God Knows I'm Good / 3. Buzz The Fuzz / 4. Karma Man / 5. London Bye, Ta-Ta / 6. An Occasional Dream / 7. The Width Of A Circle / 8. Janine / 9. Wild Eyed Boy From Freecloud / 10. Unwashed And Somewhat Slightly Dazed / 11. Fill Your Heart / 12. The Prettiest Star / 13. Cygnet Committee / 14. Memory Of A Free Festival
**[Disc 2] The Looking Glass Murders Aka Pierrot in Turquoise:** 1. When I Live My Dream / 2. Columbine / 3. Harlequin / 4. Threepenny Pierrot / 5. When I Live My Dream (Reprise) / **The Singles:** 6. The Prettiest Star (Alternate Mix) / 7. London Bye, Ta-Ta / 8. London Bye, Ta-Ta (1970 Stereo Mix) / 9. Memory Of A Free Festival (Single Version Part 1) / 10. Memory Of A Free Festival (Single Version Part 2) / 11. Holy Holy / **Sounds Of The 70s: Andy Ferris Show Recorded On 25th March, 1970:** 12. Waiting For The Man / 13. The Width Of A Circle / 14. Wild Eyed Boy From Freecloud / 15. The Supermen / **The 2020 Mixes:** 16. The Prettiest Star (2020 Mix) / 17. London Bye, Ta-Ta (2020 Mix) / 18. Memory Of A Free Festival (2020 Mix) / 19. All The Madmen (Single Edit - 2020 Mix) / 20. Holy Holy (2020 Mix)

〝70年のボウイ〟を捉えた2枚組。ディスク1は、70年2月5日に収録されたBBCの番組『ザ・サンデイ・ショウ・イントロデュースト・バイ・ジョン・ピール』の音源。「アムステルダム」、「ゴッド・ノウズ・アイム・グッド」、「ウィドゥス・オブ・ア・サークル」、「アンウォッシュド・アンド・サムホワット・スライトリー・デイズド」は00年の『アット・ザ・ビープ』に収録済だが、他は初商品化。バンドはギターのミック・ロンソン、ベースのトニー・ヴィスコンティ、ドラムのジョン・ケンブリッジからなるハリー・ザ・ブッチャー。

ディスク2は、リンゼイ・ケンプとつくったテレビ番組用の曲や、マーク・ボランがギターを弾いた「プリティエイト・スター」、「ロンドン・バイ・タ・タ」などのシングル曲、70年3月25日収録のBBC『サウンズ・オブ・ザ・セヴンティーズ：アンディ・フェリス・ショウ』での4曲などを収録。 (山田)

## Metrobolist (Nine Songs By David Bowie)

EU・Parlophone／METROBOLIST 6
2020年[CD]

『世界を売った男』の発売50周年を記念して発表された最新リミックス盤。オリジナルのアートワークを手がけたマイク・ウェラーとボウイとの話の中で出てきた〝メトロボリスト〟という造語をテーマにしたボックスの計画が頓挫して、タイトルとアートワークだけが活かされたもの。トニー・ヴィスコンティがリミックスしているが、「アフター・オール」は15年リマスター音源を使用するなど、いろいろと無理がある。 (山田)

## Hunky Dory

**ハンキー・ドリー**

UK・RCA Victor/SF 8244
Recording: 1971年6月8日〜8月6日
Release: 1971年12月17日

**Original**
[**Side A**] 1. Changes / 2. Oh! You Pretty Things-Eight Line Poem / 3. Life On Mars? / 4. Kooks / 5. Quicksand
[**Side B**] 1. Fill Your Heart-Andy Warhol / 2. Song For Bob Dylan / 3. Queen Bitch / 4. The Bewlay Brothers

**Rykodisc** [CD]
Bonus Tracks
12. Bombers / 13. The Supermen (Alternate Version) / 14. Quicksand (Demo Version) / 15. The Bewlay Brothers (Alternate Mix)

マネージャーがケン・ピットから弁護士のトニー・デフリーズに変わったことで状況は一変し、ボウイはRCAとの長期契約に成功する。マーキュリーも契約更新の意思を示していたが、デフリーズはその条件を不服とし、RCAが提示してきたアルバム一枚につき37500ドル(当時の日本円でおよそ1500万円)のアドヴァンスという好条件で契約をまとめたのだ。

けれども、バンドはガタガタだった。ヴィスコンティはT・レックスとの仕事に集中していたため、前作でエンジニアを務めたケン・スコットがボウイと共同でプロデュースを担当することになる。ヴィスコンティに代わるベーシストは、のちにユーライア・ヒープで活躍したトレヴァー・ボルダー(2013年に膵臓癌で亡くなっている)。ボウイはツアー中に仲違いしていたロンソンと関係を修復し、レコーディングに臨むことになる。リック・ウェイクマンも前作に引き続いて印象的なピアノを披露しているが、ボウイのレギュラー・バンドには加わらず、イエスの正式メンバーとなった。

最初にシングル・カットされたのは冒頭に置かれた「チェンジズ」。エンディングでボウイのサックス・ソロが聴けるこの曲は全米チャート66位止まりだったが、代表曲のひとつとなる。

続く「オー！ユー・プリティ・シングス」は息子ゾウイ（ダンカン・ジョーンズ）の誕生に触発されてできた曲で、元ハーマンズ・ハーミッツのピーター・ヌーンによるカヴァー・ヴァージョンが全英12位まで上がるヒットになった。ちなみに「クークス」も息子の成長をモチーフにした歌である。

このアルバムを代表する曲と言えば、なんと言っても「ライフ・オン・マーズ？」だ。ウェイクマンの美しいピアノが印象的なこの曲は、フランク・シナトラの「マイ・ウェイ」と同じコード進行が随所に見られ、唄い方もシナトラを意識している。「マイ・ウェイ」はフランス人歌手クロード・フランソワの「コム・ダビチュード」にポール・アンカが英語の歌詞をつけたものだが、実はボウイもこのコンペに参加していたのだ。あえなく落選したため、シナトラへの想いを「ライフ・オン・マーズ？」で復活させたというわけである。

「フィル・ユア・ハート」はアメリカのシンガー・ソングライター、ビフ・ローズがポール・ウィイリアムズと共作し、68年のアルバム『ザ・ソーン・イン・ミセス・ロージズ・サイド』で発表した曲だった。ヴェルヴェット・アンダーグラウンド風の「クイーン・ビッチ」に、「アンディ・ウォーホル」、唱法まで真似た「ソング・フォー・ボブ・ディラン」では先人たちへの敬意を示している。精神病院に入ってしまった兄テリー・バーンズとの関係をベースにした「ザ・ビューレイ・ブラザース」は、さすがに悲しげに歌われたのだ。

ジャケットは往年の名女優グレダ・ガルボやマレーネ・ディートリッヒのポートレートを模して、ブライアン・ワードが白黒で撮影。それにテリー・パスターがエアブラシとインクで彩色し、曇りガラスを通したように淡く仕上げたものだ。ボウイの神秘的な面を現した、ヴィジュアルの傑作と言えるだろう。（真下部）

## Rykodisk Reissue

Rykodisc / RCD 10133 1990年
［CD］

「ボマーズ」はアルバムからカットされた曲で、71年のプロモーション盤（17年に『ボウイプロモ』として再発）に収録されていた。CDではここでしか聴けない。「スーパーメン」は72年のオムニバス『グラストンベリー・フェア／ザ・エレクトリック・ソース』収録のオルタネイト・ヴァージョン。「クイックサンド」はデモ、「ザ・ビューレイ・ブラザース」はモノ・ミックスで、この2曲はどちらも再発されていない。（山田）

## The Rise And Fall Of Ziggy Stardust And The Spiders From Mars

**Original**
[**Side A**] 1. Five Years / 2. Soul Love / 3. Moonage Daydream / 4. Starman / 5. It Ain't Easy
[**Side B**] 1. Lady Stardust / 2. Star / 3. Hang On To Yourself / 4. Ziggy Stardust / 5. Suffragette City / 6. Rock 'N' Roll Suicide

**Rykodisc** [CD]
Bonus Tracks
12. John, I'm Only Dancing / 13. Velvet Goldmine / 14. Sweet Head / 15. Ziggy Stardust (Original Demo) / 16. Lady Stardust (Original Demo)

**30th Anniversary 2CD Edition** [CD]
[**Disc 1**] The Original Album Remastered
[**Disc 2**] 1. Arnold Corns-Moonage Daydream (Arnold Corns Version) / 2. Arnold Corns-Hang On To Yourself (Arnold Corns Version) / 3. Lady Stardust (Demo) / 4. Ziggy Stardust (Demo) / 5. John, I'm Only Dancing / 6. Velvet Goldmine / 7. Holy Holy / 8. Amsterdam / 9. The Supermen / 10. Round And Round / 11. Sweet Head (Take 4) / 12. Moonage Daydream (New Mix)

**40th Anniversary Edition**
2012 Remaster

**40th Anniversary Heavy Weight Vinyl & Hi Res Audio Edition** [LP+DVD]
[2012 Remastered Vinyl Album] [DVD]
Original 1972 Album Mix: 96/24 PCM Stereo Remaster
2003 Ken Scott Mixes: 5.1 48/24 DTS
2003 Ken Scott Mixes: 5.1 Dolby Digital
2003 Ken Scott Mixes: 48/24 PCM Stereo
Bonus Tracks
(2003 Ken Scott Mixes: 5.1 48/24 DTS) (2003 Ken Scott Mixes: 5.1 Dolby Digital) (2003 Ken Scott Mixes: 48/24 PCM Stereo)
Moonage Daydream (Instrumental) / The Supermen / Velvet Goldmine / Sweet Head

〈初版〉**屈折する星くずの上昇と下降、そして火星から来た蜘蛛の群**
〈現行〉**ジギー・スターダスト**

UK・RCA Victor／SF 8287
Recording: 1971年7月9日、11月〜1972年2月
Release: 1972年6月16日

72年4月にリリースされた先行シングル「スターマン」が全英10位のヒットとなっている最中に店頭に並び、英5位、全米でも75位まで上がった出世作である。〝グラム・ロックを代表する一枚〟と言えば、これか、翌月に出たT・レックスの『スライダー』だが、英国の音楽紙がこの手の音楽を〝グラム・ロック〟と呼ぶようになったのは9月のこと。それ以前は〝グラマラスでポップなハード・ロック〟と呼ばれていたのだ。

宇宙からやってきたスターを演じるロック・オペラというコンセプトは、ザ・フーの『トミー』やザ・キンクスの『アーサー』に連なるもので、とくべつ新しい試みではなかったが、それまでのどんなミュージシャンよりも徹底して演劇的だった。ボウイがジギーの役を演じているのか？　それともジギー・スターダストの物語を語っているだけなのか？　いや、彼は本当に宇宙から来たのでは？——と憶測が飛び交うほど、自由に解釈できる余地があったのがSF的で、その表現は観客を惹きつけるに充分であった。

ボウイがジギー・スターダストのモデルとしたのは、50年代に活躍した英国のロカビリー歌手、ヴィンス・テイラーと言われている。のちにザ・クラッシュによってカヴァーされた「ブランド・ニュー・キャデラック」(59年)のオリジネイターで、引退後は航空機の整備士として働いていた(91年8月に肺癌で亡くなっている)。彼は60年代にドラッグとアルコールで精神を病み、「自分は異星から来た救世主だ」と信じこんでいたそうだが、つまりボウイは〝堕ちたスター〟のイメージにテイラーを重ねたのではないかと思う。そして〝ジギー〟はイギー・ポップを、〝スターダスト〟はアメリカのサイコビリー歌手、ザ・レジェンダリー・スターダスト・カウボーイ(本名はノーマン・カール・オダム)を由来にしてのネーミングだった。

バックを務めたのは前作で充実のコンビネーションを見せ、ツアーを共にしたロンソン、ボルダー、ウッドマンジー。彼らがそのまま〝スパイダース・フロム・マーズ〟となったのだ。

新しいコンセプトに合わせて、ボウイとスパイダースは前年からヴィジュアル・イメージの大改造も進めていた。71年晩秋のロンドン公演で妖艶さと狂気を兼ね備えたバンドを観ていた批評家やファンは、「そこがグラム・ロックの発火点だった」と口を揃える。そういった下地づくりを経て、ジギーのキャラクターは、『メロディ・メイカー』に載った「自分はバイセクシャル」というボウイの発言や、ステージ上での奇抜な衣装やメイク、パフォーマンスによって神格化されていく。そして、72年7月に出演したBBCの『トップ・オブ・ザ・ポップス』で「スターマン」を演奏したときに人気が爆発したのだ。ボウイがロンソンと頬を寄せ合って唄ったりする姿は英国民に衝撃を与え、「あんな風に男同士が親密さを表すのをテレビで見たことがなかった」とも言われた。アンジーはロンソンの母親に事前に電話して、「あれは演技だから気にしないで」と伝えていたという。

〝僕たちには5年間しかない/残された時間はそれだけだ〟と歌われる「ファイヴ・イヤーズ」は、アンジーに「ファンと一緒に歌えるアンセムを作って」と言われて書いた曲。「ソウル・ラヴ」はボウイのサックスもご機嫌なラテン・リズムのナンバーだ。「ムーンエイジ・デイドリーム」ではロンソンのギター・ソロが冴えわたり、バンドとしての到達点が窺えるのもいい。

「ロック・スターは宇宙人のようなものだ。ならばみんなの期待通り、宇宙人になってみせましょう」——それがボウイの考えた〝ジギー・スターダスト〟だったと思う。この時期はモット・ザ・フープルやルー・リードのプロデュースも手掛けて、八面六臂の大活躍。まさに宇宙人的だった。

(真下部)

## Rykodisk Reissue

US・Rykodisc / RCD 10134 1990年［CD］

72年のシングル「ジョン、アイム・オンリー・ダンシング」は、79年に再発された際のリミックス・ヴァージョン。CDではこれでしか聴けない。「ヴェルヴェット・ゴールドマイン」と「スイート・ヘッド」はアウトテイク。前者は75年のシングルB面として発売された。あとの2曲はデモで、「レディ・スターダスト」は展覧会〈デイヴィッド・ボウイ・イズ〉の日本会場限定シングルとしてステレオ・ミックスが初出。（山田）

## 30th Anniversary 2CD Edition

EU・EMI／7243 5 39826 2 1 2002年［CD］

最初の周年企画版。初回盤はパッケージなどに不具合が見つかり、回収騒動も。リマスターを担当したのはナイジェル・リーヴとピーター・ミュウ。ディスク2にはライコ版のボーナス・トラックがほぼ網羅され、アーノルド・コーンズのシングルや73年のシングルB面でジャック・ブレルのカヴァー「アムステルダム」などを追加。「ムーンエイジ・デイドリーム」の新ミックスは98年にダンロップのCMで使われた。（山田）

## 40th Anniversary Edition

EU・EMI／DBZS 40 2012年［CD］
EU・EMI／DBZSX 40 2012年［LP+DVD］

CDはボーナス・トラックなしのストレート・リイシューで、30周年版のリマスターと大きく変わった印象はない。注目すべきは12年ミックスのアナログ盤とセットになったDVDで、オリジナルのプロデューサーだったケン・スコットが、03年のSACD化の際に作業をした72年ミックスと03年ミックス（4曲のボーナス・トラック入り）のハイレゾ及びステレオを収録。これが素晴らしいので、聴いてほしい。（山田）

## Live Santa Monica '72

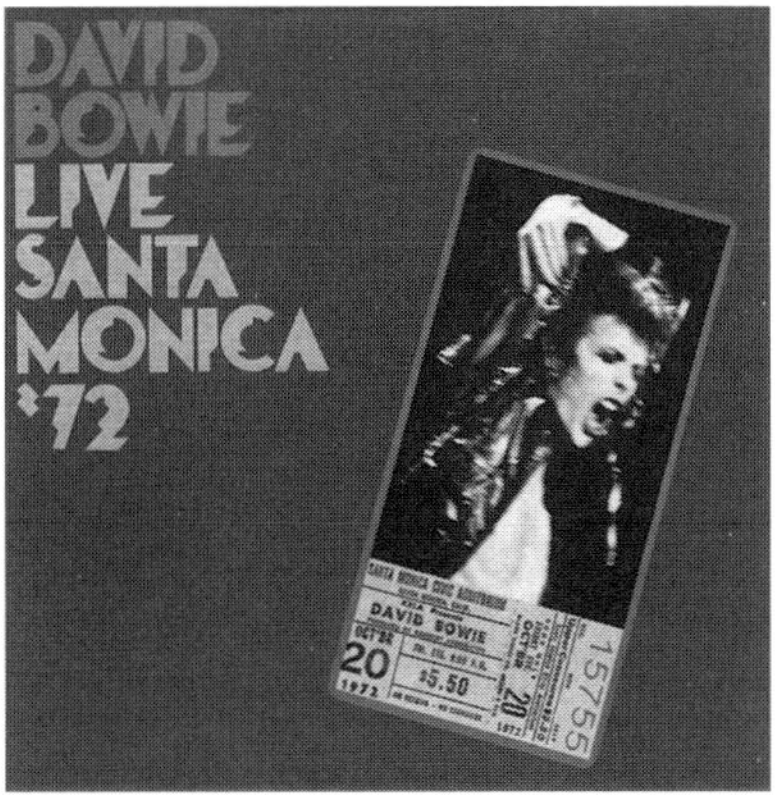


**ライヴ・サンタモニカ'72**

UK, Europe & US・EMI／BOWLIVE 201072［CD］
Recording: 1972年10月20日
Release: 2008年6月30日

**Original**
1. Introduction / 2. Hang On To Yourself / 3. Ziggy Stardust / 4. Changes / 5. The Supermen / 6. Life On Mars? / 7. Five Years / 8. Space Oddity / 9. Andy Warhol / 10. My Death / 11. The Width Of A Circle / 12. Queen Bitch / 13. Moonage Daydream / 14. John, I'm Only Dancing / 15. Waiting For The Man / 16. The Jean Genie / 17. Suffragette City / 18. Rock 'N' Roll Suicide

『アラジン・セイン』の発表を挟みつつ、約1年半に亘って世界を廻った〈ジギー・スターダスト・ツアー〉のセカンド・レグにあたる初の全米ツアー中の72年10月20日、ロサンゼルスのサンタモニカ・シヴィック・オーディトリアムで行なわれたコンサートを収録したライヴ・アルバム。この日の模様はFMラジオ局KMETで放送され、それをもとにしたブートレグが多数出回った。94年には元マネージャーのトニー・デフリーズが『サンタモニカ'72』のタイトルで発売し、日本盤も出たが、それはボウイ未承認のハーフ・オフィシャル盤で、この08年盤が公式盤である。

　バックを務めるのはスパイダース・フロム・マーズの面々と、9月からツアーに参加し、その後、ボウイとは長いつき合いになるキーボードのマイク・ガーソン。9か月後のツアー最終日に録音された『ジギー・スターダスト・ザ・モーション・ピクチャー』と比較すると、音が細く、バンドの演奏もラフで力みも感じるが、それがかえってよく、ボウイが初めてのアメリカの観客に対して〝ほとんど名の知られていない自分をどうアピールするか〟という戦いを挑んでいる姿が浮かび上がってくる。ライヴ盤としての完成度は低いが、記録として大事だし、何よりも熱量が伝わってくる。（山田）

**Santa Monica '72**
UK・Golden Years ／ GY 002
1994年［CD］

## Aladdin Sane

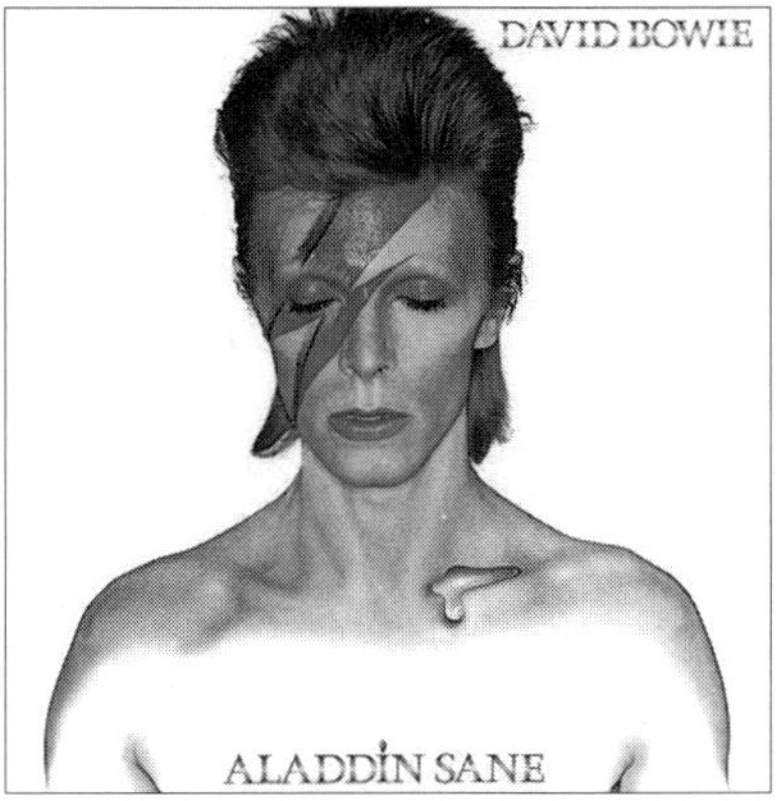


**アラジン・セイン**

UK・RCA Victor／RS 1001
Recording: 1972年10月6日、12月4日〜11日、1973年1月18日〜24日
Release: 1973年4月13日

**Original**
[**Side A**] 1. Watch That Man / 2. Aladdin Sane (1913-1938-197?) / 3. Drive-In Saturday / 4. Panic In Detroit / 5. Cracked Actor
[**Side B**] 1. Time / 2. The Prettiest Star / 3. Let's Spend The Night Together / 4. The Jean Genie / 5. Lady Grinning Soul

**Rykodisc** [CD]*ボーナス・トラックなし

**30th Anniversary 2CD Edition** [CD]
[**Disc 1**] The Original Album Remastered
[**Disc 2**] 1. John, I'm Only Dancing (Sax Version) / 2. The Jean Genie (Original Single Mix) / 3. Time (Single Edit) / 4. All The Young Dudes / 5. Changes (Live) / 6. The Supermen (Live) / 7. Life On Mars? (Live) / 8. John, I'm Only Dancing (Live) / 9. The Jean Genie (Live) / 10. Drive-In Saturday (Live)

**40th Anniversary Edition** [CD]
The Original Album 2013 Remaster

異星から墜ちてきたロック・スターを描いたアルバム、『ジギー・スターダスト』の極めて高いコンセプト性は世間の認めるところとなり、デイヴィッド・ボウイをロック・シーンの中心へと押し上げたが、アルバムの音は69年の「スペイス・オディティ」を起点とした〝アコースティックとエレクトリックの融合〟の延長線上にあるものだった。トニー・ヴィスコンティからケン・スコットへ制作パートナーのバトンは渡されるも、そこには「スペイス〜」から変わらず続くボウイ流〝英国的エレガンス〟が受け継がれていたのである。しかし、自らを〝ジギー〟へと変貌させたボウイは英米と続くツアーの中で大いなる刺激を受け、その手触りはどんどん変化を遂げていく。

『ジギー〜』に続き73年4月にリリースされた本作の録音は、72年10月にスタートしたロンドンのトライデント・スタジオでのセッションからニューヨーク、ナッシュビルとツアーの合間を縫って断続的に続けられたようだ。この時期のボウイはモット・ザ・フープルにとって起死回生の曲となった「すべての若き野郎ども」を提供、ボウイ自身がプロデューサーとして彼らをサポートする一方で、ニューヨークではルー・リードの『トランスフォーマー』をミック・ロンソンとの共同プロデュースで仕上げ、さらには盟友イギー・ポップ率いるストゥージズの『ロウ・パワー』のミックスも手がけるという多忙ぶり。特にこの時期のボウイは米国との非常に濃密な関わりが続いており、本作のレコーディングに大きな影響を及ぼしたが、それはアルバム冒頭の「あの男を注意しろ」を聴くだけでも十分に実感できる。これまでアコースティック・ギターを主軸にした音作りを好んだボウイだったが、ここで聴けるアンサンブルは英国的というよりむしろ米国のガレージ・ロックのそれに近く、G・E・マコーミックとリンダ・ルイスのコーラスには米国産ソウルのフィールが溢れているのだ。歌詞には地名をはじめ米国を象徴するワードがいくつも盛り込まれているが、これも本作の大きな特徴だ。世間では『ジギー～』がボウイの転換期と思われているところがあるが、実は本作こそがボウイの大きな転換期ではないだろうか。ボウイの面白いところは、大きな変貌を遂げるにあたり自身のルーツを再訪するようなところがあり、本作にも彼がかつて愛した米国のR&Bへの強い傾倒が窺える。中でもそれが特に強く感じられるのが、この時期の代表曲「ジーン・ジニー」で、タイトルは仏の作家ジャン・ジュネの名をもじったものとも、歌詞に登場するマリリン・モンローの本名に引っかけたものともいわれるが、曲調はずばり、ボ・ディドリー経由のカヴァー「コップス&ロバーツ」に、ヤードバーズ経由の「アイム・ア・マン」のエッセンスを加えたもの。「デトロイトのパニック」もボ・ディドリーの〝ジャングル・ビート〟を新解釈したものだ。ちなみにシングル・カットされた「デトロイト～」のB面にはチャック・ベリーの「アラウンド・アンド・アラウンド」のカヴァーが収められており、当時のボウイの嗜好がそこにあったことを裏付けている。これらの曲に、英国R&Bブームの真っ只中にいたデイビー・ジョーンズ・ウィズ・ザ・キング・ビーズ時代のボウイの姿を重ねてみるのも面白いかもしれない。ローリング・ストーンズのカヴァー「夜をぶっ飛ばせ」の収録も印象深いが、これはボウイを次作『ピンナップス』へと導くきっかけとなった。一気にヘヴィーな音へと変貌を遂げたボウイだが、そんな中でエレガントなムードを醸すのが、文学的な香り漂う「アラジン・セイン（1913–1938–197?）」「時間」、そして「薄笑いソウルの淑女」の3曲で、いずれも新たに加わったニューヨーク出身のジャズ・ピアニスト、マイク・ガーソンが主役級の活躍を見せている。

本作は積極的なツアーの好影響もあり英国で1位を獲得、米国でも初のトップ20となる17位を記録している。フロント・カヴァーにあしらわれたピエール・ラロシュによる稲妻のメイクは今やボウイを象徴するアイコンとなった感があるが、ナショナル（現・パナソニック）のロゴをモチーフにしたものだという。実に興味深いエピソードである。（犬伏）

## Rykodisk Reissue

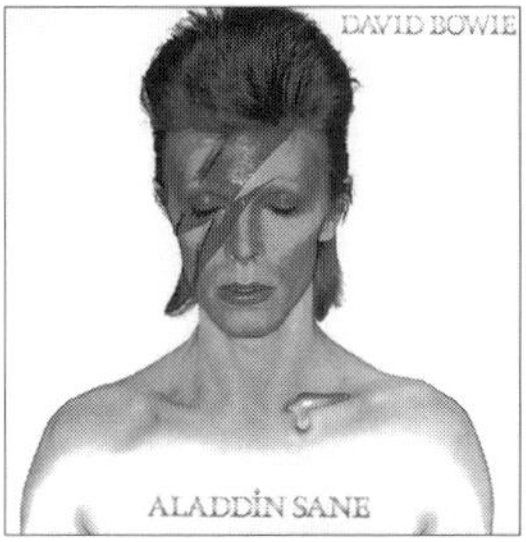


US・Rykodisc / RCD 10135 1990年［CD］＊ボーナス・トラックなし

ライコディスクからの再発は、RCA時代のアルバムが入手困難となっていた89年からスタートし、『スペイス・オディティ』から『スケアリー・モンスターズ』までの15枚と『ジギー・スターダスト・ザ・モーション・ピクチャー』が発売された。内容はそのためにライコに招聘されたジェフ・ラグヴィーとボウイが決めたが、『アラジン・セイン』に関しては、本人がボーナス・トラックは不要と判断したらしい。（山田）

## 30th Anniversary 2CD Edition

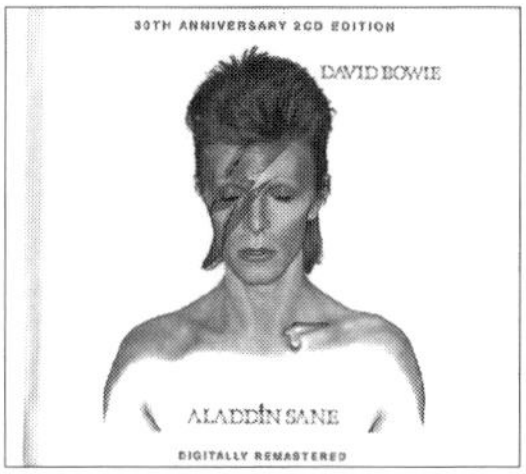


EU・EMI／7243 5 83120 2 7 2003年［CD］

ディスク1の本編リマスターは、オリジナルのプロデューサーだったケン・スコットとピーター・ミュウによる安心の仕上がり。ディスク2には「ジョン、アイム・オンリー・ダンシング」のサックス・ヴァージョンやモット・ザ・フープルに提供した「オール・ザ・ヤング・デューズ」のボウイ版、72年の北米ツアーからボストン、サンタモニカ、クリーヴランドでのライヴなどレア音源を収録。満足のいく内容だ。（山田）

## 40th Anniversary Edition

EU・EMI／DBAS 40 2013年［CD］

『ジギー・スターダスト』40周年版に続き、近年のボウイ作品のリイシューでは重要なスタッフとなっているレイ・スタッフがリマスターしているが、これもボーナス・トラックなしのストレート・リイシューなので、新鮮味はない。パッケージでは、一部アナログ盤に封入されていたファンクラブの申し込みカードが再現されているものの、07年に日本で紙ジャケット化された際に復刻済なので、熱心なファン向け。（山田）

## Ziggy Stardust - The Motion Picture

〈初版〉ジギー・スターダスト・ライヴ
〈現行〉ジギー・スターダスト・ザ・モーション・ピクチャー

UK & Europe・RCA／PL 84862(2)
Recording: 1973年7月3日
Release: 1983年10月31日

**Original**
[**Side A**] 1. Hang On To Yourself / 2. Ziggy Stardust / 3. Watch That Man / 4. Medley: Wild Eyed Boy From Freecloud / All The Young Dudes / Oh! You Pretty Things
[**Side B**] 1. Moonage Daydream / 2. Space Oddity / 3. My Death
[**Side C**] 1. Cracked Actor / 2. Time / 3. Width Of A Circle
[**Side D**] 1. Changes / 2. Let's Spend The Night Together / 3. Suffragette City / 4. White Light / White Heat / 5. Rock 'N' Roll Suicide

**30th Anniversary 2CD Special Edition**
[**Disc 1**]
Bonus Track
1. Intro (Incorporating: Beethoven's Ninth Symphony)
[**Disc 2**]
1. Intro (Incorporating: The William Tell Overture)
8. Farewell Speech (Spoken Word)
9. Rock 'N' Roll Suicide (Including Finale: Pomp And Circumstances)

架空のロック・スター〝ジギー・スターダスト〟というキャラクターの発祥は、72年6月にリリースされたアルバム『ジギー・スターダスト』(余談だが、発売当時の日本では「屈折する星くずの上昇と下降、そして火星から来た蜘蛛の群」という仰々しいサブ・タイトルがつけられていた)より遥かに古い。誤解されがちだが、ボウイと彼のバック・バンド、ミック・ロンソン、トレヴァー・ボルダー、ウッディー・ウッドマンジーによるスパイダース・フロム・マーズが行った極めて演劇性の高い〈ジギー・スターダスト・ツアー〉はアルバム発売のなんと約5ヵ月前、72年1月29日のアイルズベリー、バーロウ・アセンブリー・ホールで始まっていたのだ(それに先立つ1月19日、ロンドンのロイヤル・ボールルームでリハーサルが行われていたが、正式なオープニングは29日のウォームアップ・ショウとすべきだろう)。その後、アルバム『ジギー〜』がリリースされ、72年9月には初の北米ツアーがスタート。それは12月まで続いたが、その道程で才能豊かなジャズ・ピアニスト、マイク・ガーソンがバンドに合流した。暫しの英国ツアーを経て73年2月には再び北米に戻り、4月には9公演に及ぶジャパン・ツアーが開幕、5月には3度目の英国ツアーに戻る、というようにボウイとバンドはツアーに明け暮れることになる。彼らはまさに絶頂期の最中でツアーは大盛況、アルバムやシングルのセールスも伸びる一方だった。しかし、ボウイは最終公演となった7月3日のロンドン、ハマースミス・オデオン公演で突如〝ジギー・スターダスト引退宣言〟を行うのである。

この日のショウはライヴ・アルバム発売を想定したマルチ・トラック・レコーディングが行われ、同時にD.A.ペネベイカーによるフィルム・シューティングも行われていたが、予定されていたライヴ・アルバムの発売は延期が続いた後に立ち消えとなった。フィルムの方は74年に約1時間の短縮版として公開されたが、1時間半のエクステンデッド版が公開されるのは79年になってからだ。そんな中、ボウイとトニー・ヴィスコンティは来たるべき映像およびライヴ・アルバムのリリースを想定し81年にミックスを敢行、84年には映像ソフト（当時はまだヴィデオ・テープの時代だった）として初の商品化が実現している。本作はそれに伴いリリースされたもので、中身は映像版と基本的に同じ。このライブを〝音〟で聴きたいというファン向けの商品である。

録音状態は決して悪くなく、当時のライヴ・レコーディングとしては標準的なもの。むしろ音が過度に綺麗過ぎない分、妙な臨場感がある。同ツアーから前年の公演を収めた発掘盤『ライヴ・サンタモニカ'72』よりは本作の方が優秀だ。

オリジナルはLPの収録容量にともない15曲入りでリリースされたが、03年の30周年記念版はCDの特性を生かし、当日のセット・リストに準じた20曲収録の拡張版となった。この日はショウ後半でジェフ・ベックが飛び入りし「ジーン・ジニー」「ラウンド・アンド・ラウンド」に客演したが、彼は自身が履いたデニムのパンツが気に入らず発表を拒否したといわれており、映像、音ともにベック参加の2曲は今も公式リリースが叶わないままだ。（犬伏）

## 30th Anniversary 2CD Special Edition

EU・EMI / 72435 41979 2 5 2003年［CD］

映像版と同時発売で出た新装版。ショウのイントロダクションとして流されたウェンディ・カルロスによる「喜びの歌」と「ウィリアム・テル序曲」がクレジットされ、カットされていた「ウィドゥス・オブ・ア・サークル」や引退宣言のMCが完全版になった。トニー・ヴィスコンティによって音質も改善され、チケット・レプリカやポスターがついたパッケージもいいので、アップデイト版として持っておきたい。（山田）

## Pinups

**ピンナップス**

UK・RCA Victor/RS 1003
Recording: 1973年7月〜8月
Release: 1973年10月19日

**Original**
[**Side A**] 1. Rosalyn / 2. Here Comes The Night / 3. I Wish You Would / 4. See Emily Play / 5. Everything's Alright / 6. I Can't Explain
[**Side B**] 1. Friday On My Mind / 2. Sorrow / 3. Don't Bring Me Down / 4. Shapes Of Things / 5. Anyway, Anyhow, Anywhere / 6. Where Have All The Good Times Gone!

**Rykodisc** [CD]
Bonus Tracks
13. Growin' Up / 14. Port Of Amsterdam

〝ジギー〟ツアー終了後の7月9日、ボウイの姿は仏の古城を改装したスタジオ、シャトー・デルヴィーユにあった。目的はもちろん次のアルバムを録音するためだ。メンバーは〝ジギー〟ツアーを支えたミック・ロンソン、トレヴァー・ボルダー、マイク・ガーソン、ケン・フォーダムにA・アレキサンダー、エインズレー・ダンバーの6人。バンド・メンバーのウッディー・ウッドマンジーはツアー終了後に故郷のハルへ帰ってしまったため不参加となったようだ。

本作がボウイ自身のルーツを振り返るカヴァー集となるきっかけは、前作『アラジン〜』にあった。ツアーで長期に渡る米国滞在を経験したボウイは大いなる刺激を受けたが、その影響を表現する過程において自身のルーツであった米国産R&Bに回帰、さらにかつての英国R&Bブームというフィルターを通したのである。その成果がボ・ディドリー経由の「コップス&ロバーツ」にヤードバーズ版「アイム・ア・マン」を重ね合わせたものを下敷きにした「ジーン・ジニー」であり、このセッションではチャック・ベリーの「アラウンド・アンド・アラウンド」、ローリング・ストーンズ「夜をぶっ飛ばせ」も取り上げていた。その延長線上にあるのが本作というわけだ。

ここで取り上げられた曲は、ロンドン

でその渦中にいた人間なら忘れられないものばかりで、本作の幕開けとなる「ロザリン」はプリティ・シングスが64年に発表したデビュー曲、「ドント・ブリング・ミー・ダウン」も彼らの曲だ。「ヒア・カムズ・ザ・ナイト」はヴァン・モリスンが在籍していたゼムが65年にリリースした曲で、ビリー・ボーイ・アーノルドの「アイ・ウィッシュ・ユー・ウッド」は、ヤードバーズが64年にリリースしたデビュー・シングルを経由したカヴァー。66年の「シェイプス・オブ・シングス」はジェフ・ベック期のヤードバーズの代表曲のひとつだ。「シー・エミリー・プレイ」はボウイが愛してやまないシド・バレットによるピンク・フロイドのナンバー。「エヴリシングス・オールライト」はリヴァプール出身のモジョズの代表曲で、ダンバーはかつてモジョズのメンバーだったことがある。「我が心の金曜日」はオーストラリア出身のイージービーツ最大のヒット曲で、「アイ・キャント・エクスプレイン」と「エニウェイ、エニハウ、エニホエア」はザ・フーの1、2枚目のシングルを取り上げたもの。「愛の悲しみ」は英国ではマージーズによりヒットした曲で、ジョージ・ハリスンの「イッツ・オール・トゥ・マッチ」がこの曲の影響を強く受けているのは今や有名な話だ。そしてアルバムの最後を飾るのが、ボウイが敬愛するレイ・デイヴィス率いるキンクスの「ホエア・ハヴ・オール・ザ・グッドタイムズ・ゴーン」。本作のオリジナル盤に付属のピンナップにはこの曲の歌詞だけが書かれており、本作のテーマとなった重要曲だ。

アルバム・カヴァーにはシャトー・デルヴィーユ近くのスタジオで撮影されたツィギーとのポートレートがあしらわれたが、これは元々雑誌ヴォーグ用に撮られたもの。英国では堂々の1位、それに対し米国では23位という結果となったが、これは本作で取り上げた曲の知名度が影響しているのかもしれない。（犬伏）

## Rykodisk Reissue

US・Rykodisc／RCD 10136 1990年［CD］

ボーナス・トラックは2曲ともカヴァー。ブルース・スプリングスティーンの「グロウイン・アップ」のギターはロニー・ウッド。ちなみにボウイはボスの「イッツ・ハード・トゥ・ビー・ア・セイント・イン・ザ・シティ」もカヴァーしている。ジャック・ブレルの「ポート・オブ・アムステルダム」は、73年のシングルB面として発売。15年には〈デイヴィッド・ボウイ・イズ〉のオランダ会場限定版シングルとして再発された。（山田）

## Five Years 1969–1973

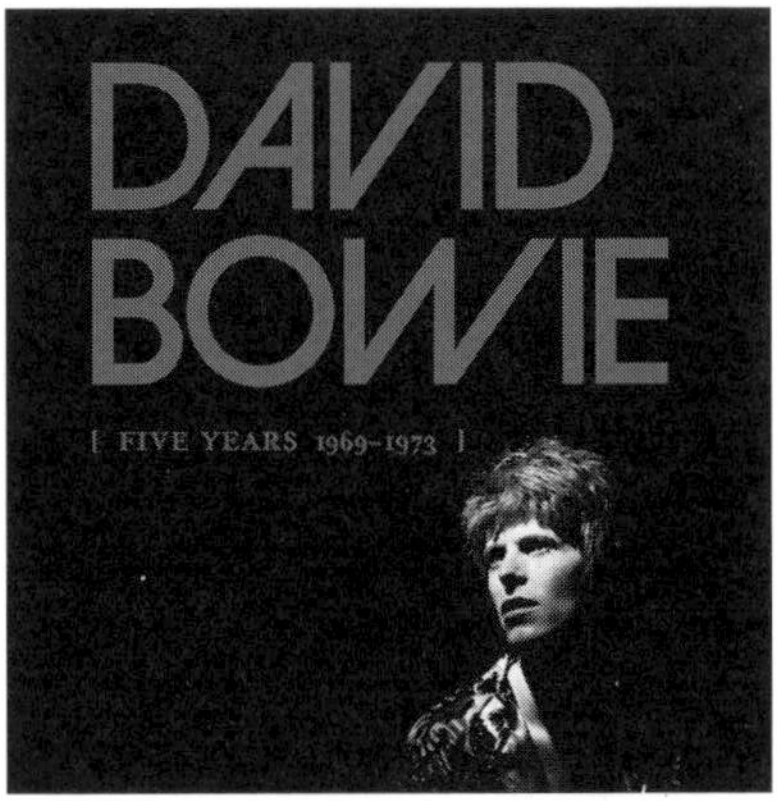


**ファイヴ・イヤーズ 1969–1973**

EU・Parlophone／DBX 1［CD］
Release: 2015年9月25日

**Original**

[**Disc 1**] David Bowie (a.k.a. Space Oddity, 2015 remaster)
[**Disc 2**] The Man Who Sold The World (2015 remaster)
[**Disc 3**] Hunky Dory (2015 remaster)
[**Disc 4**] The Rise and Fall of Ziggy Stardust and the Spiders from Mars (2012 remaster)
[**Disc 5**] Aladdin Sane (2013 remaster)
[**Disc 6**] Pin Ups (2015 remaster)
[**Disc 7**] Live Santa Monica '72 (2008 remaster)
[**Disc 8-9**] Ziggy Stardust: The Motion Picture Soundtrack (2003 remaster)
[**Disc 10**] The Rise and Fall of Ziggy Stardust and the Spiders from Mars (2003 Ken Scott mix)
[**Disc 11**] Re: Call 1 (remastered tracks)
1. Space Oddity (Original UK Mono Single Edit) / 2. Wild Eyed Boy From Freecloud (Original UK Mono Single Version) / 3. Ragazzo Solo, Ragazza Sola / 4. The Prettiest Star (Original Mono Single Version) / 5. Conversation Piece (Mono Version) / 6. Memory Of A Free Festival (Part 1) / 7. Memory Of A Free Festival (Part 2) / 8. All The Madmen (Mono Single Edit) / 9. Janine (Mono Version) / 10. Holy Holy (Original Mono Single Version) / 11. Moonage Daydream (The Arnold Corns Single Version) / 12. Hang On To Yourself (The Arnold Corns Single Version)
[**Disc 12**] Re: Call 1 (remastered tracks)
1. Changes (Mono Single Version) / 2. Andy Warhol (Mono Single Version) / 3. Starman (Original Single Mix) / 4. John, I'm Only Dancing (Original Single Version) / 5. The Jean Genie (Original Single Mix) / 6. Drive-In Saturday (German Single Edit) / 7. Round And Round / 8. John, I'm Only Dancing (Sax Version) / 9. Time (U.S. Single Edit) / 10. Amsterdam / 11. Holy Holy (Spiders Version) / 12. Velvet Goldmine

初のヒットとなった69年の「スペイス・オディティ」以降のキャリアを総括したボックス・セットの第1弾で、タイトルの『ファイヴ・イヤーズ』は『ジギー・スターダスト』収録曲に引っかけたもの。マーキュリー期のファースト・アルバム『スペイス～』から73年の『ピンナップス』まで6作のオリジナル・アルバムに、94年に発掘リリースされた『ライヴ・サンタモニカ'72』、73年7月3日のロンドン、ハマースミス・オデオン公演を収録した『ジギー・スターダスト：ザ・モーション・ピクチャー・サウンドトラック』、68～73年のアルバム未収録シングルを網羅した『リコール1』が収められている。『ジギー～』はオリジナル・ミックスの12年リマスター・ヴァージョンに加え、ケン・スコットによる03年制作のリミックス版の2種を収録、『リコール1』にはオリジナル・シングル収録ヴァージョンが丁寧に掘り起こされており、プロモ・シングルのみのヴァージョンも漏れなく収録。ブックレットの序文をレイ・デイヴィスが手がけているのも話題となった。CD版、アナログ版ともに11枚組の聴き応えあるボックスとなったが、このボックスのシリーズはいずれもHD「Tracks」等の配信によるハイレゾ版にレア曲満載の『リコール』が含まれないので要注意だ。（犬伏）

梅村昇史
Shoji Umemura

俺はロンドンでバンドを始めた。キング・ビーズとかマニッシュ・ボーイズとか。

レコード・リリースにも何とかこぎつけた。

デイヴィーの曲は、俺たちのデキの悪い曲にそっくりだったぜ。

ピート・タウンゼンド談
音楽は成功しなかった。どうする、音楽をやめるか。

それとも演劇の道に進むか。

わー
なんか、宇宙っぽいぞ
気がついたら俺は宇宙船の中にいた。

管制塔からトム少佐へ、君が抱いた感情の空洞をここで歌にするんだ、成功するぞ。

トム、気分はどうだ？

何だい？俺はトムなのか？

管制塔からトム少佐へ、君の曲がヒットした。みんなが君のファッションのことを知りたがっている。

いいぞ、世界の頂点をめざせ。

ここでは何もできない。

っていうか、地球からどんどん遠ざかってるんだけど。

俺は地球から捨てられたのか……
ここは、ひょっとして火星?
ヘルメットがなくても全然平気だ。
俺は宇宙人なのか。ライフ・オン・マーズなのか?
デイヴィッド!火星から来たスーパースターとしてグラム・ロックをやるんだ!
またか!
こちら、グラム・マスター。
星くずの上昇と下降……
地球に落ちてきたのかな……
ここは……
ステージか!

火星から来たジギーこと、俺とバンドは、
The SPIDERS from MARS
大成功を収めた。

そうかペルソナを受け入れることで、何にでもなれるし、何でもできるわけだ。

俺はこれで英国のプレスリーになったのか？オーディエンスの前にいる俺は何者なんだ？俺は何が好きなんだ？結局あの〝黒いヤツ〟に選ばされてるだけじゃないのか。

ジギーは潮時かな。

この熱狂はすごい。俺がクールなんじゃなくて、みんなが俺以上にクールなんじゃないか？

ボウイ、パンイチ!!

次はどこに落ちるんだ？

もう、いつものことだ。

もしこれが頂点だとしたら、これから墜ちていくしかないのか？すぐに俺は最新のポップ・スターではなくなるな。

本作は、ボウイが感じたかもしれない苦悩を勝手に想像することによって、ボウイの意識の流れを考察するフィクションである。

（つづく）

Chapter 4

# Works 1974–1976

犬伏 功、立川芳雄、山田順一、和久井光司

# 黒人音楽もリ・メイク／リ・モデルする贋物

和久井光司

「ボーイ？　デビット少年ってこと？」と我々の話に入ってきたのは、クラスの女子の誰かだ。

1972年の9月、中学2年の二学期である。レコ友の片岡が『屈折する星くずの上昇と下降、そして火星からの蜘蛛の群』のジャケットを手に、その素晴らしさを熱っぽく語っているときのことだった。

「少年のボーイじゃないよ。ボウイ。ほら、綴りはこれ、ＢＯＷＩＥ」と片岡。私はそれを受けて、「デビットじゃなくて、デヴィッド。正しくはデイヴィッドだしねー。デイヴなんとかって人も、ほんとはデイヴィッドなんだぜ。ついでに言うとボブの本名は決まってロバート」と知ったかぶりをした。するとその女子は、ボブの方に食いついた。「えー!?　どうしてロバートがボブになるの？」困った。「知らねーよ。久子がチャコって呼ばれるようなもんだろ。あだ名だよ。そこに意味なんかないんじゃないの」と私は苦し紛れに応えた。

Ｔ・レックスの『ザ・スライダー』を聴いているヤツはほかにもいたが、ボウイとアリス・クーパーに夢中になっているのは我々だけだった。片岡は、「マーク・ボラン、限界が見えたな」と言うような批評眼の持ち主で、私はそれを「シングルの人って感じだもんなー」と受けたりする。いつも一緒にレコードを買いに行って、すぐに私の家で聴いた。片岡は、「こんな田舎町のレコード屋には入ってこないかもしれない」と、新譜のＬＰを予約して買っていた。だからボウイもアリスもルー・リードも、我々は国内盤の発売日に聴いていた。

当時は情報が浸透するのにえらく時間がかかり、文化的な歩みは亀の如くだった。日本では（欧米のトレンドとは関係なく）ゆっくりたどり着いた亀だけが幅を利かせ、それ以外はないも同然（いまやそれは50年前より酷い）。〝終わったバンド〟のことを語るのが大好き（つまり自分では評価ができない）というのも国民性か？

国内のバンドでは頭脳警察が、フォークでは山平和彦がいちばんだと言っていた片岡は、どこから仕入れてくるのか洋楽の情報もめっぽう早く、いつも私に〝最新〟を教えてくれていた。

世間がボウイに注目したのは翌年4月の初来日のときで、山本寛斎による奇抜な衣装や、横浜港に船でやってきて宇宙人みたいなステージを観せたことが、女性週刊誌にも載った。音楽的な新しさは語られずに、だ。

そんなある日、中3のクラスで一緒になった、小学校時代から知っていた鈴木くんが、〝The Man Who Sold The World〟のアメリカ盤を抱えて登校してきた。驚いた私は、「お前そのレコード、どこで手に入れたんだ！」と詰め寄って鈴木くんをビビらせてしまったのだが、聞けば、彼の父上が輸入の仕事をしているそうで、なぜかそのアルバムが段ボールいっぱいにあるというのだ。私は「売ってくれ。一枚五百円な。俺が買うヤツを集めてくるから！」と叫び、別のクラスになってしまった片岡の教室に飛んでいった。学校に提出する書類を折らずに入れるために、レコードを抜いたジャケットを画板がわりに持ち歩いていた鈴木くんには、デビット少年が世界的なロック・スターだという認識はなかったから驚いて、「じゃあ親が気づかないぐらいの枚数なら、内緒で売ってあげるよ」と約束してくれた。そして数日後、私は片岡やロック好きの先輩を連れて、彼の家に乗り込むことになった。鈴木くんの家には小学生の妹がいて、お兄ちゃんの〝いけない取引〟を目撃していたのだが、いつもは温和な鈴木くんが、このときは麻薬中毒者のような目で妹を睨んでいたのが忘れられない。

『アラジン・セイン』は日本でも10万枚ぐらい売れたと思う。73年夏に〝グラム・ロックの王者〟はマーク・ボランからボウイに代わった。『ピンナップス』の評判もよかったから、私も片岡も、グラム・ロックからの離脱を表明したボウイが次にどういう仕掛けをしてくるかに注目していたのだが、74年の『ダイアモンド・ドッグズ』は何やら難しくて、ヘヴィだった。

けれど、そのおかげで本格派を自認していたロック・

ファンが、ボウイを高く評価しはじめるのだ。「グラム・ロックのブームが去ってもボウイは安泰」という評判は確実に定着していったが、〝世界的なスーパースター〟という位置までは昇りつめられなかったボウイに、ちょっと落胆した記憶が私にはある。

74年になると、イーグルスやドゥービー・ブラザーズを中心にした〝ウエスト・コースト・サウンド〟がトレンドになり、英国のケバいロックの人気は後退してしまった。グラムのキラキラ感はクイーンに受け継がれたが、虚飾はあっても退廃のなかったクイーンはどこか優等生的だったから、（『II』や『シアー・ハート・アタック』は私も大好きだったが）グラムのときに感じた〝ロックはいけないもの〟という感覚がどんどん薄れていくのが気になっていた。キッスの過剰なメイクもグラムからの流れだったが、音はパワー・ポップだし、エアロスミスにいたってはストーンズの焼き直しとしか思えず、（のちにどちらも〝そうだったのか〟と認めることになるのだが）私には刺激が足りなかった。だったらボブ・ディランとニール・ヤングとルー・リードを追いかけていればいいじゃん、という気持ちになりかけていた。

それを覆して、〝黒人音楽〟という視点を与えてくれたのが『ヤング・アメリカンズ』と、ロキシー・ミュージックの『サイレン』だ。LAロックの興隆もあって、16ビートが〝時代のリズム〟になりつつあったが、それがクロス・オーヴァー〜フュージョンに繋がる兆しもあったから、シンガーでソングライターでルー・リードみたいなギタリストの私には、フュージョンはどうでもよかった。いやー、そっちに行くなら詞と曲と歌がちゃんとしていてバックも強力なジョニ・ミッチェルに、誰も敵わないんじゃないの？と思っていたのだ。

『ヤング・アメリカンズ』と『サイレン』は、そういう〝本物感〟が希薄なのがキモで、〝贋物らしさ〟にグラムの時代の〝リ・メイク／リ・モデル〟が活きていた。つまり、〝黒人音楽もリ・メイク／リ・モデルする贋物〟だったわけだ。ボウイとブライアン・フェリーが英国の男性シンガーの流れを決めたのは、この時代のことだった。ふたりがいなければ、デュラン・デュランやスパンダー・バレエは生まれなかっただろうし、デイヴィッド・バーンだって、ボウイの74年ツアーを観たからああなったのではないかと思う。

## Diamond Dogs

**ダイアモンドの犬**

UK・RCA Victor／APL1-0576
Recording: 1974年1月～2月
Release: 1974年5月24日

**Original**
[Side A] 1. Future Legend / 2. Diamond Dogs / 3. Sweet Thing / 4. Candidate / 5. Sweet Thing (Reprise) / 6. Rebel Rebel
[Side B] / 1. Rock 'N' Roll With Me / 2. We Are The Dead / 3. 1984 / 4. Big Brother / 5. Chant Of The Ever Circling Skeletal Family

**Rykodisc** [CD]
Bonus Tracks
12. Dodo / 13. Candidate (Demo Version)

**30th Anniversary 2CD Edition** [CD]
[Disc 1] The Original Album Remastered
[Disc 2] 1. 1984 / Dodo / 2. Rebel Rebel (U.S. Single Version) / 3. Dodo / 4. Growin' Up / 5. Alternative Candidate / 6. Diamond Dogs (K-Tel Best Of... Edit) / 7. Candidate (Intimacy Mix) / 8. Rebel Rebel (2003)

私たち音楽批評家は評価の難しい作品に対して〝過渡期の一枚〟などという常套句を安易に使ってしまうのだが、この作品の場合、本当にその評言がふさわしい。『ロウ』『ヒーローズ』発表後の来日時には「ジギー・スターダストはロスに捨ててきたよ」などと余裕でうそぶいていたボウイだが、本作の制作時には、彼は切羽詰まっていたはずだ。

73年7月3日のツアー最終日、ロンドン、ハマースミス・オデオンのステージ上でボウイは突然、〝ジギー・スターダスト封印〟の宣言をする。この宣言のことは関係者にも知らされていなかったそうだが、一方でこのときすでに、翌年のアメリカ・ツアーの日程も発表されていたという。要するにボウイは、みずから背水の陣を敷いたのである。

そんなボウイがまず目論んだのは、イギリスの作家ジョージ・オーウェルの近未来SF小説『一九八四年』のミュージカル化だった。遡ること49年に出版されたこの小説は、「ビッグブラザー」に支配され市民生活の逐一が「テレスクリーン」によって監視されるというディストピアを描いたもので、現在に至るまで文学・芸術・思想など多方面に多大な影響をもたらしてきた名作である。ボウイは十代の頃からこの小説を好んでおり、これをもとにしたミュージカル用の楽曲を20曲近く書き進めていたという。

ところが『一九八四年』の著作権保有者だったオーウェル未亡人は、この作品のミュージカル化を許可しなかった。その理由は、かつて56年にこの作品が映画化された際の出来が悪く、とくにアメリカ公開版で結末が変更されていたことなどに対して未亡人が強い不満をもっていたことにあったらしい（余談だが、後の84年に作られた映画は原作に即しすぎていて、それはそれであまり面白いものではなかったように思う）。結局、ミュージカル用の楽曲はかたちを変えてアルバムに収録されたものの（おそらく最後の3曲がそれであろう）、ボウイは『一九八四年』を前面に出すことができなくなり、自ら演じる〝ダイアモンドの犬〟が未来を予見するといったコンセプトに、方針を変えざるをえなくなった。

そんなボウイは73年11月に、『ローリング・ストーン』誌の企画で、アメリカのビートニク系作家ウィリアム・バロウズと対談する（掲載誌の発売は翌年2月）。バロウズは、自作の詩文を書きつけた紙をハサミでバラバラに切り、それをランダムに組み合わせて偶然性を生かした詩を作る〝カット・アップ〟と呼ばれる手法を提唱していたが、ボウイはこのバロウズの手法に刺激を受けたようだ（また余談だが、この手法は、同時期にブライアン・イーノが提唱していたオブリク・ストラテジィ――多様に解釈できる短文の書かれたトランプのようなカードを作り、それを無作為にめくって曲を作るという手法――を連想させる）。ただし、この〝カット・アップ〟がアルバムのどのあたりに使われているのかは判然としない。おそらくボウイは、偶然性を生かすという創作態度そのものに可能性を見出したということなのだろう。

ともあれ、そうした状況下の73年12月から翌年1月にかけて、主にロンドンでレコーディングが行われることになったのだが、すでにミック・ロンソン率いるスパイダース・フロム・マーズと袂を分かっていたボウイは、自分で演奏者を集めなければならなかった。選ばれたのは、ベーシストが『スペイス・オディティ』にも参加していたハービー・フラワーズ。ドラマーは、元ジェフ・ベック・グループのトニー・ニューマンと、『ピンナップス』にも参加していた実力派のエインズレー・ダンバー。そしてキーボード奏者は、『アラジン・セイン』からの参加となるマイク・ガーソンだ。

本作は初のボウイ単独プロデュース作品であり、彼は多くの曲でギター、サックス、シンセサイザーなどを演奏している。ギタリストはドノヴァンのバックなどを務めていたアラン・パーカーが呼ばれていたが、オリジナル・アルバムで彼のギターが聴けるのは「１９８４年」の1曲だけであり、そのためサウンド面の色づけは、もっぱらガーソンのピアノやオルガンに頼ることになった。結果的にアルバム全体に微妙な手作り感が漂うよ

## Rykodisk Reissue

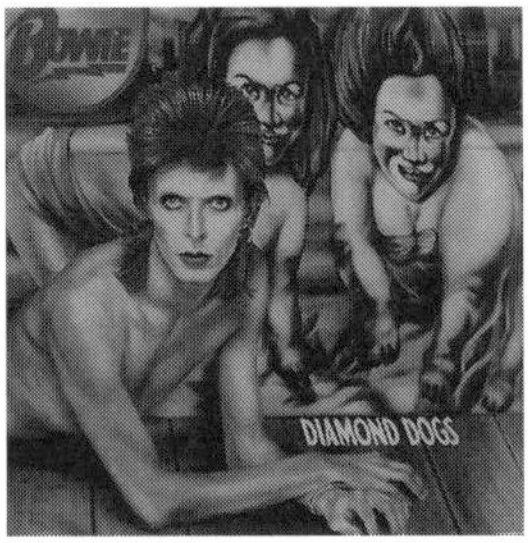


US・Rykodisc／RCD 10136 1990年［CD］

## 30th Anniversary 2CD Edition

EU・EMI／7243 5 77860 2 7 2004年［CD］

うになり、バンド・サウンドでありながらシンガー・ソングライター作品の風情も感じさせるという独特な一枚になっている。強烈な印象をもたらすジャケットのイラスト（本作の半年後に出たローリング・ストーンズ『イッツ・オンリー・ロックンロール』も担当したベルギーの画家ガイ・ピーラートの手によるもの）とは裏腹に、アルバムの中身はやや地味なのだ。しかしそうしたなかに、「愛しき反抗（Rebel Rebel）」や「ロックン・ロール・ウィズ・ミー」のようなキャッチーな楽曲をしっかり入れてくるところは、さすがボウイというしかない（ちなみに前者はシングルになり、全英5位を記録）。個人的に最も聴きものだと思うのは「1984年」で、ファンク風ナンバーなのだが、陰影に富んだ音の得意なトニー・ヴィスコンティによるストリングスが導入されており、フィリー・ソウルと英国ロックが同居しているような独特の味わいが生まれている。この曲が『ヤング・アメリカンズ』の布石になっている点にも注目しておきたい。

　その後、90年に出たリイシューCDでは、未発表曲の「ドゥー・ドゥー」を含む2曲をボーナス・トラックとして追加収録。さらに04年に出た30周年記念版は、CD2枚組になって8曲を追加。そのなかにはブルース・スプリングスティーンの「グロウイン・アップ」（73年の1作目『アズベリー・パークからの挨拶』に収録）のカヴァーも含まれている。（立川）

# COLUMN

## ジョージ・オーウェルからの影響

和久井光司

英国のエンタメ誌『タイム・アウト』のシニア・エディターとしてボウイと出会ったジョン・オコーネルによる知的な評論『デヴィッド・ボウイの人生を変えた１００冊』(亜紀書房)が面白い。ソングライターは他者の音楽に影響を受けて曲を書いているばかりではなく、本を読んだり、映画を観たり、旅をしたりすることで教養を広げ、「自分がどういう曲を書くべきか」を考えるからである。

『ダイアモンド・ドッグズ』がジョージ・オーウェルの『一九八四年』のミュージカル化を試みて始まったプロジェクトだったのはよく知られているが、立川くんの原稿にあるような経緯でそれが完遂されず、〝部分〟がアルバムに残ったのだ。

オコーナーはこう書いている。

《『一九八四年』の精神が『ダイアモンドの犬』にあるとしたら、それは「ウィ・アー・ザ・デッド」のなかにある。ウィンストンによる恋人ジュリアへの悲劇的な愛の賛歌であるこの曲は、アルバムの中で最も感情的な瞬間で、タイトル「私たちはもう死んでいる」は小説からのそのままの引用だ。ウィンストンは、ジュリアと横になりながらこの言葉を口にする。ふたりの隠れ家にガサ入れが入り、永遠に引き離される直前に。》

ジョージ・オーウェルことエリック・アーサー・ブレアは1903年6月25日に、父が英国阿片局の官吏として勤務していたインドのベンガル地方で生まれ、28歳のときにパリで執筆活動を開始した。33年に初めての著作『パリ・ロンドン放浪記』を出版。当初は底辺生活者のルポを書いていたが、37年1月にバルセロナで「マルクス主義統一労働者党」の兵士となり、38年にスペイン内戦を描いた『カタロニア讃歌』で高い評価を得た。しかし戦中は貧困に苦しみ、45年に発表した寓話小説『動物農場』でようやく名声と富を得たのだ。49年に刊行された『一九八四年』は20世紀の英国文学を代表する名作だが、ボウイは進歩的な左翼自由主義者だったオーウェルの生き方に強く影響されていたようである。

『デヴィッド・ボウイの人生を変えた100冊』(亜紀書房)

『一九八四年』(角川文庫)

## David Live

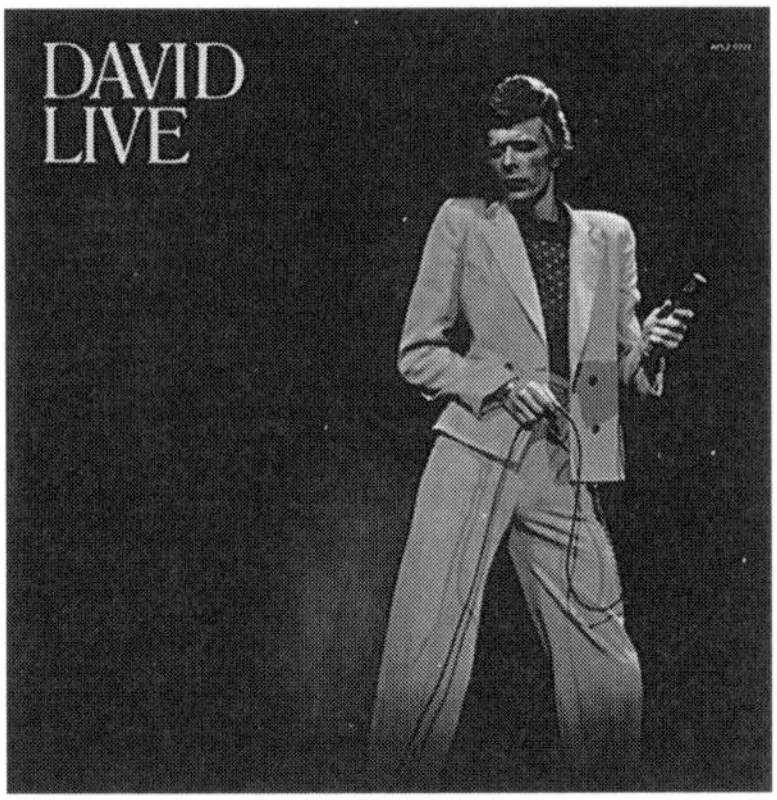


〈初版〉デビッド・ボウイー・ライブ
〈現行〉デヴィッド・ボウイ・ライヴ

UK・RCA Victor／APL2-0771
Recording: 1974年7月10日〜13日
Release: 1974年10月29日

**Original**
[**Side A**] 1. 1984 / 2. Rebel Rebel / 3. Moonage Daydream / 4. Sweet Thing
[**Side B**] 1. Changes / 2. Suffragette City / 3. Aladdin Sane / 4. All The Young Dudes / 5. Cracked Actor
[**Side C**] 1. When You Rock 'n' Roll With Me / 2. Watch That Man / 3. Knock On Wood / 4. Diamond Dogs
[**Side D**] 1. Big Brother / 2. Width Of A Circle / 3. Jean Genie / 4. Rock 'n' Roll Suicide

**Rykodisc** [CD]
Bonus Tracks [**Disc 2**] 7. Band Intro / 8. Here Today, Gone Tomorrow / 9. Time

**New Stereo Mix** [CD]
[**Disc 1**] 1. 1984 / 2. Rebel Rebel / 3. Moonage Daydream / 4. Sweet Thing / Candidate / Sweet Thing (Reprise) / 5. Changes / 6. Suffragette City / 7. Aladdin Sane / 8. All The Young Dudes / 9. Cracked Actor / 10. Rock 'N' Roll With Me / 11. Watch That Man
[**Disc 2**] 1. Knock On Wood / 2. Here Today, Gone Tomorrow / 3. Space Oddity / 4. Diamond Dogs / 5. Panic In Detroit / 6. Big Brother / 7. Time / 8. The Width Of A Circle / 9. The Jean Genie / 10. Rock 'N' Roll Suicide

名盤『ジギー・スターダスト』が全英5位を獲得しながら全米では75位、そして全英1位を記録した『アラジン・セイン』『ピンナップス』も、それぞれ全米では17位と23位。いまでは信じがたいことだが、70年代前半のボウイの人気は、アメリカではいまひとつだったのだ。そんなボウイはアメリカ進出の悲願を叶えるべく、74年6月から米国ツアーに打って出る。このツアーはステージ・セットの費用だけで25万ドルをかけるという当時としては破格に大規模なもので、プレスからも絶讃されることになった。本作はそのツアーの記録であり、74年7月12日と13日のフィラデルフィア公演の模様が収められた2枚組である。

そして面白いことにこのツアーは、途中で名称が変わっている。当初から本作収録後しばらくの間は〈ダイアモンド・ドッグズ・ツアー〉という呼称だったが、その後9月から11月のツアー終了時までは〈ソウル・ツアー〉という呼称になっていたのだ。しかも〈ソウル・ツアー〉では、次作『ヤング・アメリカンズ』に収録されることになる楽曲も何曲か披露されている。後述のとおり『ヤング…』はボウイが自己流のソウル・ミュージックを追求した作品だが、アメリカの地でツアーを続けるうち、ボウイのなかに、自身が若い頃から聴きなじんでいたソウル・ミュージックへの愛着を率直に表現したいという欲求が強まっていったのだろう。そう考えると、ボウイが本作の録音場所としてフィリー・ソウルの本拠地フィラデルフィアをわざわざ選んだというのも、意味あることのように思える。しかも本作には、60年代に活躍したソウル・シンガーの大御所、エディ・フロイドの代表曲「ノック・オン・ウッド」のカヴァーも収録されているのだ。

　以上見てきたようにこのライヴ・アルバムは、グラム期からソウル期へというボウイの音楽的転換の記録ともいえる重要な作品である。しかし、本作の一般的評価は非常に低い。その要因は、当時のボウイがコカインに耽溺していて、充分なパフォーマンス能力を発揮できていなかったことにある。また演奏も、スタジオ録音時でのさまざまな仕掛けを削ぎ落としているようなところが目立ち、良くいえばシンプルで明快だが、悪くいえば大味である。実際、ボウイ本人も本作を一度も聴いていないと公言しているし、プロデューサーだったトニー・ヴィスコンティも「自分が手がけた中で最も薄っぺらな、見せかけだけの作品」だと酷評しているほどだ。

　ところが05年の新ミックス版で、本作の印象は大きく変わった。アナログLP盤のジャケット写真は粒子が粗く、ボウイ自身が「たった今、墓場から這い出てきたみたい」と不満を述べていたりしたのだが、それが05年版では見違えるほど美しいものになった。内容もそれに見合った変化を遂げており、ヴィスコンティによるリミックスが施されて、音も格段に良くなっている。また90年の米国ライコ版CDではオハイオ・プレイヤーズ「ヒア・トゥデイ、ゴーン・トゥモロウ」のカヴァーが追加されていたが、05年版ではそれに加えて「スペイス・オディティ」なども収録。ライヴが完全に再現された。なお17年版では、裏焼きになっていたジャケ写も修正されている。（立川）

## Rykodisk Reissue

US・Rykodisc / RCD 10138/9 1990年［CD］

## New Stereo Mix

EU・EMI／7243 8 74304 2 6 2005年［CD］
EU・Parlophone／0190295990220 2017年［CD］

## Cracked Actor (Live Los Angeles '74)

### クラックド・アクター〜ライヴ・ロサンゼルス'74

EU・Parlophone／DBRSD 7476
Recording: 1974年9月5日
Release: 2017年4月22日

**Original**
[**Side A**] 1. Introduction / 2. 1984 / 3. Rebel Rebel / 4. Moonage Daydream / 5. Sweet Thing / Candidate / Sweet Thing (Reprise)
[**Side B**] 1. Changes / 2. Suffragette City / 3. Aladdin Sane / 4. All The Young Dudes / 5. Cracked Actor
[**Side C**] 1. Rock 'N' Roll With Me / 2. Knock On Wood / 3. It's Gonna Be Me / 4. Space Oddity
[**Side D**] 1. Diamond Dogs / 2. Big Brother / 3. Time
[**Side E**] 1. The Jean Genie / 2. Rock 'N' Roll Suicide / 3. John, I'm Only Dancing (Again)

74年9月5日にロサンゼルスのユニバーサル・アンフィシアターで行なわれたコンサートを収めたライヴ・アルバム。74年の北米を廻る〈ダイアモンド・ドッグズ・ツアー〉は、『デイヴィッド・ライヴ』としてリリースされていたが、これはその2か月後の録音になる。

6月にスタートしたツアーは、8月の『ガウスター』〜『ヤング・アメリカンズ』のレコーディングを経て、9月からバンド・メンバーを変更し、セカンド・レグの〈フィリー・ドッグズ・ツアー〉として再開。10月からさらにリズム・セクションを入れ換えたサード・レグの〈ソウル・ツアー〉で幕を下ろした。当初は『ダイアモンド・ドッグズ』の世界観を反映していたツアーは、『ヤング・アメリカンズ』の録音以降、徐々にソウル色が強くなり、最後にボウイ流〝プラスティック・ソウル〟が完成するという流れに変わっていったのだが、ボウイは自身の音楽性の変化を素早くステージで具現化して見せたというわけだ。

すでにツアーをともにしていたギターのアール・スリックの相方として新加入したカルロス・アルマー、元サンタナのダグ・ローチと元スライのグレッグ・エリコというリズム隊、キーボードのマイク・ガーソン、パーカッショニスト、デイヴィッド・サンボーンらホーン・セクションに加えて、7人のバック・コーラスが参加した、総勢15名のバンドが織り成すサウンドは、グラムからの転換期にあったボウイの指向性をはっきりさせ、完全に新たなフェーズへとシフト・チェンジしたことを感じさせる。同じツアーからの音源でも『デイヴィッド・ライヴ』とは、またひと味違うのだ。

この日の様子は英BBCテレビによって撮影され、『クラックド・アクター』というドキュメンタリー番組になり、その中で断片的ながらも8曲が放送されたが、その全貌は長い間、闇に紛れていた。正式に発表された意義は大きい。（山田）

## I'm Only Dancing (The Soul Tour 74)

EU・Parlophone／DBRSDCD 2020［CD］
Recording: 1974年10月20日、11月30日
Release: 2020年8月29日

**Original**
［**Disc 1**］1. Introduction - Memory Of A Free Festival / 2. Rebel Rebel / 3. John, I'm Only Dancing (Again) / 4. Sorrow / 5. Changes / 6. 1984 / 7. Moonage Daydream / 8. Rock 'N' Roll With Me / 9. Love Me Do / The Jean Genie / 10. Young Americans
［**Disc 2**］1. Can You Hear Me / 2. It's Gonna Be Me / 3. Somebody Up There Likes Me / 4. Suffragette City / 5. Rock 'N' Roll Suicide / 6. Panic In Detroit / 7. Knock On Wood / 8. Foot Stompin' / I Wish I Could Shimmy Like My Sister Kate / Foot Stompin' / 9. Diamond Dogs / It's Only Rock 'N' Roll (But I Like It) / Diamond Dogs

74年10月20日にデトロイトのミシガン・パレスで開かれたコンサートを収録したライヴ盤。〈ダイアモンド・ドッグズ・ツアー〉のサード・レグにあたる〈ソウル・ツアー〉からの音源になる。『デイヴィッド・ライヴ』『クラックド・アクター』と本作を通して聴けば、音楽性の変化に伴うボウイの変遷をより深く理解できるので、ライヴ盤を3部作と捉えればいいのではないだろうか。

ツアーの合間に行なわれた『ヤング・アメリカンズ』のレコーディングで目覚めたボウイは、セカンド・レグの〈フィリー・ドッグズ・ツアー〉でメンバーを一新し、ソウル色を強めたサウンドを披露した。サード・レグからは新たなリズム・セクションとして『ヤング・アメリカンズ』の録音に参加したベースのウィリー・ウィークスとドラムのデニス・デイヴィスを起用。まだ発売前の『ヤング・アメリカンズ』からの曲もセットリストに鏤めて、さらにファンキー路線へと突き進んでいる。こうしてみると、『ダイアモンド・ドッグズ』リリース後の半年間にダイナミックな変化を遂げていくボウイが、同時進行中のツアーでも生きたバンドを動かして、ステージ上で自身の変わりようをあからさまにしていったという事実が確認できてとても面白い。

エディ・フロイドの「ノック・オン・ウッド」、「フェイム」の元ネタであるフレアーズの「フット・ストンピン」、デモ録音の際に自身がコーラスで参加したザ・ローリング・ストーンズの「イッツ・オンリー・ロックン・ロール」をフィーチャーした「ダイアモンド・ドッグズ」という終盤の3曲は、元のテープから欠落していたので、11月30日のナッシュヴィル・ミュニシパル・オーディトリアムでのライヴで補完。両日とも公式なレコーディングではなかったからか、音質もバランスも完璧とは言えないが、この音源の価値を考えれば、大したことではない。

（山田）

## Young Americans

〈初版〉**ヤング・アメリカン**
〈現行〉**ヤング・アメリカンズ**

UK・RCA Victor／RS 1006
Recording: 1974年8月〜1975年1月
Release: 1975年3月7日

**Original**
[**Side A**] 1. Young Americans / 2. Win / 3. Fascination / 4. Right
[**Side B**] 1. Somebody Up There Likes Me / 2. Across The Universe / 3. Can You Hear Me / 4. Fame

**Rykodisc** [CD]
Bonus Tracks
9. Who Can I Be Now? (Previously Unreleased Track From 1974) / 10. It's Gonna Be Me (Previously Unreleased Track From 1974) / 11. John, I'm Only Dancing Again (Single A-side Recorded 1974)

**Special Edition** [CD+DVD]
[**CD**]
Bonus Tracks
9. John, I'm Only Dancing (Again) / 10. Who Can I Be Now? / 11. It's Gonna Be Me (With Strings)
[**DVD**]
Audio: PCM Stereo Mix, Dolby 5.1 Mix & DTS 5.1 Mix
Video: Live On The Dick Cavett Show
1984 / Young Americans / Dick Cavett Interviews David Bowie

82ページでも触れたとおり、74年6月から11月にかけて行われたボウイのアメリカ・ツアーは〈ダイアモンド・ドッグズ・ツアー〉から〈ソウル・ツアー〉へと名称を変えたのだが、実はその間、約2ヶ月ほど中断をしている。セットが大がかりすぎたことによるトラブルや、ボウイ本人のコカイン依存による体調不良など、さまざまな理由があったようだ。この中断の時期にボウイは、フィリー・ソウルの本拠地、フィラデルフィアのシグマ・スタジオに乗り込んでレコーディングを行っている。そこでの実力派ミュージシャンとのセッションから、ボウイは大いに刺激を受けた。そして当時の彼のソウル指向は、本作『ヤング・アメリカンズ』となって実を結んだのである。

　このとき集められたバッキング・メンバーでまず注目すべきは、ドラマーのアンディ・ニューマークとベーシストのウィリー・ウィークスだろう。彼らはこの後、ソウル風味の作品を目論むロック・ミュージシャン御用達の鉄壁リズム・コンビとして名を馳せていくのだが、当時はまだまだ新進気鋭の若手だった。おそらくここでも、ボウイのバッキング・ミュージシャン選びの才能が発揮されたということなのだろう。そしてギタリストには、プエルトリコ出身のカルロス・アロマー。彼とボウイとの出会いは、アメリカ・ツアーの直前に行われた、ルルという英国人女性シンガーのレコーディング現場だった。ルルはボウイの「世界を売った男」をカヴァーしたのだが、そのプロデュースをボウイはミック・ロンソンとともに担当したのである。そしてこのあとアロマーが長期間にわたってボウイをサポートし続けることになるのは、多くのファンの知るとおりだ。

シグマ・スタジオでのレコーディングには、この他にもサックス奏者のデヴィッド・サンボーンや、バッキング歌手のルーサー・ヴァンドロスなどが集められた。ヴァンドロスはアロマーが連れてきたらしいが、当時はまだ無名。しかしこの後、80年代のブラコンを代表するシンガーとして多くのヒット曲を放つことになるのは、周知のとおりである。

レコーディングの結果はボウイも満足のいくものだったようで、アルバム『ヤング・アメリカンズ』は充実した作品となった。なかでもタイトル曲は、この時期のボウイ流ソウル・ミュージックを代表する一曲だといえるだろう。AOR風の「ライト」も悪くないし、ヴァンドロスの楽曲を作り直したという「ファスシネイション」も、しっかりボウイ節に仕上がっている。

そしてボウイは、本作のことを〝プラスティック・ソウル〟のアルバムだと呼んだ。白人ロック・スターである自分がソウルを歌うことへの矜恃と自虐が込められた言葉なのだろうが、この言葉からは、自分のありようを客観的に見つめようとするボウイの態度がうかがえる。こうした冷徹な眼差しをもっていたからこそ、ボウイは長年にわたって第一線で活躍することができたのだろう。

さらにボウイは、アメリカでのツアー終了後、ジョン・レノンと親交をもつようになる。そして、ボウイ、レノン、アロマーでセッションを行ったところ、アロマーの弾くギター・リフに乗せてボウイとレノンがアドリブ的に歌うというかたちで、新曲「フェイム」の骨格ができあがった。この曲を気に入ったボウイは、急遽ニューヨークのエレクトリック・レディランド・スタジオで、レノンとともにレコーディングを敢行。こうして「フェイム」とビートルズ「アクロス・ジ・ユニヴァース」のカヴァーが録音され、この2曲も『ヤング・アメリカンズ』に収録されたのである。私見だが、この2曲の出来の良さはフィラデルフィア録音のもの以上で、とくに「フェイム」は、ボウイが自己流ながらソウル・ミュージックをしっかり咀嚼しているということを証明しているように思える。

アメリカ指向が強調されていたせいで、アルバムはイギリスのプレスから物真似だといった酷評も浴びた。しかしセールス面では成功を収め、全英2位、全米9位を記録。しかもシングル「フェイム」で、ボウイは初めて全米1位の栄冠を手に入れることになった。91年に米国ライコから再発CDが出たが、そこには未発

## Rykodisk Reissue

US・Rykodisc／RCD 10140 1991年［CD］
Bonus Tracks

## Special Edition

EU・EMI／0946 3 51258 2 5 2007年［CD＋DVD］

表曲の「フー・キャン・アイ・ビー・ナウ？」と「イッツ・ゴナ・ビー・ミー」、そしてシングル音源「ジョン・アイム・オンリー・ダンシング・アゲイン」が追加された。未発表曲は、フィラデルフィアで録音されたものの、ジョン・レノンとの共作曲を収録するにあたって排除されてしまっていた2曲である。

　さらに07年にはDVD付きの〈スペシャル・エディション〉がリリースされた。ボーナス・トラックは91年版と同じ3曲だが、「イッツ・ゴナ・ビー・ミー」はストリングス入りの別ヴァージョンになっている。そしてこの07年版の目玉は、74年12月、ボウイが米国のTV番組「ディック・キャヴェット・ショウ」に出演した際の映像だ。「1984年」と「ヤング・アメリカンズ」、さらにインタヴューが収録されているが、どれも見応えがある。バッキング・メンバーはちらっとしか映らないのだが、カルロス・アロマーとルーサー・ヴァンドロスの姿はしっかり確認できるし、リズムもタイトでいい音をしているから、おそらくレコーディング時のメンバーがほぼそのまま出演していたのではないかと思える。

　そして、このときのボウイのヴィジュアルが魅力的なのだ。歌われるのはソウル風味の強い2曲だが、派手なラメ入りスーツを着ていて、しかも若々しい。ソウル・シンガーのようでいて、グラムのスターにしか見えなかったりする。これぞプラスティック・ソウル！（立川）

## Station To Station

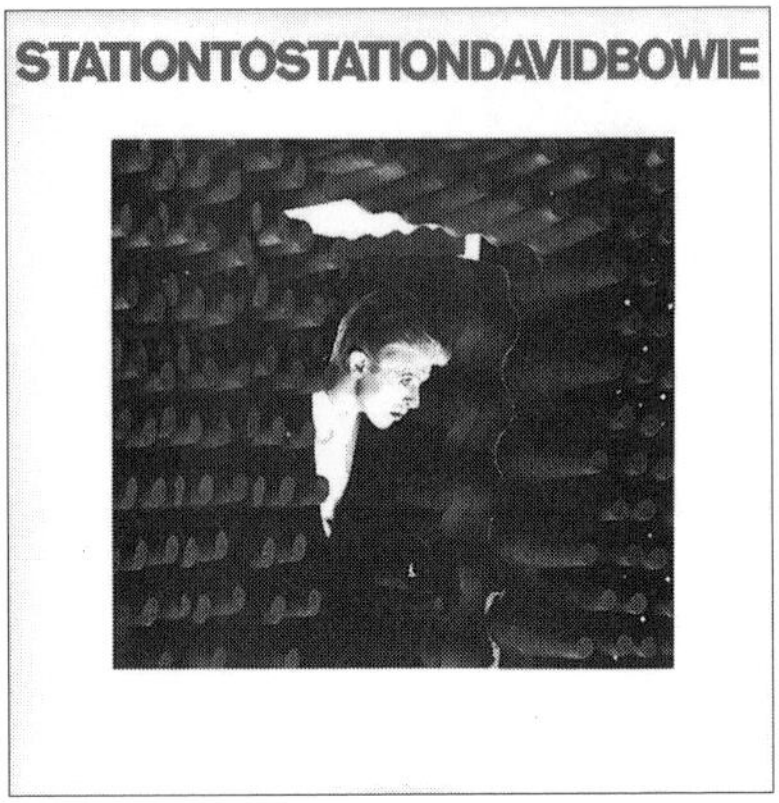


**ステイション・トゥ・ステイション**

UK・RCA Victor／APL1 1327
Recording: 1975年9月〜11月
Release: 1976年1月23日

**Original**
[**Side A**] 1. Station To Station / 2. Golden Years / 3. Word On A Wing
[**Side B**] 1. TVC 15 / 2. Stay / 3. Wild Is The Wind

**Rykodisc** [CD]
Bonus Tracks / 7. Word On A Wing / 8. Stay

**Station To Station Station Deluxe Edition**
[**Disc 1**] Station To Station (Original Analogue Master)
[**Disc 2**] Station To Station (1985 RCA CD Master)
[**Disc 3**] Station To Station (Singles Versions E.P.)
1. Golden Years (Single Version) / 2. TVC 15 (Single Edit) / 3. Stay (Single Edit) / 4. Word On A Wing (Single Edit) / 5. Station To Station (Single Edit)
[**Disc 4-5**] Live Nassau Coliseum '76 (Recorded Live At The Nassau Coliseum Uniondale NY USA March 23 1976)
[**DVD**] Station To Station (Original Analogue Master, 96/24 LPCM Stereo) / Station To Station (Original Analogue Master, 96/24 LPCM Stereo) / Station To Station (5.1 Surround Sound Dolby Digital) / Station To Station (New Stereo Mix 48/24 LPCM Stereo)
[**Side A-B**] Station To Station (Original Analogue Master)
[**Side C-F**] Live Nassau Coliseum '76 (Recorded Live At The Nassau Coliseum Uniondale NY USA March 23 1976)

**Station to Station Special Edition**
[**Disc 1**] Station To Station (Original Analogue Master)
[**Disc 2**] Live Nassau Coliseum '76
[**Disc 3**] Live Nassau Coliseum '76

　多くのファンが指摘しているとおり、デイヴィッド・ボウイという人の魅力は動き続けているところにある。彼は変化を求めてやまない。しかも、変化した後にできあがった完成形を示すというよりも、いままさに変わりつつある運動／生成の過程をそのまま作品にしてしまう。

　アルバム『ステイション・トゥ・ステイション』は、ボウイのそうした個性を体現した一枚といえるだろう。本作で彼は、『ヤング・アメリカンズ』で見せたソウル／ファンクへの指向をさらに深化させ、それらの音楽を自らの血肉にしている。しかしその一方で本作のあちこちには、『ロウ』『ヒーローズ』などにつながっていくようなヨーロッパ指向が垣間見えている。にもかかわらず本作は、けっして中途半端な作品になっておらず、むしろ密度の濃い傑作アルバムに仕上がっているのである。

　『ヤング・アメリカンズ』の発表後、ボウイは生活の拠点をロサンゼルスに移したが、アメリカでの生活は、必ずしも彼の思い描いたものではなかったようだ。初の主演映画『地球に落ちて来た男』の撮影のため、満を持してニュー・メキシコに向かったボウイだったが、蓋を開けてみれば映画はB級カルト・ムーヴィーだった。しかもマネージメントのトラブルのため、自ら手がけるはずだったその映画のサウンドトラック・アルバムの話もお流れになってしまう。ロスに戻ったボウイのコカイン依存はさらに激しくなったようで、本人は、『ステイション・トゥ・ステイション』制作時のことはぼんやりしていてよく覚えていないなどと述懐している。しかし完成した作品からは、ボウイのそうした不調ぶりなど微塵も感じられないから不思議だ。

レコーディングはハリウッドのチェロキー・スタジオで行われ、ギターをカルロス・アロマーとアール・スリック、ドラムスをデニス・デイヴィス、ベースをジョージ・マーレイ、ピアノをロイ・ビターンが担当。またボウイとの共同プロデューサーとして、『ヤング・アメリカンズ』のニューヨーク・セッションでもプロデュースを務めたハリー・マスリンが招かれている。

アルバムは全6曲、総計38分ちょっとだが、捨て曲がないせいか、物足りなさは感じられない。最大の聴きものは、やはりタイトル曲だろうか。10分に及ぶ大曲で、陰鬱な雰囲気で始まり、途中からファンク風の楽曲へと展開していく。この曲には〝The Thin White Duke（痩せた蒼白い公爵）〟なるキャラクターが登場するのだが、これは「トム少佐」「ジギー」「ダイアモンド・ドッグズ」に続くボウイ第四のキャラクターであり、ツアーのタイトルにもなっている。もうひとつの聴きものはヘヴィなファンク・ロック・チューンの「ステイ」で、スリックとアロマーのギターの絡むさまがとてもスリリングだ。

そして特筆すべきは、どの曲にも反復という技法が積極的に取り入れられている点だろう。同じリズム・パターンと同じメロディーの執拗な繰り返しが、聴く者をトランス状態へと誘う。こうした特徴をもつという点で、本作は、その後80年にトーキング・ヘッズがリリースすることになる名盤『リメイン・イン・ライト』に通じるのではないかと思える。

また興味深いのは、観念的で難解な歌詞の曲が多いことだ。カヴァー曲の「野生の息吹」は措くとして、残る5曲のうち、歌詞が一般的なポップ・ミュージック風なのは「TVC15」くらい。「ワード・オン・ア・ウィング」の歌詞は神に祈っているようだし、タイトル曲の歌詞に至っては、おそらくニーチェの『善悪の彼岸』から引いてきたと思われる言葉が頻出する。当時のボウイについては、アメリカに幻滅してヨーロッパ的な神秘主義に傾倒していたとする説もある。

実際、76年2月から始まったツアーのステージは、モノクロを基調にした硬質で荘厳な雰囲気のものになっていた。これはドイツ表現主義――かつて〝黄金の20年代〟と呼ばれた時代にベルリンを拠点として花開いた芸術運動――に影響されたものだろう。こうしてボウイは、何かに導かれるようにして、黄昏ゆくヨーロッパ文明の内懐へと入りこんでいったのである。

（立川）

## Rykodisk Reissue

US・Rykodisc／RCD 10141 1991年
［CD］*別ジャケ

オリジナルではモノクロだったジャケットの写真がカラーになり、トリミングも変更された改訂版になっている。写真自体は76年の主演映画『地球に落ちてきた男』のスティール用に撮られたもので、当初はカラーで使う予定が、直前になってボウイの指示により、モノクロに変更。ここでは最初の計画通りのアートワークを再現したわけだ。追加された2曲は、76年3月23日のナッソー・コロシアム公演のライヴ。 （山田）

## Station To Station Deluxe Edition

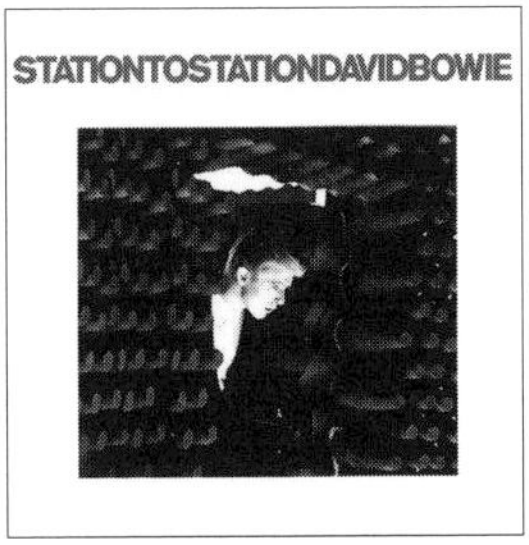


EU・EMI / BOWSTSD2010 2010
2010年［CD＋DVD＋LP］

驚愕の全部入りボックス。アウトテイクが存在しない『ステイション・トゥ・ステイション』にどっぷり浸かれる。オリジナル・アナログ・マスターをそのままフラット・トランスファーしたCDとLPは、変なリマスターよりも好感が持てるし、5.1chミックスもいい。現在では単体販売されているので価値は薄れたが、それまでブートレグでしか聴けなかった76年3月23日のナッソー公演の全貌が目玉だった。 （山田）

## Station to Station Special Edition

EU・EMI / BOWSTSXD2010 2010年
［CD］

9枚組ボックスをスケール・ダウンしたライト・ユーザー向けの3枚組。オリジナル・アナログのフラット・トランスファー音源とナッソーのライヴが入っている。紙ジャケットにインフォメーション・シートやフォト・カードがついた小箱になっているので、収集欲をそそられるが、音を重視するならば、やはり大箱に手を出すべきだし、ナッソーだけを聴きたいなら、単体で充分なので、無理して入手するほどではない。 （山田）

## Live Nassau Coliseum '76

### ライヴ・ナッソー・コロシアム76

EU・Parlophone／0190295989781［CD］
Recording: 1976年3月23日
Release: 2017年2月10日

**Original**
［**Disc 1**］1. Station To Station / 2. Suffragette City / 3. Fame / 4. Word On A Wing / 5. Stay / 6. Waiting For The Man / 7. Queen Bitch
［**Disc 2**］1. Life On Mars? / 2. Five Years / 3. Panic In Detroit / 4. Changes / 5. TVC15 / 6. Diamond Dogs / 7. Rebel Rebel / 8. The Jean Genie

76年の〈アイソーラー・ツアー〉から、3月23日にニューヨークのナッソー・コロシアムで行なわれた公演の模様を収めたライヴ盤。07年にアメリカのターゲット・ストア限定で販売されたコンピレーション『ストレンジャーズ・ホエン・ユー・ミート』で1曲が紹介され、そこにはライヴ・アルバムのリリースが告知されていたが、実際に世に出たのは、10年の『ステイション・トゥ・ステイション』ボックスの中でだった。それがそのまま16年の［フー・キャン・アイ・ビーナウ1974-1976］にも収録され、17年に晴れて単体発売されている。

もともとはアメリカのFMラジオ・ネットワークD.I.R.の番組『キング・ビスケット・アワー』用に収録されていた音源で、オンエアされたのは11曲だったが、それを使ったブートレグで知られていたライヴである。公式発売に伴い、音が補正されるとともに、ライコ版ボーナス・トラックで聴けた「ステイ」や「パニック・イン・デトロイト」（配信ではドラム・ソロ入りの全長版が聴ける）が編集されるなど、いろいろと細かく手が加えられている。

ドイツ表現主義に傾倒していたボウイが〝シン・ホワイト・デューク〟のペルソナを演じていた時期のステージは貴重だ。カルロス・アルマーとステイシー・ヘイドンによる2本のギター、ベースのジョージ・マレイ、ドラムのデニス・デイヴィス、元イエスのキーボード、トニー・ケイからなるシンプルなバンドによるグルーヴィーな演奏は素晴らしいし、1万人を超える会場だけに、ボウイもかなり気合いが入っている。全体的に極めてテンションの高いライヴになっている。このあと、ツアーに帯同していたイギー・ポップを連れてドイツへ向かい、ヨーロピアンとしてのアイデンティティを探すことを思えば、このツアーは74年の夏から続けていたアメリカでの活動の〝総括〟だったことがわかるはず。（山田）

## Who Can I Be Now? (1974–1976)

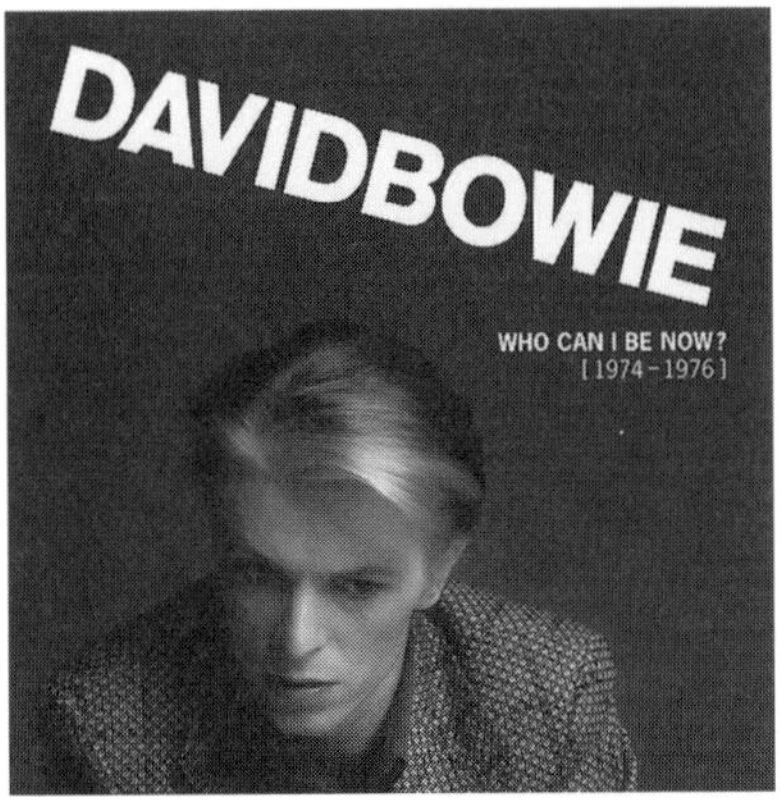


**フー・キャン・アイ・ビー・ナウ？ 1974–1976**

EU・Parlophone／DBX 2［CD］
Release: 2016年9月23日

**Original**
［**Disc 1**］Diamond Dogs (2016 remaster)
［**Disc 2**］
［**Disc 3**］David Live (original mix) (2016 remaster)
［**Disc 4**］
［**Disc 5**］David Live (2005 mix) (2016 remaster)
［**Disc 6**］The Gouster (remastered tracks)
［**Disc 7**］Young Americans (2016 remaster)
［**Disc 8**］Station to Station (2016 remaster)
［**Disc 9**］Station to Station (2010 Harry Maslin mix)
［**Disc 10**］
［**Disc 11**］Live Nassau Coliseum '76 (2010 remaster)
［**Disc 12**］**Re:Call 2 (remastered tracks)**
1. Rebel Rebel (Original Single Mix) / 2. Diamond Dogs (Australian Single Edit) / 3. Rebel Rebel (US Single Version) / 4. Rock 'N' Roll With Me (Live - Promotional Single Edit) / 5. Panic In Detroit (Live) / 6. Young Americans (Original Single Edit) / 7. Fame (Single Edit) / 8. Golden Years (Single Edit) / 9. Station To Station (Single Edit) / 10. TVC15 (Single Edit) / 11. Stay (Single Edit) / 12. Word On A Wing (Single Edit) / 13. John, I'm Only Dancing (Again) (Single Version)

69年以降のキャリアを総括したボックス・シリーズの第2弾。〃プラスティック・ソウル〃期にいたる濃密な3年間の軌跡が詰め込まれている。本ボックスには74年の『ダイアモンドの犬』、同年7月のフィリー公演を収めた『デヴィッド・ボウイ・ライヴ』、フィリー・ソウルの聖地、シグマ・スタジオに乗り込み録音された75年の『ヤング・アメリカンズ』、ロスに拠点を移して制作された76年の『ステイション・トゥ・ステイション』までのオリジナル・アルバム4作に、先の『～ライヴ』のトニー・ヴィスコンティによる16年リミックス（4曲を追加）、10年発売の『ステイション～』〈スペシャル・エディション〉でリリースされたアルバム本編のハリー・マスリンによるリミックスと『ライヴ・ナッソー・コロシアム'76』が収められている。中でも最大の目玉は『ダイアモンド～』の原型となった74年制作の未発表アルバム『ザ・ガウスター』だろう。フィラデルフィアのシグマ・サウンドのソウル・フィールが生々しく刻まれたがゆえリジェクトされた〃黒さ〃溢れた仕上がりだが、時代を経た今だからこそ聴く価値のある逸品だ。前作に続きアルバム未収録シングルを集めた『リコール2』にもこの時代ならでは。〃ボウイ流ソウル〃のムードが溢れている。

（犬伏）

Chapter 5

# Works 1977–1982

犬伏 功、梅村昇史、サエキけんぞう、山田順一

## ヨーロッパ回帰、生涯最高の傑作群を生む

サエキけんぞう

ボウイの友人であり、彼を看取ったプロデューサー、トニー・ヴィスコンティは、生涯にわたり数々の最重要作を制作した。しかし、常に寄り添っていたわけではなく、グラム・ロック爛熟期においてはT・レックスに集中しなければならず、ボウイとは離れていた。その時期のボウイを支えたのは、スパイダース・フロム・マーズ。バンドが解散し、ボウイが一人で制作した『ダイヤモンドの犬』のミックスで煮詰まったときにトニーが呼ばれ、収拾のつかなくなったアルバムをまとめ上げたのだ。

それ以降、米国で制作された『ステイション・トゥ・ステイション』をはさみ、ついに『ロウ』でボウイとトニーの蜜月が戻った。ここからの数年間は、ライヴ・アルバム『ステージ』をはさんで82年の『スケアリー・モンスターズ』まで、高いクリエイティヴィティを誇るボウイの黄金期となったのである。それはトニーとの阿吽の呼吸があればこそ、だったのだ。

もう一人のキーパーソンは、最大のライバルであったロキシー・ミュージック出身のブライアン・イーノ。ロックにアンビエントなどの新しい概念を持ち込んだイーノは、ヨーロッパ三部作を作り出した最重要な人物だ。

ちなみにこのヨーロッパ三部作期という区分は『ロウ』発売の77年からとなっているが、実際の始動は『ロウ』の録音がなされた76年である。そのきっかけを作り出したのは、イギー・ポップ。薬物依存問題を抱えたイギーの面倒を見るため、ボウイは〈アイソーラー・ツアー〉にイギーを同行させた。2~5月の北米ツアーでは、イギーとアンビエントやドイツ・テクノなど、先端のエレクトロ・サウンドを吸収していったのだ。

そして『ロウ』『ヒーローズ』を導く作品として、ボウイはイギーの『イディオット』をプロデュースした。76年7〜8月にフランスの古城、エルヴィル城の幽霊が出るといわれたシャトー・スタジオで録音された『イディオット』は、9〜11月まで同所でつくられた『ロウ』の先鞭となる。『イディオット』は、ロック界におけるゴシック感覚の先駆的作品ともなったのだ。ゴシックの原義はドイツの荒々しい先住民族のゴート族に由来する。そのイメージはイギーにピッタリなのだ。

カンやノイ、クラフトワークといったテクノの影響は、ボウイとイギーにとって大きかった。しかしそれだけでは『イディオット』や『ヒーローズ』の像を結ばないのでは?と思う輩には、ビザールな映画監督、ローランド・クリックが70年に発表した『デッドロック』を見ることをお勧めする。初期のカンが壮絶なサウンドトラックを手がけているこの作品を、二人が目にすることがあったはずだ。米のラス・メイヤー的感性がゴス感覚でドイツに着弾したロック映画、という風情。これもヴェルヴェット・アンダーグランドがドイツに着弾した結果生まれた、退廃的なロック・マナーだ。SM好きなドイツには独特の死の匂いがする美学がある。ビートルズがハンブルグ時代に演奏した風俗街にも、英米にはない性と死の匂いがプンプンしていた。荒々しい性本能が持ち前のイギーが示した極めて強い化学反応をボウイが面白がって生まれたのが『イディオット』だ。ここには『レッツ・ダンス』に収められる「チャイナ・ガール」や、クラウト・ロック的な「ファンタイム」「シスター・ミッドナイト」など重要曲が目白押し。『ロウ』のエッセンスは、この実験から継いだものだ。

なぜ『イディオット』が『ロウ』のルーツであると語られないか? それは録音は『イディオット』が先なのだが、発売は『ロウ』が先になったからである。このことにより『イディオット』がボウイの『ロウ』のルーツであることが隠された。ボウイがイギーを生涯大事にした理由は『ロウ』『ヒーローズ』の最も重要なインスパイアがイギーから引き出されたからだろう。

さらにこの2作が傑作になった理由は、その実験性にあった。『ロウ』においてはイーノが持ち込んだブリーフ・ケース・シンセサイザーも大きかったが、トニーが持ち込んだイーブンタイドのハーモナイザーが最大のポイントとなった。冒頭曲の「スピード・オブ・ライフ」から不思議なスネア・サウンドが炸裂する。ハーモナイザーとは音程を自在に変えられる機械だ。《スネアをハーモナイザーに直結してピッチを半音下げた。ドスっと重みを帯びたかと思うと、腹を殴られた男のように『うぐっ』と唸った。全員が度肝をぬかれた。デニス・デイヴィスは自身の音量次第でハーモナイザーの反応が変わると悟り、個性豊かなサウンドを散りばめるようになった。》こうしてボウイの「ファンク」は無敵になった。『ロウ』はドラムのグルーヴを、当時最盛期を迎えていたPファンクなどの黒人音楽に負けない、奥深いものに変貌させたのだ。現在のクラブ音楽の、エフェクトによる変幻自在なビートのルーツは『ロウ』にある。他の追従を許さない重いビートは『ヒーローズ』において爆発し、ロック・ドラムを弩級のパワーに仕上げた。さらに『ロジャー』の流麗な曲調にも確固としたアクセントを備えさせ、ロック再興盤『スケアリー・モンスターズ』においては、グラム期とは比較にならない荘重さを生み出した。トニーがプロデュースをしたこの時期のボウイは、リズムにおいては無敵だ。『ヒーローズ』をデザインに引用した死の直前の傑作『ザ・ネクスト・デイ』。それは『ロウ』『ヒーローズ』こそが彼の生涯の基軸になったことを示している。

そして、イーノの働きは、ロックにおけるシンセサイザーと音響の役割を塗り替えたといえる。従来の使用法を大きく塗り替えたフレーズ群、聴こえるか聴こえないかの効果音など、サウンドの可能性を拡大した。

アンビエントに深い影響を受けた『ロウ』『ヒーローズ』のB面は、深奥なヨーロッパ感覚とは何か?ということを具象的に、徹底的に描き出した。特にイーノとの共作「ワルシャワ」は、ナチスに蹂躙されたポーランドの悲劇の首都ワルシャワを舞台にし、ロックに歴史感と、絵画のような積層性をもたらし、まさにアートに昇華させた。当時のコンサートでオープニングを飾ったこの曲は、シンセサイザーと音響による叙情表現がクラシック音楽の方法論を超えた、といってもいい。

イギー・ポップに触発されながら、トニーとイーノとボウイ、3人のプロデューサーが作り出した新しい音楽は、ビートルズが作り出した実験的な音楽を大きく飛躍させ、新たなる地平にロックを導いたのである。

## Low

**ロウ**

UK・RCA Victor／PL 12030
Recording: 1976年9月〜10月
Release: 1977年1月14日

**Original**
［**Side A**］1. Speed Of Life / 2. Breaking Glass / 3. What In The World / 4. Sound And Vision / 5. Always Crashing In The Same Car / 6. Be My Wife / 7. A New Career In A New Town
［**Side B**］1. Warszawa / 2. Art Decade / 3. Weeping Wall / 4. Subterraneans

**Rykodisc**［CD］
US・Rykodisc／RCD 10142 1991年
Bonus Tracks
12. Some Are
13. All Saints
14. Sound And Vision (Remixed Version, 1991)

ボウイは『ステイション・トゥ・ステイション』制作時に「ロサンゼルスの生活でダメになっていく」と感じていた。そして強烈にヨーロッパ人としての自分を意識する。ドイツ表現主義の、不安にかられるような表現に10代から魅せられていた彼は、浅い輝きの米西海岸から急旋回して漆黒の『ロウ』に向かう。

　ドイツ・テクノやアンビエントに傾倒していたボウイは、電子音楽を生かした新しいロックを発想する。その展望を「絶望のベール越しに楽観につながる感触がつかめた」と語ったが、リスクの高いトライとも感じていた。もし失敗したらリリースはしない、とイーノ、トニーと約束もした。結果、まだニューウェイヴの「ニ」の字もない頃、他者を大きくリードする作品となる。

　リズム・セクションは「ヤング・アメリカンズ」から参加した最強の黒人メンバー。この米国ファンクが、さらにスネアのエフェクトによる改変により、空前絶後の強力なグルーヴになった。それにイーノとの共同作業による大胆な電子音楽のサウンド群が乗る。信じられないほど画期的な音像を作り出したのだ。

　1曲めの「スピード・オブ・ライフ」から繰り広げられる、強烈なノイズ成分を含んだシンセ音は、リズムと深くからみ、従来の編曲から大きくハミだした。

イーノがロキシー・ミュージックで行ったシンセの単純なノイズ的使用法から躍進し、エレキ・ギターを追い越すアバンギャルドさは、ニューウェイヴの中心概念となった。「ブレイキング・グラス」でのヘヴィーなギターリフにからむイーノの「ビー・ビュー!」というショッキングなミニムーグは、ギターでは決して生まれない破壊性をもっている。ニック・ロウは思わず「ガラスの割れる音は好きだよ!」という皮肉のアンサーソングを作ったほどだ。

「ホワット・イン・ザ・ワールド」における同期音も画期的。ドラムと深く絡み合い、YMO的アンサンブルの先駆けである。イーノはジョルジオ・モロダーによるドナ・サマーの「アイ・フィール・ラブ」に傾倒。ボウイに「これが未来のサウンド、今後15年はこのサウンドが制覇する」と予言した。しかしこちらののサウンドは、その単純さを凌駕し、ポリリズミックな魅力を持っている。「サウンド&ヴィジョン」のシンセ・ノイズは、後のシンセ・パーカッションの予言となっているし、ボウイ自身の弾くストリングスやサックスも空前絶後のロマンチシズムを奏でた。音響と着想、音楽と幻想、この盤の全てを現した曲名だ。

一方で静寂感に包まれたインストゥルメンタル世界のB面は、それまで録音芸術が果たせなかった陰影を描き出した。ボウイはイーノの『ディスクリート・ミュージック』『アナザー・グリーン・ワールド』からこの面を着想した。イーノのアンビエント音楽は、クリック(リズム・ボックス)でリズムの骨格をつくり、そこに声でカウントを載せたトラックを作る手法だ。その後、イーノとボウイがメロディー楽器や声など、オーヴァーダブを行っていく。情感や陰影にあふれたこれらは、精巧に構築され、高い完成度を誇るものになったのである。

こうして『ロウ』はビートルズと比肩し得る孤高の作品となったのだ。(サエキ)

## Rykodisk Reissue

US・Rykodisc/RCD 10142 1991年［CD］

「サム・アー」と「オール・セインツ」は77年~78年に残された素材に手を加えたもの。前者は08年の自選ベスト盤『アイセレクト』に収録され、後者は01年に市販された『オール・セインツ』に収められた。「サウンド・アンド・ヴィジョン(リミックス・ヴァージョン)」は、デヴィッド・リチャーズによるリミックスで、91年に出た808ステイトのリミックス・シングルにも収録。以後は再発されていない。(山田)

## Heroes

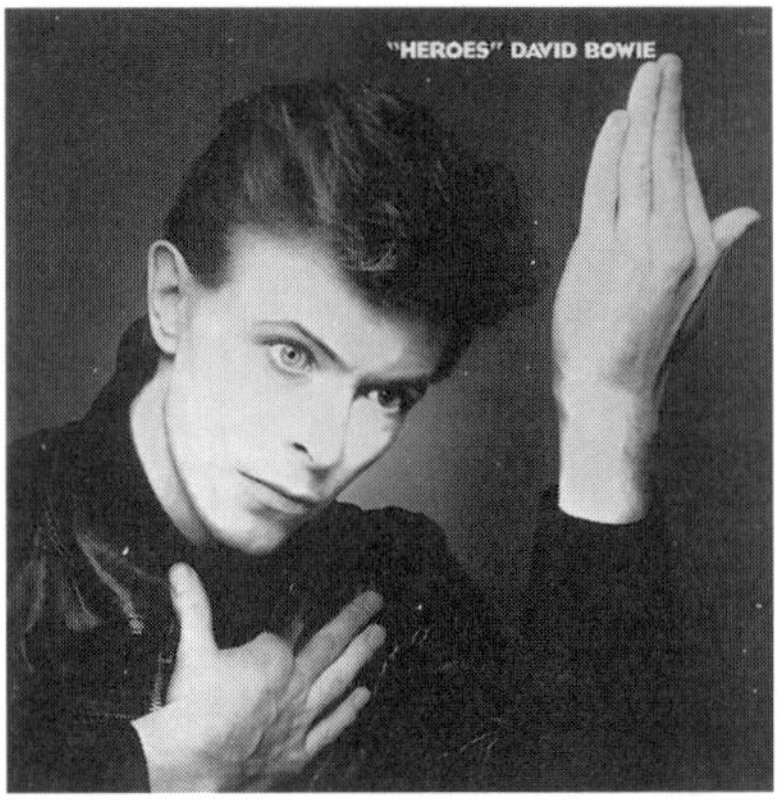

〈初版〉**英雄夢語り(ヒーローズ)**
〈現行〉**ヒーローズ**

UK・RCA Victor／PL 12523 1991年
Recording: 1977年7月〜8月
Release: 1977年10月14日

**Original**
[**Side A**] 1. Beauty And The Beast / 2. Joe The Lion / 3. "Heroes" / 4. Sons Of The Silent Age / 5. Blackout
[**Side B**] 1. V-2 Schneider / 2. Sense Of Doubt / 3. Moss Garden / 4. Neukölln / 5. The Secret Life Of Arabia

**Rykodisc** [CD]
Bonus Tracks
11. Abdulmajid
12. Joe The Lion (Remixed Version, 1991)

『ロウ』が80年代ニューウェイヴ音楽の先駆ならば、『ヒーローズ』はナイン・インチ・ネイルズを始めとする90年代オルタナの予言的作品になった。まだ共産圏にあった東ベルリンとの壁に分断されたハンザ・スタジオは、良い音響環境を提供し、ドイツ統合の歴史にも影響を与える一大傑作となったのだ。

『ロウ』で開発された新しいビートを、ハードなロックに適用するコンセプトのA面は、完璧ともいえる壮絶さで聴く者を魅了する。ポイントはロバート・フリップの起用だ。イーノ&フリップで新たなアプローチに成功した二人は、さらに大きな成果を得る。ギターに繋いだエフエクターからアンプには繋がず、直接イーノのEMSシンセサイザー、VCS3のエンヴェロープ・フィルターで変幻自在に音を操り、多重化させたのだ。

冒頭の「美女と野獣」からフリップのギターが暴れまくる。黒人リズム・セクションは実に抜けの良いタイトさで、破壊力が凄まじい。ボウイのヴォーカルは、イギー・ポップの影響を受けてゴシックなスタイルに。〝新しい怖さ〟である。トレント・レズナーやマリリン・マンソンといった、90年代のブキミな覇者達を生み出す一因にも。続く「ジョー・ザ・ライオン」ではギターリフが戦車のように押し寄せ、ダークな祝祭感が満載だ。

そして今やボウイ最大のアンセムとなった「ヒーローズ」は、フリップの空前絶後のギターサウンドが教会音楽的なドローン感を作り出し、神聖な荘厳さとなった。トニー・ヴィスコンティが開発した特殊な装置は、3本のマイクを距離を変えて設置し、声の大きさによって録るマイクをスイッチングするという画期的システム。ボウイのヴォーカルは通常に無いダイナミズムがあるが、サビの絶唱もジャストなレベルで一発録りされた。

「ヒーローズ」の、恋人同士がベルリンの壁で銃に撃たれ、キスをするという歌詞は、ベルリンの壁の横でトニー・ヴィスコンティとコーラス歌手のアントニア・マースがキスしているのをボウイが見てしまい、描いたもの。トニーの奥さんは当時メリー・ホプキン。浮気がバレたら大変だった。ボウイはスキャンダルに気を遣って、長い間黙っていた。

B面は『ロウ』と同じくアンビエントが中心。「V-2シュナイダー」はクラフトワークのメンバーに捧げられ、かつナチスの〝V2号〟をモチーフにしているので、ドイツ色が強まっている。続く「センス・オブ・ダウト」はゴシックな色彩感を生かした、ドラマチックで映像的な曲。その鮮やかさは『ロウ』の先を進んでいる。「モス・ガーデン」はボウイの琴をフィーチャーし、幻想性を極めている。「ザ・シークレット・ライフ・オブ・アラビア」はワールド音楽好きなイーノとの共作曲でエスニック。この後にイーノがトーキング・ヘッズとのコラボレイトで歩む先駆けになった。

ボウイは分断されていた87年、西ベルリンにおいてドイツ語で「壁の反対側にいる友人たちに願いを送ります」とMCして「ヒーローズ」を歌い、多くの東ドイツの若者を奮い立たせた。

ボウイの死に際し、ドイツ外務省は「ベルリンの壁の崩壊に力を貸してくれてありがとう」との正式コメントを発したのである。

（サエキ）

## Rykodisk Reissue

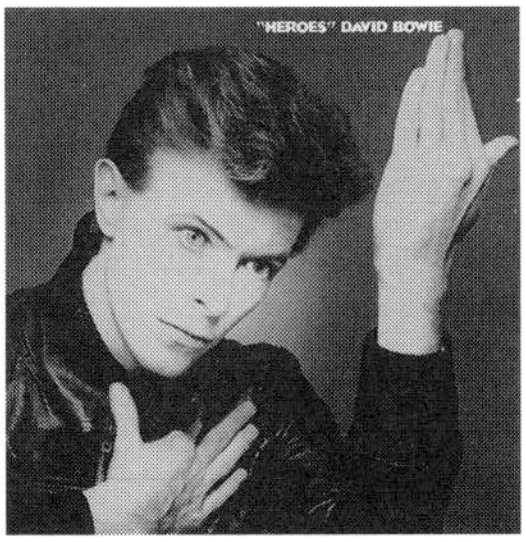


US・Rykodisc／RCD 10143 1991年

「アブドゥルマジード」は76年〜79年に録られたと言われる素材をもとに、ボーナス・トラックとして仕上げた曲。タイトルは92年に結婚した妻イマンの姓からとられている。のちに『オール・セインツ』に収録された。「ジョー・ザ・ライオン（リミックス・ヴァージョン）」は、デヴィッド・リチャーズが新規に制作したリミックス版。これ以降、公式には再発されていないので、貴重なトラックになっている。

（山田）

## Stage

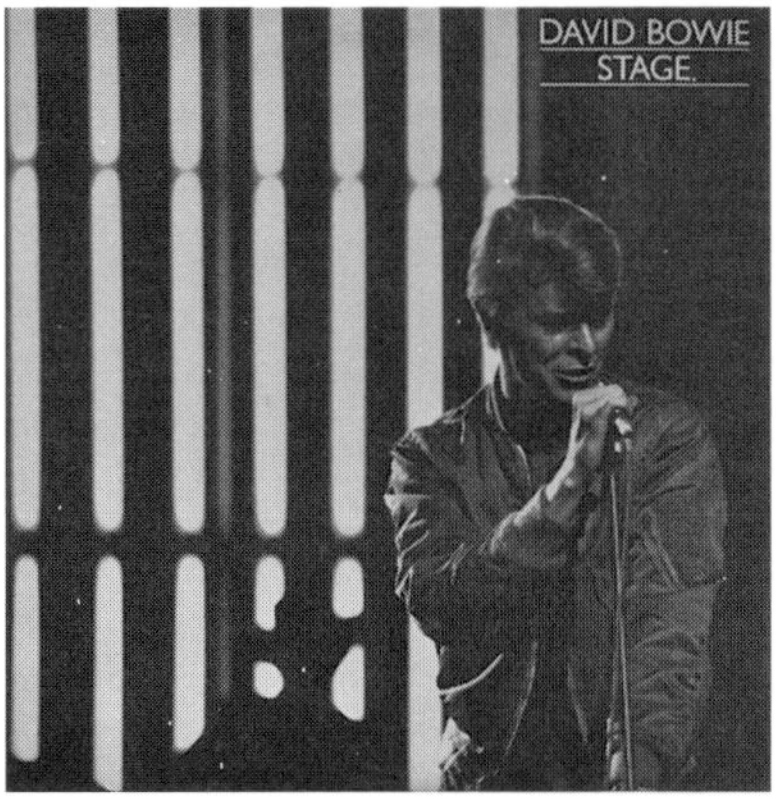


**ステージ**

UK・RCA Victor／PL 02913(2)
Recording: 1978年4月28日〜29日, 5月5日〜6日
Release: 1978年9月27日

**Original**
[**Side A**] 1. Hang On To Yourself / 2. Ziggy Stardust / 3. Five Years / 4. Soul Love / 5. Star
[**Side B**] 1. Station To Station / 2. Fame / 3. TVC 15
[**Side C**] 1. Warszawa / 2. Speed Of Life / 3. Art Decade / 4. Sense Of Doubt / 5. Breaking Glass /
[**Side D**] 1. "Heroes" / 2. What In The World / 3. Blackout / 4. Beauty And The Beast

**Rykodisc** [CD]
Bonus Tracks
[**Disc 2**] 10. Alabama Song

**Remastered** [CD]
[**Disc 1**] 1. Warszawa / 2. "Heroes" / 3. What In The World / 4. Be My Wife / 5. Blackout / 6. Sense Of Doubt / 7. Speed Of Life / 8. Breaking Glass / 9. Beauty And The Beast / 10. Fame
[**Disc 2**] 1. Five Years / 2. Soul Love / 3. Star / 4. Hang On To Yourself / 5. Ziggy Stardust / 6. Art Decade / 7. Alabama Song / 8. Station To Station / 9. Stay / 10. TVC 15

**2017 Version** [CD]
Bonus Tracks
[**Disc 1**] 5. The Jean Genie
[**Disc 2**] 6. Suffragette City

演劇を志していた十代のころからドイツ表現主義に傾倒していたボウイが、ベルリンを新たな拠点に選んだのは必然だった。それがアメリカでのドラッグ漬けの日々からのエスケープだったとしても。76年の夏からの一年は、『ロウ』『ヒーローズ』、イギー・ポップの『イディオット』『ラスト・フォー・ライフ』……と創作活動が活発化する。ベルリンの夏はボウイに豊作をもたらしたのだ。

この時期のライヴ活動といえば、イギーのバンドにキーボードで参加というささやかなもので、78年にようやく〈アイソーラーII〉と題された大規模なワールド・ツアーが敢行された。これは『ステイション・トゥ・ステイション』発売後のツアーを引き継ぐものだ。76年の〈アイソーラー・ツアー〉はシン・ホワイト・デュークというペルソナを演じるというスタイルのショウ。〈アイソーラーII〉では演劇的要素が薄くなったが、近未来的なイメージとファンキーなリズムを合体させた〝レトロ・フューチャーイズム〟は継承されている。

ステージには蛍光灯が壁のように配され、バンドのシルエットが浮かび上がるキネティック・アート的デザイン。20年後のキャバレーといったムードのクールな退廃感が、ベルリン特有のカルチャーを強く匂わせていた。

バンドは、リズム・ギターのカルロス・アロマー、ベースのジョージ・マーレイ、ドラムのデニス・デイヴィスが主体。この3人の黒人リズム・セクションは『ステイション・トゥ・ステイション』以降の最重要メンバーで、とくに本作でのプレイは最高だ。華のあるピアノを弾くシーン・メイズはジギー・ツアーにも参加済み。新たに加わったのが、エイドリアン・ブリュウ、ロジャー・パウエル、サイモン・ハウスの3人だ。フランク・ザッパのバンドのギタリスト、トッド・ラングレンズ・ユートピアのシンセサイザー奏者、ホークウィンドのヴァイオリニストという、21世紀のレコード・コレクターが卒倒しそうな顔ぶれの、なんともクールな編成ではないか。個人的にはボウイのツアー・バンドとしては最高のラインナップだと思う。

本作はツアー開始から約一か月後、4月28〜29日のボストン、5月5日のプロヴィデンス、5月6日のボストン公演でレコーディングされ、78年の新作として9月にリリースされた。セット・リストは主に『ジギー・スターダスト』から『ヒーローズ』までのアルバム5作からの選曲。興味が向くのは、スタジオというラボにおける実験報告のような『ロウ』『ヒーローズ』の楽曲が、ステージでどう演奏されたかだが、どの曲もツアー・バンドによってダイナミックにグレードアップされている。「ワルシャワ」「センス・オヴ・ダウト」「スピード・オブ・ライフ」といったインスト曲ではボウイもチェンバリン（メロトロンの前身）を演奏し、オーケストレーションの強化を図っている。「ブラック・アウト」「ブレイキング・グラス」「ビューティー・アンド・ビースト」でのバンドのうねりも凄い。他ではこういう演奏を聴いたことがないと言えるほど、個性的なアンサンブルだ。個人的なベスト・テイクは、スローなスカにアレンジされた「ホワット・イン・ザ・ワールド」。ブリュウのストレンジなギターが素晴らしい。メドレーで演奏される『ジギー〜』からの5曲のスピード感と音圧も強力。「フェイム」でのシンセサイザーの装飾と、カット・アウトされるエンディングのカッコよさも特筆に値する。

オリジナルLPではトニー・ヴィスコンティによって、二部構成のショーの前半／後半を逆にする編集がなされていた。サイドC→D→A→Bの順に聴くと、「ワルシャワ」で静かに始まった実際のショウに近くなる。基本的にリリース順に曲を並べ替えているのは、ベスト盤的役割を持たせる意図もあったからか。

現在はセット・リスト通りのCDが定番化しているが、アッパーな「ハング・オン・トゥ・ユアセルフ」から「ジギー・スターダスト」への流れで一気に聴衆の心をつかむ本作の曲順も悪くない。そういう〝ポップ・スター的なボウイ像〟は、常にトニー・ヴィスコンティによって提示されていたのだ。

（梅村）

## Rykodisk Reissue

Rykodisc／RCD 10144/5 1991年［CD］

ベルトルト・ブレヒトの詩にクルト・ワイルが曲をつけた「アラバマ・ソング」をディスク2の最後に追加。オリジナルでは使われなかったフィラデルフィア、スペクトラム・アリーナ公演からのテイク。ブレヒトを敬愛していたボウイは〈アイソーラーII・ツアー〉でこの曲を取り上げ、ツアー終了後にレコーディング。80年にシングルとして発売。思い入れがあるだけに、ボーナス・トラックとして追加したのだろう。（山田）

## Remastered

EU・EMI／7243 8 63436 2 8 2005年［CD］

05年版はトニー・ヴィスコンティがリマスター。「アラバマ・ソング」に加えて「ビー・マイ・ワイフ」と「ステイ」を追加。ディスク1にジギー・スターダスト期の曲、ディスク2に当時の最新曲という配置に不満を持っていたボウイの意思を尊重し、本来のコンサートの流れに沿った曲順に入れ換えられた。ベルリン3部作と『ステージ』を纏めた廉価版ボックス［ツァイト！77―79］にも05年版が使われている。（山田）

## 2017 Version

EU・Parlophone／0190295842796 2018年［CD］

レイ・スタッフがトニー・ヴィスコンティとともにリマスターした17年版は、05年版を踏襲しながら、新たにボストン公演の「ジーン・ジニー」とフィラデルフィア公演の「サフラジェット・シティ」を追加。これで、コンサートの全容がほぼ明らかになった。ただし、ツアーで披露された「ロックンロール・スーサイド」、「レベル・レベル」、「サウンド・アンド・ヴィジョン」の3曲はいまだ未発表のままである。（山田）

## Live In Berlin (1978)

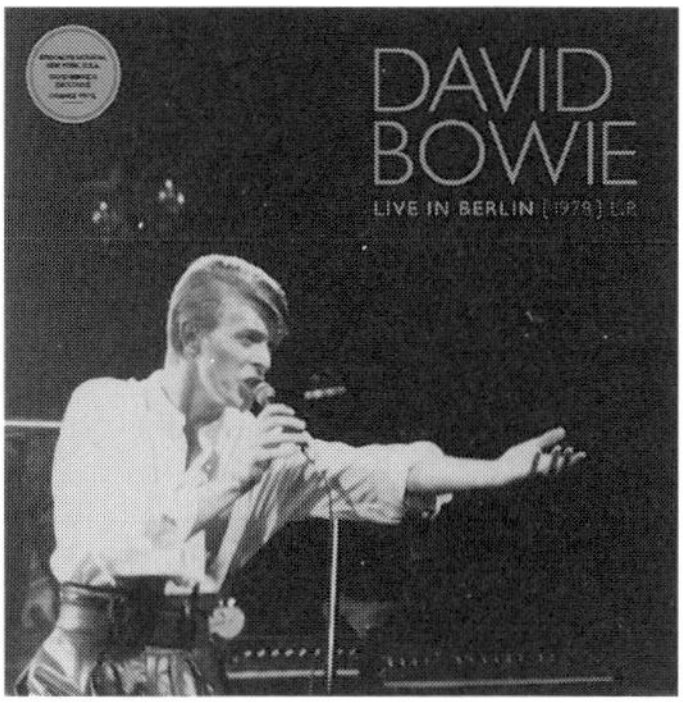


US・Parlophone／DBISNY 20181
Recording: 1978年5月16日
Release: 2018年3月1日

**Original**
［**Side A**］1."Heroes" / 2. Be My Wife / 3. Blackout / 4. Sense Of Doubt
［**Side B**］1. Breaking Glass / 2. Fame / 3. Alabama Song / 4. Rebel Rebel

いわゆるベルリン3部作（イーノ・トリロジー）に惹かれるならば、何とかして聴いておきたいライヴ作品。78年の〈アイソーラーⅡ・ツアー〉のヨーロピアン・レグから5月16日にベルリンのドイチュランド・ハレで行なわれたステージの模様が収められている。世界各地で全80公演という規模になったツアーのアメリカン・レグからは、ライヴ・アルバムの『ステージ』が生まれ、続くヨーロピアン・レグ～オセアニアン・レグのあとには日本公演があり、NHKホールでのコンサートはテレビ番組『ヤング・ミュージック・ショー』で放送されたので、このころのボウイが思い入れのあるファンも多いと思う。

最初は17年に「ビー・マイ・ワイフ」、「センス・オブ・ダウト」、「ブレイキング・グラス」の3曲が『ライヴ・イン・ベルリン1978EP』として24時間の期間限定で配信され、その後、18年にブルックリン・ミュージアムで開催された展覧会〈デイヴィッド・ボウイ・イズ〉の会場限定アナログ盤となって未発表の5曲を追加して発売された。そういう特殊なリリース形態だったため、なかなか入手困難なアイテムとなっている。

この日の会場には軍関係者も入場し、警備員が見守る中、コンサートは粛々と進んでいったが、ラストの「ステイション・トゥ・ステイション」でひとりの少年が踊ろうと席を立ったところ、警備員が拘束。ボウイは彼を解放するよう叫び、それが聞き入られなかったため、演奏を止めたという。そんな独特の緊張感が漂うライヴだった。ジャケットには〝可能な限り最高の品質を提供するために、使える唯一のソースからマスタリングされた〟と音質に関する注意書きが記されているものの、気にするほどではない。フル・コンサートではないにせよ、ストレスなく〝ベルリン時代のボウイによるベルリン公演〟という歴史的に貴重なライヴを楽しむことができる。（山田）

## Welcome To The Blackout

### ウェルカム・トゥ・ザ・ブラックアウト～ライヴ・ロンドン'78

US & EU・Parlophone／DBRSD 7728
Recording: 1978年6月30日、7月1日
Release: 2018年4月21日

**Original**
[**Side A**] 1. Warszawa / 2. "Heroes" / 3. What In The World
[**Side B**] 1. Be My Wife / 2. The Jean Genie / 3. Blackout / 4. Sense Of Doubt
[**Side C**] 1. Speed Of Life / 2. Sound And Vision / 3. Breaking Glass / 4. Fame / 5. Beauty And The Beast
[**Side D**] 1. Five Years / 2. Soul Love / 3. Star / 4. Hang On To Yourself / 5. Ziggy Stardust / 6. Suffragette City
[**Side E**] 1. Art Decade / 2. Alabama Song / 3. Station To Station
[**Side F**] 1. TVC 15 / 2. Stay / 3. Rebel Rebel

18年4月のレコード・ストア・デイに限定発売されたアナログ3枚組のライヴ・アルバム。78年6月30日と7月1日のロンドン、アールズ・コート公演で収録されたものだ。3月29日にスタートした〈アイソーラーII・ツアー〉は前半が3か月間で、アールズ・コートはその最終地。その後、9月に『ロジャー』をレコーディングし、11月11日から約1か月という日程でオーストラリアから日本に至るツアーで78年の全日程が終わった。

本作の曲目／曲順は『ステージ』の現行CD（17年ミックス）とほぼ同じだが、「サウンド・アンド・ヴィジョン」「レベル・レベル」が追加収録され、このツアーのセット・リストがほぼ網羅されることになった。とくに演奏回数が少なかった「サウンド・アンド・ヴィジョン」は貴重。また「ファイヴ・イヤーズ」での長めのメンバー紹介や、「ステーション・トゥ・ステーション」のイントロで披露されたロジャー・パウエルとエイドリアン・ブリュウによるトリッキーな〝機関車〟プレイがフルに収録されているのも嬉しい。それぞれ『ステージ』収録のテイクよりも3分以上長いヴァージョンなので、〈アイソーラーII・ツアー〉を正確に追体験させることが本作の意図であることが伝わってくる。

『ヒーローズ』に続くオリジナル・アルバムとして、丁寧にトリートメントされた『ステージ』と比較すると、幾分ラフな仕上がりではあるが、当時のライヴで聴くことができた音像はむしろ本作に近いだろう。各メンバーのプレイを均等にしたミックスのおかげで、穴馬的キー・パーソンとも言えるヴァイオリンのサイモン・ハウスの存在感が鮮明になった。

最終公演は12月12日のNHKホール。この公演は『ヤング・ミュージック・ショー』で放映されたので、テレビでボウイのライヴを初体験した日本のファンも多かった。本人もこの映像の発売を希望していたが、果たされず。

（梅村）

COLUMN

# エイドリアン・ブリュウ、登場

梅村昇史

78年1月に始まったフランク・ザッパのヨーロッパ・ツアーは2月14日からドイツ国内を巡った。その初日、ケルン公演の客席にいたブライアン・イーノはボウイに連絡を入れる。「ザッパのバンドのギタリストをチェックしろ」と。翌日のベルリン公演で、ザッパのギター・ソロの間ステージから下がったエイドリアン・ブリュウは、モニターのミキサー卓の脇にボウイの姿を見つけた。握手を求めたブリュウにボウイは声をかけた。「ぼくのバンドに参加してみない?」。

49年ケンタッキー生まれのブリュウは、当初ジャズ指向のドラマーだった。十代後半でジミ・ヘンドリクスに影響を受けて、ギタリストに転向。その後はローカル・バンドで活動し、76年にナッシュヴィルのバーに出演中、客席に現れたザッパにスカウトされた。ザッパが言うには、ブリュウはその時すでに〝あのプレイ〟をやっていたそうである。

ジミヘンがギターを音響装置として拡大解釈したのを発展させ、ギターでギターを逸脱するのがブリュウのプレイだ。具体的には、フィード・バック、ハウリングといったエレキ・ギターに起こる現象、いわば〝ノイズ〟を、音楽として演奏に組み込むというもの。動物の遠吠えのように歪んだギターの音は、聴き手の脳まで震わせ、陶酔感さえ与える。

ボウイ作品では『ステージ』の「ステイション・トゥ・ステイション」、『ロジャー』の「レッド・セイル」等でのプレイが代表例だ。もともとブルーノート・スケールを弾かないため、ロック・ギターのイメージから乖離したアブストラクトな表現が特徴で、ニュー・ウェイヴ時代にフィットした。その後ブリュウは、トーキング・ヘッズ~キング・クリムゾンと偏差値の高いバンドを渡り歩き、80年代前半には数多くのセッションをこなした。トリッキーなプレイが語られがちだが、基本的な技術を備えた、器用なギタリストでもある。その後はボウイの〈サウンド・アンド・ヴィジョン・ツアー〉で音楽監督を務めた。

## Lodger

〈初版〉**ロジャー（間借人）**
〈現行〉**ロジャー**

UK・RCA Victor／BOW LP 1
Recording: 1978年9月, 1979年3月
Release: 1979年5月25日

**Original**
[**Side A**] 1. Fantastic Voyage / 2. African Night Flight / 3. Move On / 4. Yassassin / 5. Red Sails
[**Side B**] 1. D.J. / 2. Look Back In Anger / 3. Boys Keep Swinging / 4. Repetition / 5. Red Money

**Rykodisc** [CD]
Bonus Tracks
11. I Pray, Olé (Previously Unreleased Track Recorded 1979)
12. Look Back In Anger (New Version Recorded 1988)

クラフトワークの「トランス・ヨーロッパ／エクスプレス」には〝デイヴィッド・ボウイとイギー・ポップに会う〟というエピソードが出てくる。またボウイも、クラフトワークのメンバーの名前を曲のタイトルに使った。しかしベルリンを拠点にしたこの時期にも、ボウイ作品にドイツ人ミュージシャンとの共演が残されることはなかった。本作は慣例的に〝ベルリン三部作の最終作〟とされているが、78年3月のワールド・ツアー以降、ボウイは事実上ベルリンを離れていたのだ。拠点を随時変えていく彼のあり方が、ワールド・ツアー中に制作された本作のタイトル『ロジャー（間借人）』に表れたと言ってもいいだろう。

　結果的にボウイは、クラウト・ロックの薫陶を受けながらもドイツには染まりきらなかった。三部作からの延長線上にポスト・パンク／ニュー・ウェイヴを見出すとすれば、その流れを具体的にデザインしたのは、実際にドイツのミュージシャンとコラボレイトしていたイーノの方だろう。その後を知った現在の視点で言えば、ベルリン三部作は〝イーノ三部作〟だ。ボウイの足跡から見れば『ロウ』『ヒーローズ』が〝ベルリン時代〟、『ステージ』『ロジャー』が〝アフター・ベルリン時代〟と捉えた方が作品の変化を理解しやすい。

本作は、78年ツアーの休止期間中（9月）にスイスはモントルーのマウンテン・スタジオにツアー・バンドを集めてレコーディングされ、翌年3月にニューヨークのレコード・プラントで仕上げられた。世界を俯瞰する立場を表明する「ファンタスティック・ヴォヤージ」で穏やかに始まり、世界各地の音楽的モティーフが旅をするように切り替わるA面は、ある意味わかり易すぎる構成だ。B面はサウンドのトーンは継承しつつ、エスニック要素の少ないナンバーを配している。個人的にはどの曲も実験性とポップ性を兼ね備えて非常に面白いと思うのだが、『ロウ』『ヒーローズ』と比較すると、さまざまな要素を並列に配置しているだけのようにも見える。そのせいか、アルバムとしての評価は世界的に低かった。しかし、「アフリカン・ナイト・フライト」でのリズムとSE処理、「ヤサシン」でのレゲエと中近東のミックス、「レッドセイル」の中華風味とアブストラクトなギターの組み合わせ等々、数年後のポスト・パンク／ニュー・ウェイヴに先んじた表現も見られる。

結果的にイーノは、（エイドリアン・ブリュウを引き連れて）「アフリカン～」の方向性の強化をトーキング・ヘッズの『リメイン・イン・ライト』で実践するのだが、それは2年後。「レッドセイル」も3年後のジャパンのアルバム『ブリキの太鼓』を予見している。当時ボウイもトーキング・ヘッズやDEVOに着目していて、「DJ」や「リペティション」ではデイヴィッド・バーンのように歌っている。そもそもバーンはボウイ的な唱法のシンガーなのだが。

強力なツアー・バンドが参加していることを思うと、本作はやけにコンパクトでもある。一曲でもエレクトリックでエスニックでエクスペリメンタルな長尺ダンス・ナンバーが収録されていたら、評価が大きく変わったはずだ。〝本当にボウイは先走っていた〟と。（梅村）

## Rykodisk Reissue

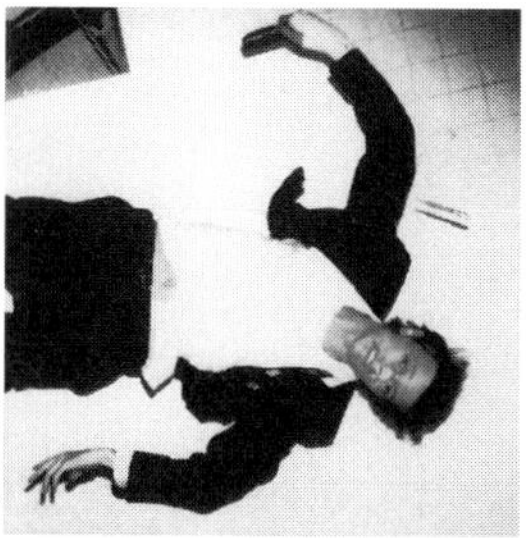

US・Rykodisc／RCD 10146 1991年［CD］

「アイ・プレイ・オレ」は79年のレコーディングとされているが、実際には出所不明の曲。これ以降、再発されていない。「ルック・バック・イン・アンガー」は、現代美術研究所の40周年のためにナム・ジュン・パイクが制作したヴィデオ用に新録したヴァージョン。アーダル・キジルケイが打ち込みし、ティン・マシーンの結成直前のリーヴス・ガブレルズがギターで参加している。ここでしか聴けない貴重なテイクだ。（山田）

## Scary Monsters

**スケアリー・モンスターズ**

UK・RCA Victor／BOW LP 2
Recording: 1980年2月〜4月
Release: 1980年9月12日

**Original**
［**Side A**］1. It's No Game (No. 1) / 2. Up The Hill Backwards / 3. Scary Monsters (And Super Creeps) / 4. Ashes To Ashes / 5. Fashion
［**Side B**］1. Teenage Wildlife / 2. Scream Like A Baby / 3. Kingdom Come / 4. Because You're Young / 5. It's No Game (No. 2)

**Rykodisc**［CD］
Bonus Tracks
11. Space Oddity
12. Panic In Detroit
13. Crystal Japan
14. Alabama Song

音楽的成果と評価はさておき、セールス的には大成功とは言えない〝ベルリン三部作〟に続く本作は、2曲のシングル・ヒットを含み、アルバム・チャートでも全英1位を記録した。クラウト・ロックの森から復帰したボウイは、1980年の音楽界に自分のポジションを確保することに成功したわけだ。

作品全体のトーンが80年代初頭らしい〝時代の音〟で、当時は『ロウ』を受けてのさらなるニュー・ウェイヴ化と評価された。イーノが離れ、トニー・ヴィスコンティの采配で王道的な制作体制に回帰したのが、〝ベルリン三部作〟で後退した〝ロックらしさ〟の復権にも思える。ボウイとニュー・ウェイヴ勢の関係について言えば、グラム・ロックの発明〜ソウルへの傾倒〜ヨーロッパ的なゴシックの確立〜エスニック志向という彼の音楽的な変遷を、ポスト・パンク／ニュー・ウェイヴ勢があと追いして〝80年代型〟にアップデートしたと考えられる。ニュー・ウェイヴのロール・モデルは、79年までにボウイが提示していたのだ。

リズム・セクションは〝ベルリン三部作〟からの居残り組。『ヒーローズ』では抑制を効かせていたロバート・フリップのギターが圧倒的な存在感で、オルタナティヴ・ロック化に貢献している。冒頭の「イッツ・ノー・ゲーム（パート1）」

での、フリップのギターと日本人女性（ミチ・ヒロタ）による奇妙なイントネーションの日本語アジテーションの絡みはインパクトも絶大。この曲は、CM撮影のためにボウイが京都を訪れた際に、着想を得たと言われている。控えめで主張しないことを良しとされる日本女性への差別意識を風刺する意図があり、ジェンダー問題への先進的な考えと、徹底した博愛主義が感じられる。

本作の核となるのは大ヒットした「アッシュズ・トゥ・アッシュズ」だ。曲中に「スペイス・オディティ」のトム少佐が登場し、彼がジャンキーだったと歌われる。同曲のミュージック・ヴィデオではボウイ自身がトム少佐を演じ、ドラッグに耽溺した自身の70年代を自嘲的に振り返っている。その一方で、のちにニュー・ロマンティックのキー・マンとなったスティーヴ・ストレンジを登場させているのも面白い。ボウイは70年代から80年代への橋渡し役を担ったわけだ。

続いてシングル・ヒットしたファンキーな「ファッション」を含むA面の完成度の高さに対して、B面は重みに欠けるが、ポップな曲が揃っている。「ティーンエイジ・ワイルドライフ」「ビコーズ・ユー・アー・ヤング」は若者をテーマにしたアンセム。フリップのギターを活かした前者は「ヒーローズ」の続篇のようだし、ピート・タウンゼンドを迎えた後者では60年代を懐かしむ雰囲気を匂わせた。トム・ヴァーラインをカヴァーした「キングダム・カム」は時代への目配せか。「イッツ・ノー・ゲーム（パート2）」は「パート1」とは対照的にが穏やかに歌われ、ラストのノイズだけでアタマに戻るような仕掛けになっている。

部分的に懐古的でもあった本作のリリース後はツアーもなく、その後は俳優業の比重が高まるという変化があったため、結果的に〝70年代の終点〟という意味合いを持つようになったアルバムだ。RCAとの契約もここまで。（梅村）

## Rykodisk Reissue

Rykodisc／RCD 10147 1992年
［CD］

「スペイス・オディティ」は、79年に出たリメイク・ヴァージョンのリミックスで以後、再発なし。「パニック・イン・デトロイト」も79年の再録ヴァージョンで、02年の『ヒーザン』初回限定2CDに収録された。「クリスタル・ジャパン」は自身が出演した宝焼酎・純のCM曲。〈デヴィッド・ボウイ・イズ〉の日本会場限定ピクチャー・シングルとしても再発された。「アラバマ・ソング」は80年のシングルA面。（山田）

## A New Career in a New Town (1977–1982)

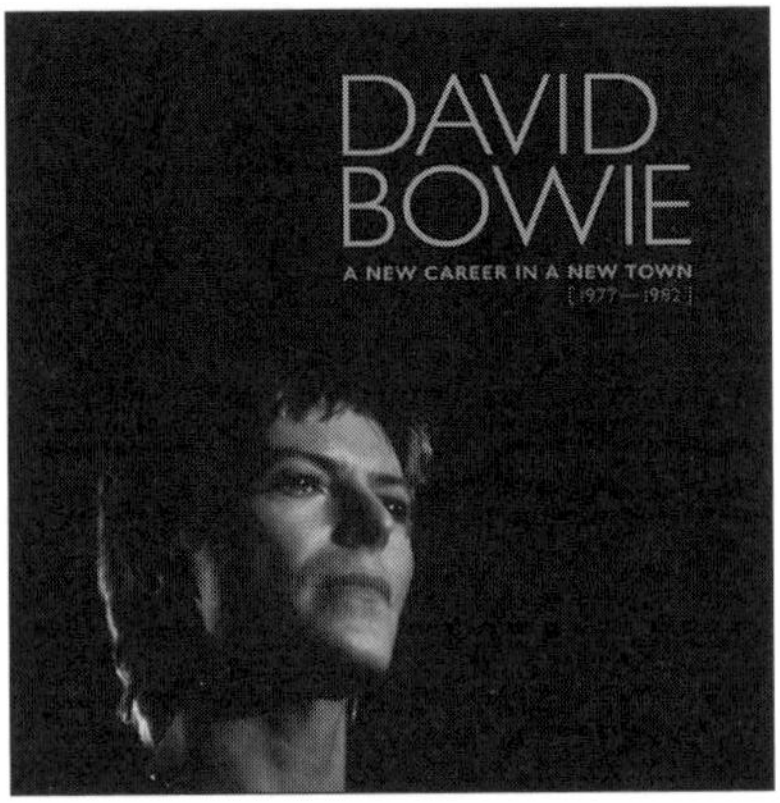


**ア・ニュー・キャリア・イン・ア・ニュー・タウン 1977–1982**

EU・Parlophone／DBX 3［CD］
Release: 2017年9月29日

**Original**
［**Disc 1**］Low (2017 remaster)
［**Disc 2**］"Heroes" (2017 remaster)
［**Disc 3**］"Heroes" EP
［**Disc 4**］［**Disc 5**］Stage (original version) (2017 remaster)
［**Disc 6**］［**Disc 7**］Stage (2017 version)
［**Disc 8**］Lodger (2017 remaster)
［**Disc 9**］Lodger (Tony Visconti 2017 mix)
［**Disc 10**］Scary Monsters (And Super Creeps) (2017 remaster)
［**Disc 11**］**Re: Call 3 (remastered tracks)**
1. "Heroes" (Single Version) / 2. Beauty And The Beast (Extended Version) / 3. Breaking Glass (Australian Single Version) / 4. Yassassin (Single Version) /5. D.J. (Single Version) / 6. Alabama Song / 7. Space Oddity (1979 Version) / 8. Ashes To Ashes (Single Version) / 9. Fashion (Single Version) / 10. Scary Monsters (And Super Creeps) (Single Version) / 11. Crystal Japan / 12. Queen And David Bowie – Under Pressure (Single Version) / Bertolt Brecht's Baal / 13. Baal's Hymn / 14. Remembering Marie A. / 15. Ballad Of The Adventurers / 16. The Drowned Girl / 17. The Dirty Song / 18. Cat People (Putting Out Fire) (Soundtrack Album Version) / 19. David Bowie And Bing Crosby – Peace On Earth / Little Drummer Boy (Mono)

これまでの音楽活動を総括したボックスの第3弾。ヴァイマル共和国時代のドイツ文化に感化され、クラフトワークの登場でその思いが一気に弾けた〝ベルリン3部作〟と称される重要作『ロウ』『ヒーローズ』『ロジャー（間借人）』、78年の〈アイソーラーII・ツアー〉から4～5月のショウを収めた『ステージ』、80年の『スケアリー・モンスターズ』までのオリジナル・アルバム5作に、欧州盤シングル等でリリースされたレアな別ヴァージョンを4曲収録した『ヒーローズE.P.』、この時期の多作なアルバム未収録シングルを一気に網羅した編集盤『リコール3』を加えたもので、『ロジャー』と『ステージ』はオリジナル・ヴァージョンに加えトニー・ヴィスコンティによる17年リミックス版（『ロジャー』はアートワークを一新、『ステージ』は5曲を追加して実際のセット・リストが再現されたニュー・ヴァージョン）も収められている。いずれも本ボックスのために新たなリマスターが施されてされており、CDヴァージョンが12枚組、アナログ・ヴァージョンは13枚組というヴォリュームに圧倒される。ただし、前作、前々作のキャリア総括ボックスと同様に、HDTracks等の配信によるハイレゾ・ヴァージョンにはレア・トラック満載の『リコール3』は含まれていない。（犬伏）

Chapter 6

# Works 1983–1988

犬伏 功、梅村昇史、サエキけんぞう、
立川芳雄、山田順一

# 光と影を生んだ大ヒットの時代

サエキけんぞう

『レッツ・ダンス』の大ヒットによる光と影、それがこの時期の全てを物語っている。ボウイはトニー・ヴィスコンティと別れ、次のチャプターに入った。ニューヨークのクラブでナイル・ロジャースに出会い、プロデュースを依頼する。瞬時にスパークしたかに見える関係だが、ナイルに決めるまでに、それなりに多くのディスカッションを重ねたことには注目すべきだろう。

《デヴィッドのマンハッタンの自宅に呼ばれて、赤いキャデラックに乗ったリトル・リチャードの写真を見せられて『今度のアルバムはこんなサウンドにしたいんだ』ってていってきた。未来的なものをやりたがってるんだけど、根っこはロックンロールじゃないとだめ、と分かった》(ナイル・ロジャース『米ピッチ・フォーク誌』インタビュー)。これを読むといかにもサクッとサウンドが創られたような印象があるが、その影には捨てられたものがある。ヒップホップだ。

79年にはシュガーヒル・ギャングの「ラッパーズ・デライト」が大ヒットし、ヒップホップはオーバーグラウンドに躍り出る。なんと「ラッパーズ・デライト」はナイルの在籍したシック「グッド・タイムス」をループしてできた曲。ナイルにとっては自分の子分みたいなジャンルと思えたに違いない。ロックもヒップホップを取り入れ始め、ブロンディは「ラプチャー」の大ヒットを放つ。『レッツ・ダンス』直前の81年に、そのボーカル、デボラ・ハリーの初ソロ『予感』をナイルはプロデュースする。それはヒップホップを意識した曲を多く含んでいた。しかし、それは成功したとはいえない。ナイルはヒップホップを舐めていたのかもしれない。様々な音楽について語り尽くした末に創られた『レッツ・ダンス』は、ヒップホップを意識せず、豪快ともいえる生バンドサウンドが基軸となったダンスアルバムとなった。

「あのアルバムは俺たちがブラック・ミュージックを作っていくのと同じやり方でやった。黒人アーティストの制作予算は、白人ロックの予算の規模とはまるで違ってた。ボウイのアルバムを、シックのアルバムを作るのとまったく同じように作った」とナイルは語る。黒人的ルーティン・ワークな制作方法でコマーシャルな作品を作ったということだ。70年代後半、凝ったスタジオワークしかやってこなかったボウイにとっては、サクっとポップに制作することそのものがアートになるということが発見だったのだろう。

ナイルのこの手法はその後、他のロック・アルバムでも大きな大きな成功を収めた。例えばB－52'sの『コズミック・シング』(89年)である。ロックの生リズムを、黒人ファンク・ミュージシャンが斬るという手法は、生演奏が主役であった80年代においては有効だった。ところが同じくナイルが手がけた92年のB－52's『グッド・スタッフ』では、謎の失速を遂げる。それは、偶然ではない。80年代末にサンプラーを駆使したディーライトが『ワールド・クリーク』で90年に全世界を席巻し、時代はニュースクール・ヒップホップに突入した。90年代は旧来の生音の手法では勝ち目はなかった。ロックは一気に苦境に立たされた。ボウイがティン・マシーンを結成するのも合点がいく。そうした時代に対してレトロ・バンド・スタイルで対抗したのである。

というわけで、83年からナイルと大成功してしまったボウイの行く道は、巨大ツアーとプロデューサー・ワークによるアルバム作りとなってしまった。

次作『トゥナイト』でナイルを起用しなかったのは、『レッツ・ダンス』の荒いポテンシャルは一度限りと踏んだから。『トゥナイト』にボウイは、それなりの勝算があった。普段は事前に曲を用意しないボウイが『トゥナイト』においては9曲中、8曲も用意してきたことに現れている(残り1曲はビーチボーイズのカヴァー)。

「あいつがレコーディング前に曲を用意してきたのをそれまでに見たことがないから、本当に驚いた」とカルロス・アロマーも証言する。タイトル曲を含めイギー・ポップとの共作曲を4曲も含むこともポイントで、イギーとのコラボの結晶を、ここで一気に大ヒットに結びつけよう、というプランであったはずだ。

しかし、テンションがここでは生まれなかった。共同プロデューサーのデレク・ブランブルがボウイとの作業に向いてなかったという悲劇。歌が極めて達者なボウイは、ヴォーカル入れをテイク1で終えることもしばしばだが、このプロデューサーはしつこく何度も歌わせる主義だった。ボウイはヒドくイラだった。そんな雰囲気で『レッツ・ダンス』にかなうわけがない。さっさとクビにしたら?と思うが、サウンド創りを任せたらそうはいかない。同じ時期、ポール・マッカートニーもフィル・ラモーンと大げんかしてアルバム1枚ボツにした。サウンド造り丸投げ/プロデューサー時代の弊害だ。

とはいえ、メロディーに優れる『トゥナイト』は全英チャート1位、『スケアリー・モンスターズ』から3作連続での首位を獲得した。米でもプラチナ・ディスクに認定され、『レッツ・ダンス』の勢いそのままに世界各国でヒットを記録。かくしてこの体制は『ネヴァー・レット・ミー・ダウン』に持ち込まれることになる。今度はデヴィッド・リチャーズを共同プロデューサーに据え、米をメイン・ターゲットとする体制の中、ポップスのミドル・オブ・ザ・ロードを意識する編曲となった。当時の主流は、同期音を多く含んだ、今聴くと隔世の感があるドン・シャリ・サウンド。判で押したようなバン!というドラムがジャストで入る音で、『ロウ』で築き上げたニュアンスに富んだ孤高のファンクの残り香は微塵も感じられない、イージーなイメージのロックとなった。

『ネヴァー・レット・ミー・ダウン』はタイトル曲のような美メロも多く含み『トゥナイト』同様、ボウイ・ファンにはたまらない魅力を備えている。この時期に確立された、ボウイのポップスを骨の髄まで体現した愛らしくメロディアスな曲作りは、その死まで魅力を発揮し続けることになる。

しかし、ボウイの生命線はエッジィで唯一無比なサウンド造り。プロデューサーがリズムを造ったこの時期、ボウイは自身の方向性を見失った。その結果、ティン・マシーンの結成に繋がったことには納得がいくだろう。

90年代に再びソロに回帰した時、同じ轍を踏まないように、まずはナイル・ロジャースと慎重に実験しながら、その有終の高みへと静かに歩み始めたのだ。

## Let's Dance

**レッツ・ダンス**

UK・EMI America／AML 3029
Recording: 1982年12月
Release: 1983年4月14日

**Original**
[**Side A**] 1. Modern Love / 2. China Girl / 3. Let's Dance / 4. Without You
[**Side B**] 1. Ricochet / 2. Criminal World / 3. Cat People (Putting Out Fire) / 4. Shake It

　80年代初頭のボウイは、音楽家としてよりも俳優としての活動に勤しんでいた。まず80年から81年にかけては、ブロードウェイのミュージカル『エレファント・マン』で畸形の主人公を演じる。続いて、英国BBCによって制作され82年に放映されたTVドラマ『バール』にも主演。これは『三文オペラ』などで有名なドイツの劇作家ブレヒトの初期作品を映像化したもので、ボウイの参加する5曲入りのサウンドトラックEPも出た。さらにボウイは、カトリーヌ・ドヌーヴが吸血鬼を演じた映画『ハンガー』にドヌーヴの伴侶役で出演。そして同時期には『戦場のメリークリスマス』の撮影も行われていたのである（『ハンガー』は83年4月、『戦メリ』は同年5月に公開）。

　では〝音楽家〟ボウイのこの時期の活動はどうだったのか？　ファンならご存知のとおり、これまでの彼の音楽活動は大西洋を行ったり来たりするようなものだった。つまりアメリカ指向とヨーロッパ指向とを交互に示していたのである。そして〝ベルリン三部作〟を発表し終えたボウイの眼差しは、再びアメリカへと向けられていた。『ヤング・アメリカンズ』と『ステイション・トゥ・ステイション』でとりあえず具現化させたボウイ流〝プラスティック・ソウル〟を、より完成度の高いものにしたい――そんな思いが、当時のボウイのなかにはあったのかもしれない。

ところがボウイは、後に80年代の自身のことを振り返って、「当時はどんな音楽をやればいいのか、ヴィジョンも熱意も持てなかった」という趣旨の発言もしている。そんなボウイは、ニューヨークのクラブでナイル・ロジャースと出会い、意気投合。彼に新作のプロデュースを任せることにした。『ヤング・アメリカンズ』などの制作時には自身でギターを弾き、アレンジなどにも積極的に関与していたと思われるボウイだったが、新作では作曲家／ヴォーカリストとしてのみ関わっている。参加ミュージシャンも、ボウイが〈モントルー・ジャズ・フェスティヴァル〉でその演奏を見て惚れ込み呼び寄せたという若きブルース・ギタリスト、スティーヴィー・レイ・ヴォーンを唯一の例外として、全員がロジャースの集めたメンバーだった。悪くいえばすべてロジャースに丸投げという状態だったわけだが、このことがむしろ功を奏し、アルバム『レッツ・ダンス』は全英1位、全米4位を獲得。累計一千万枚を売り上げる大ヒット作となったのである。

ナイル・ロジャースはニューヨーク生まれで、アメリカのファンク・バンド、シックのギタリスト。彼のサウンド・メイキングの特徴は、シンプルでパワフルで合理的という点にある。キックとスネアを強調して極力フィル・インを排したドラムと、そのキックにぴったりシンクロするベース。音の隙間をうっすらとしたディジタル・シンセの音と無機的なギターのカッティングで埋める。そして、それらの音をリミッターで引き締め、さらに音全体にエコーで空間的な広がりを与えるボブ・クリアマウンテンのミキシング。こうしたサウンドは、ロジャースが好んで使ったスタジオの名をとってパワー・ステイション・サウンドと呼ばれるようになり、この後マドンナの『ライク・ア・ヴァージン』など同様のサウンドを売り物にしたヒット作が次々に生み出された。『レッツ・ダンス』は、そうした80年代の流行に先鞭をつけた作品だともいえるだろう。

ダンスはさほど得意ではないと公言しているボウイだが、面白いことに本作も、タイトルに反して純然たるダンス音楽ではない。ロジャースが本作の音を〝モダン・ビッグ・バンド・ロック〟と呼んだように、ベースになっているのはロック感覚だろう。ダンサブルな要素は強いがヒップホップ的なグルーヴ感はどちらかというと稀薄で、とくにタイトル曲ではテクノ／ニューウェイヴ的なタテノリのリズムが強調されている。名盤『ロウ』前半の楽曲では武骨でぶっきらぼうなドラム・サウンドが妖しげな魅力を放っていたが、『レッツ・ダンス』にもそれに通じるものが感じられるのだ。肉体的なダンス・ミュージックでありながら、奇妙に人工的。これも〝プラスティック・ソウル〟の変奏なのだろうか。（立川）

## Serious Moonlight (Live '83)

**シリアス・ムーンライト（ライヴ'83）**

EU・Parlophone／0190295511180
Recording: 1983年9月12日
Release: 2019年2月15日

**Original**
[**Disc 1**] 1. Look Back In Anger / 2. "Heroes" / 3. What In The World / 4. Golden Years / 5. Fashion / 6. Let's Dance / 7. Breaking Glass / 8. Life On Mars? / 9. Sorrow / 10. Cat People (Putting Out Fire) / 11. China Girl / 12. Scary Monsters (And Super Creeps) / 13. Rebel Rebel
[**Disc 2**] 1. White Light / White Heat / 2. Station To Station / 3. Cracked Actor / 4. Ashes To Ashes / 5. Space Oddity / Band Introduction / 6. Young Americans / 7. Fame / 8. Modern Love

83年に行われた大規模なワールド・ツアー〈シリアス・ムーンライト〉のライヴ・アルバム。同年9月12日のカナダ、ヴァンクーヴァー・パシフィック・ナショナル・エキシビジョン・センターでのコンサートの模様を収録している。

この日の公演はボウイ初のライヴ・ヴィデオとなった『シリアス・ムーンライト』のために収録されたもので、本作はその音源を流用したものだ。そのため、当時の主流映像メディアだったVHSの収録時間に合わせて、アンコールの「スター」「ステイ」「ジーン・ジニー」「モダン・ラヴ」は割愛。本作も同様だが、「モダン・ラヴ」のみ7月13日のモントリオール・フォーラム公演で収録された（シングル「モダン・ラヴ」のカップリングとなった）ライヴが追加された。

ボウイ最大のヒット作となった『レッツ・ダンス』を受けて、これもまた最大級の規模となったワールド・ツアーの後半、北米レグの最終コーナーにおけるステージということもあって演奏はこなれていて、バンドはもはや熟練の域に達している。70年代半ばからボウイを支えてきたカルロス・アロマーがミュージカル・ディレクションを務め、69年の「スペイス・オディティ」から83年の『レッツ・ダンス』収録曲まで、新旧の代表曲をうまくまとめあげてもいる。それらに、10

年以上演奏していなかった、あるいはライヴでは初披露となったレア・ナンバーも織り混ぜ、この時点での〝デイヴィッド・ボウイの音楽〟をまんべんなく網羅した内容になった。

アロマーはじめ、バック・バンドの布陣も豪華だ。『ヤング・アメリカンズ』〜『ステイション・トゥ・ステイション』期のギタリスト、アール・スリックは、『レッツ・ダンス』でギターを弾いたスティーヴィー・レイ・ヴォーンがツアー開始直前に降板したため急遽の代役。2週間でレパートリーのすべてを把握しての参加だったが、そんなハンデを感じさせない的確なプレイを聴かせてくれる。『レッツ・ダンス』のプロデューサーであるナイル・ロジャースの弟、カーマイン・ロハスのベースと、トニー・トンプソンのドラムは、「ファッション〜レッツ・ダンス」のメドレーや、「モダン・ラヴ」「ゴールデン・イヤーズ」といったファンク／R&B色が強い曲で、やはり映えている。ジョージとフランクのシムズの兄弟のコーラス、スティーヴ・エルソン、スタン・ハリスン、レニー・ピケットからなるボルネオ・ホーンズによるブラス・セクションも効果的だ。

しかしその一方、『ロウ』『ヒーローズ』から『スケアリー・モンスターズ』収録のニュー・ウェイヴ色が強い曲は、やや魅力が減ってしまったように感じてしまう。その時期の『ステージ』との差異も考えての方向性だったはずだからしかたがないことだろうが、ちょっと残念な気もするのである。

ボウイはこのコンサートのあと、ウィニペグやサンフランシスコで公演を行った。その後、約1か月の休暇をとって、10月20日にはいよいよジャパン・ツアーが始まった。『レッツ・ダンス』の大ヒットに加えて、大島渚監督の映画『戦場のメリークリスマス』の効果もあり、日本ではさらなる熱狂が待ち受けていた。10月30日の大阪万博記念公園でのコンサートでは興奮した観客がステージ前に押し寄せ、コンサートは序盤で中断。ボウイが日本語で「みなさん、うしろに下がって！」と呼びかける、アクシデント寸前の事態にまでなった。

ともあれ、日本のみならず世界各国で熱狂を引き起こしたこの〈シリアス・ムーンライト・ツアー〉の重要な記録が、映像と本作によるヴァンクーヴァー公演だ。映像のほうは21年11月現在DVDが廃盤。観ることが難しいのは残念だが、このライヴ・アルバムで当時の熱狂を追体験してほしい。

ぼくのボウイのコンサート初体験は、10月25日の横浜スタジアム公演だった。高校の試験をすっぽかして駆けつけたあの日の興奮は生涯忘れないだろう。

キャリアの大部分をオルタナティヴな存在として過ごしたボウイの生涯の中では特異だった〝大衆の中できらめいた時代〟の象徴のような、大歓声に包まれたライヴ作品である。

（吉村）

## Tonight

**トゥナイト**
UK・EMI America／DB 1
Recording: 1984年5月〜6月
Release: 1984年9月24日

**Original**
［**Side A**］1. Loving The Alien / 2. Don't Look Down / 3. God Only Knows / 4. Tonight
［**Side B**］1. Neighborhood Threat / 2. Blue Jean / 3. Tumble And Twirl / 4. I Keep Forgettin' / 5. Dancing With The Big Boys

当時はまだそんな言葉はなかったが、これは〝ロック・セレブ〟ボウイによるアルバムである。83年に『レッツ・ダンス』が大ヒットし、それにともなって行われたシリアス・ムーンライト・ツアーでは15ヵ国で総計250万人以上を動員。さらに映画『戦場のメリークリスマス』も話題になったことで、ボウイは単なるロック・シンガーを超えた存在となった。そして84年5月、多忙を極めアルバムのコンセプトも固まらないまま、彼はカナダのスタジオへと赴く。レコード会社との契約を果たすためにも、持てる地位と人脈を生かして、とにかく新作を作らねばならない。そんなわけで見切り発車的に作られた作品ではあるが、にもかかわらず本作『トゥナイト』は、一定レベルを堅持した作品に仕上がっている。さすがボウイというほかはない。

制作にあたってボウイの選んだ共同プロデューサーの一人は、デレク・ブランブル。彼は「ブギー・ナイツ」（77年）のヒットで知られる多国籍ディスコ・バンド、ヒートウェイヴでベースを弾いていたスイス人で、このバンドにはマイケル・ジャクソンの「スリラー」を書いたロッド・テンパートンが在籍していたこともある。ブランブルが選ばれたのは、ボウイのなかに『レッツ・ダンス』を踏まえた作品作りというイメージがあったからだろう。もう一人の共同プロデューサーは、エンジニア出身のヒュー・パジャム。ポリス、XTC、フィル・コリンズなどの作品で力強く華やかなドラムの音を聴かせ、80年代サウンドの立役者となった人物だ。

ただ、できあがったアルバムを聴いてみると、ブランブルとの共同作業が大きな実りを結んでいるようには感じられない。プロデューサーとしての経験がさほどなかったブランブルでは、残念ながら力不足だったのだろう。その代わりにパジャムがサウンドをうまくまとめあげているようで、ダンス・ミュージック的な要素は稀薄になったものの、アルバム全体は〝ロック・セレブ〟の作品としてふさわしいものに仕上がっている。

アルバムには9曲が収録されているが、ボウイが単独で作った新曲は2曲だけ。残る7曲のうちの5曲は、盟友イギー・ポップが関係している。「トゥナイト」と「ネイバーフッド・スレット」は、イギーの77年作品『ラスト・フォー・ライフ』に収録されていたボウイ／イギーの共作曲。前者は原曲がヘヴィなロックだったが、ここではティナ・ターナーがゲストに迎えられて、エキゾティックな雰囲気の曲に様変わりした。後者は原曲以上にストレートなハード・ロック・ナンバーになっている。「ドント・ルック・ダウン」はイギーの79年作品『ニュー・ヴァリューズ』からで、ストゥージズのギタリスト、ジェイムズ・ウィリアムソンとイギーの共作。これも原曲はヘヴィなロックだったが、ここではレゲエ風のアレンジによるリラックスした雰囲気の曲になった。「タンブル・アンド・トゥワール」「ダンシング・ウィズ・ザ・ビッグ・ボーイズ」は本作用にボウイとイギーが共作した新曲で、後者にはカルロス・アロマーも作曲に加わっている。

それ以外のカヴァー曲だが、「アイ・キープ・フォゲッティン」は、R&Bシンガーのチャック・ジャクソンが歌った62年のヒット曲。そしてアルバムの発表時に大きな話題となったのが、ビーチ・ボーイズの名曲「神のみぞ知る」のカヴァーである。多くのシンガーによって歌われている有名な楽曲だが、ボウイは大御所アリフ・マーディンのアレンジした流麗なストリングスをバックに、独自の解釈でこの曲を歌っている。

そして残る2曲がボウイ単独作による新曲というわけだが、どちらも聴き応えがある。「ブルー・ジーン」はミディアム・テンポのロック・ナンバーだが、淡々としたビートの上にボウイの独特なヴォーカルが乗るさまに、名曲「ヒーローズ」を連想するファンも少なくないだろう。そして最大の聴きものが、アルバム冒頭を飾る「ラヴィング・ジ・エイリアン」。伸びやかで美しいメロディーと、マーディンによるストリングス、そしてパジャムの作り出す深みのある音の組み合わせが絶妙。この時期のボウイの代表曲といっていいだろう。

（立川）

## Never Let Me Down

**ネヴァー・レット・ミー・ダウン**

UK・EMI America／AMLS 3117
Recording: 1986年～1987年
Release: 1987年4月20日

**Original**
［**Side A**］1. Day-In Day-Out / 2. Time Will Crawl / 3. Beat Of Your Drum / 4. Never Let Me Down / 5. Zeroes
［**Side B**］1. Glass Spider / 2. Shining Star (Makin' My Love) / 3. New York's In Love / 4. 87 And Cry / 5. Too Dizzy / 6. Bang Bang

大規模なワールド・ツアーのために曲作りの時間が取れず、悔いが残ることになった前作『トゥナイト』の反省を踏まえ、2年のインターバルを置いて発表された、満を持してのアルバムが『ネヴァー・レット・ミー・ダウン』だ。

アナログLPとCDの端境期で、双方の内容を一部変更。LPでは収録可能時間の関係で「デイ・イン・デイ・アウト」「ビート・オブ・ユア・ドラム」「グラス・スパイダー」「シャイニング・スター（メイキン・マイ・ラヴ）」「ニューヨークズ・イン・ラヴ」「87＆クライ」「バン・バン」がCDよりも短くエディットされたヴァージョンになっている。

また、当時の日本盤では、この時点では他国で未発売の「ガールズ」の日本語ヴァージョンを収録していた。

この日本語版は80年のアルバム『スケアリー・モンスターズ』収録の「イッツ・ノー・ゲーム（パート1）」を日本語で歌うことを希望しながら叶わなかったことへの雪辱戦の意味もあり、当時はニューヨーク在住だった（のちの草月流アート・プロジェクト・リーダー／北米局長）勅使河原季里をアドヴァイザーに迎えての録音だった。

外国語ヴァージョンは他にも、「デイ・イン・デイ・アウト」のスペイン語版「アル・アブラ」も制作されるなど、これ以降のボウイは英語以外で歌うことに意欲的になっていく。

84年の前作からここまでの間、ボウイは「ライヴ・エイド」への出演、イギー・ポップのアルバム『ブラー・ブラー・ブラー』のプロデュース、映画『ビギナーズ』や『ラビリンス』への出演（劇中歌や主題歌も担当）するなど、話題にこと欠かなかった。そういった一連の課外活動が概ね好評だったこともあり、ボウイはその成果を本作で見せるつもりだったのだろう。

サウンド面では『ラビリンス』のデジタルなR&B（プロデュースはアリフ・マーディン）を踏襲し、そこに王道的なロック、ヒップホップ〜エレクトロなどの要素を加えようとしているのが窺える。またコンセプトの面では、『ジギー・スターダスト』『ダイヤモンド・ドッグズ』以来となるロック・オペラの形式を採用しているのが興味深いところだ。

3年ぶりのアルバムということで期待は高く、待ち望まれた作品だったが、評価は芳しくなかった。

収録された各曲はどれもポップで印象的なメロディーのものがほとんど。だが、エンジニア／共同プロデューサーであるデイヴィッド・リチャーズの音作りが、あまりにも時流を意識し、アルバム発表当時にはありふれた（やや陳腐な）サウンドに終始しているのが難点だった。

デジタル・ドラムやシンセサイザー、ゲート・エコーなど、80年代中期に全盛を極めたデコラティヴな装飾が、曲本来の素朴な魅力を覆い隠してしまった感が否めないのだ。それはこのアルバムが長く聴かれなかった要因でもある。

CD時代初のオリジナル・アルバムということで、シングルのカップリング向きの、いわば捨て曲まで入れたような水増しが、統一感を欠く原因となってしまったのもいただけない。70年代からボウイのアルバムは平均40分程度、中には30分そこそこのものもある。CDの収録時間に合わせて中途半端な曲を入れ、しかもどの曲も妙に長かったのだから、シャープな印象に欠けたのは当然の結果と言えるだろう。

ボウイもそのことはアルバム発売後に反省したようで、やがては〝大仰な装飾〟を剥がし、不要の曲を外したいと思うようになったらしい。

それが現実となったのが89年の再発盤で、「トゥー・デイジー」がバッサリ割愛されたのには驚かされた。

また08年には〝このアルバムは本来こうあるべきだった〟として「タイム・ウィル・クロール」に自ら手を加えた〈Mリミックス〉を制作し、コンピレーション盤〝iSelect〟に収録している。

死後の18年にはボックス・セット『ラヴィング・ジ・エイリアン』で18年リミックス・ヴァージョンが発表されたが、オリジナルと大きく変わったそれが、どこまでボウイの意志を尊重したものなのかは不明である。

（吉村）

# Glass Spider [Live Montreal '87]

**Original**

［**Disc 1**］ 1. Up The Hill Backwards / 2. Glass Spider / 3. Day-In Day-Out / 4. Bang Bang / 5. Absolute Beginners / 6. Loving The Alien / 7. China Girl / 8. Rebel Rebel / 9. Fashion / 10. Scary Monsters (And Super Creeps) / 11. All The Madmen / 12. Never Let Me Down

［**Disc 2**］ 1. Big Brother / 2. '87 And Cry / 3. "Heroes" / 4. Sons Of The Silent Age / 5. Time Will Crawl / Band Introduction / 6. Young Americans / 7. Beat Of Your Drum / 8. The Jean Genie / 9. Let's Dance / 10. Fame / 11. Time / 12. Blue Jean / 13. Modern Love

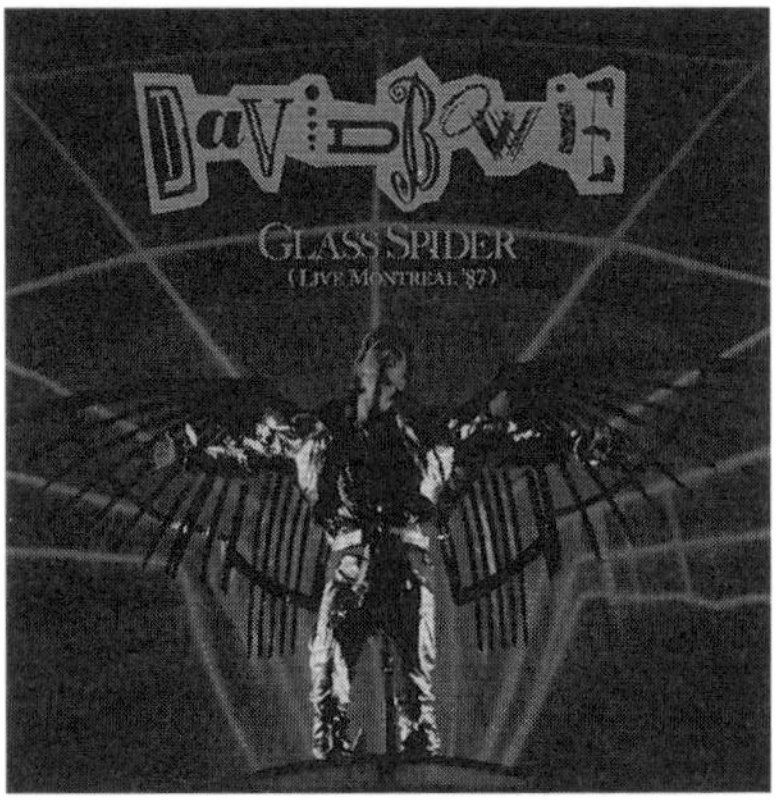


**グラス・スパイダー**
**(ライヴ・モントリオール'87)**

EU・Parlophone／0190295511135［CD］
Recording: 1987年8月30日
Release: 2019年2月15日

**Glass Spider**
EU・EMI／094639100224 2007年［DVD＋2CD］
［**DVD**］
Filmed at Sydney Entertainment Centre, Australia, November 7th & 9th, 1987.
［**2CD**］
Recorded live at The Olympic Stadium, Montreal, August 30th, 1987

87年の〈ザ・グラス・スパイダー・ツアー〉から8月30日のカナダ、モントリオール・オリンピック・スタジアム公演の模様を収録している。この音源、もともとはアメリカのFMラジオ番組『グラス・スパイダー・ツアー・コンサート・スペシャル』のためのもので、北米で10月17、24日にトヨタの1社提供で2回にわけて放送されたあと世界各国のFM局に配給された。本作はそのために制作された4枚組CDをソースとしてリマスターされたものと思われる。80年代のヒット曲にレア・ナンバーも織り交ぜた構成。ハイスクールの同級生ピーター・フランプトンの参加も話題になった。

スタジアム公演を前提に巨大なセットが組まれ、〈ダイヤモンド・ドッグズ・ツアー〉をアップデートした演出や、ダンスなど視覚的効果を重視していただけに、11月のオーストラリア・シドニー公演を収録した同名映像作品も鑑賞したいところだ。 (吉村)

## Loving the Alien (1983–1988)

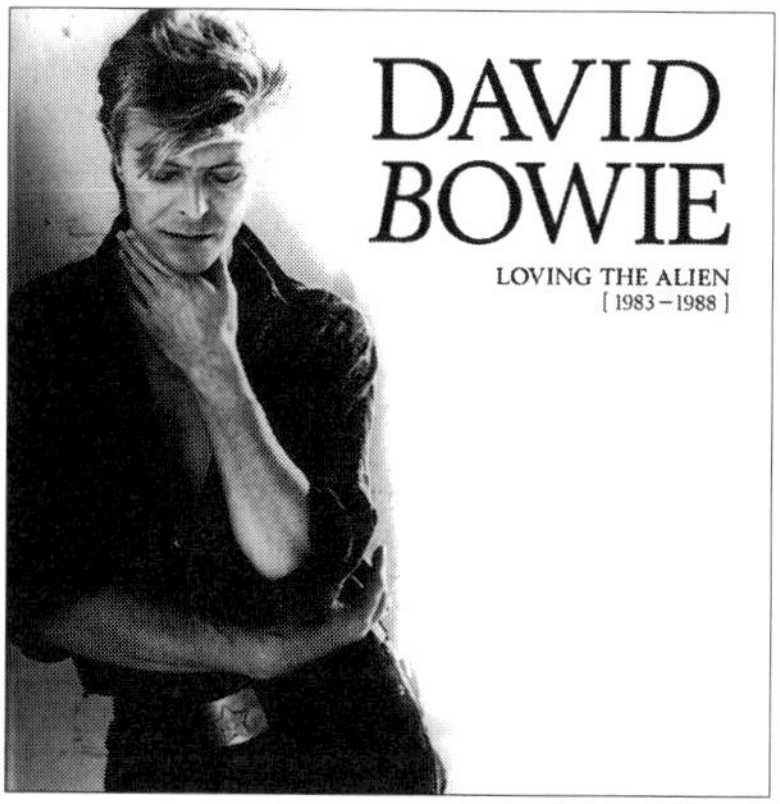


**ラヴィング・ジ・エイリアン1983–1988**

EU・Parlophone／DBX 4［CD］
Release: 2018年10月12日

**Original**
**[Disc 1]** Let's Dance (2018 remaster)
**[Disc 2–3]** Serious Moonlight (Live '83)
**[Disc 4]** Tonight (2018 remaster)
**[Disc 5]** Never Let Me Down (2018 remaster)
**[Disc 6]** Never Let Me Down 2018
**[Disc 7–8]** Glass Spider (Live Montreal '87)
**[Disc 9]** Dance
**[Disc 10] Re: Call 4 (remastered tracks)**
1. Let's Dance (Single Version) / 2. China Girl (Single Version) / 3. Modern Love (Single Version) / 4. David Bowie / Pat Metheny – This Is Not America (The Theme From 'The Falcon And The Snowman') / 5. Loving The Alien (Re-Mixed Version) / 6. Don't Look Down (Re-Mixed Version) / 7. David Bowie And Mick Jagger – Dancing In The Street (Clearmountain Mix) / 8. Absolute Beginners / 9. That's Motivation / 10. Volare / 11. Labyrinth Opening Titles / Underground / 12. David Bowie–Magic Dance / 13. As The World Falls Down 4:51 / 14. Within You3:30 / 15. Underground
**[Disc 11] Re: Call 4 (remastered tracks)**
1. When The Wind Blows (Single Version) / 2. Day-In Day-Out (Single Version) / 3. Julie / 4. Beat Of Your Drum (Vinyl Album Edit) / 5. Glass Spider (Vinyl Album Edit) / 6. Shining Star (Makin' My Love) (Vinyl Album Edit) / 7. New York's In Love (Vinyl Album Edit) / 8. '87 And Cry (Vinyl Album Edit) / 9. Bang Bang (Vinyl Album Edit) / 10. Time Will Crawl (Single Version) / 11. Girls (Extended Edit) / 12. Never Let Me Down (7″ Remix Edit) / 13. Bang Bang (Live – Promotional Mix) / 14. Tina Turner With David Bowie – Tonight (Live) / 15. Tina Turner With David Bowie – Let's Dance (Live)

キャリアを総括した〝全部入り〟ボックスの第4弾。ボウイのキャリアにおいてもっとも〝売れた〟時代だけに、ディープなファンからは敬遠されたこともあったが、だからこそ今あらためて振り返る意義があるように思う。箱のタイトルが酷評された『トゥナイト』収録曲から取られているあたりにも、この時期に新たな視点を与えようとする意思を感じずにはいられない。本作は空前のヒットとなった83年の『レッツ・ダンス』、半数がカヴァーとなった84年の問題作『トゥナイト』、87年の『ネヴァー・レット・ミー・ダウン』を軸に、映像作としておなじみの83年モントリオール公演を初音盤化した『シリアス・ムーンライト（ライヴ'83）』、87年のシドニー公演を収めた映像作の付属盤としてリリースされていた『グラス・スパイダー（ライヴ・モントリオール'87）』、85年に企画されながら未発売となったリミックス集『ダンス』の改訂新版、アルバム未収録シングル集『リコール4』を加えたもの。特筆すべきは『ネヴァー〜』の18年ミックスで、マリオ・J・マクルナティによる「タイム・ウェル・クロール」のリミックスに続き、アルバムを作り直したいと考えていたボウイの遺志を継いだもの。バックをほぼ近年のメンツにより録り直した大胆な新装版である。

（犬伏）

# The RISE and FALL of 世界に落ちてきた男②
STARRING: DAVID BOWIE

梅村昇史
Shoji Umemura

万物は流転する。それに身をまかせたら、80年代のショービズ界に私は落ちた。

レコードは飛ぶように売れた。私はオルタナティヴではなくなった。

"LET'S DANCE"

大きな波の後には凪がある。またヒットを狙うべきなのか？それは私のすべきアートなのか？レコードは出した。映画にも出た。バンドの中のひとりのメンバーにもなった。

過去の曲を清算するツアーもした。私は迷っていたのか？前に向かっていたのか？その答えは本書の読者にゆだねよう。

RISE OR FALL?

90年代のクラブ・カルチャー、新しいリズム、コンピューター、インターネット、様々な新しい動きには常に向き合ってきた。

それこそが、私が感じる諸行無常の形だ。そして21世紀を迎え、2004年に私は倒れた。沈黙も私にとっては変化だ。

そしてまた新しい場所に落ちているようだ。いや、むしろ上昇している気がする。多分最後の行き先へ向かっているんだろう。

デイヴィッド、目が覚めたかい？

やあ、デイヴィーにジギー。

デイヴィッド、俺たちは最後に会いに来た。

デイヴィッド、禅をつづけろ。その先にお前は究極の自由を得るだろう。それは死ぬことからの自由だ。変化とは。死と生まれ変わりだ。

ふうむ、それは最高だな。

私はグルでも神でもないよ、デイヴィッド、お前の意思が作り出したお前の影のようなモノだ。

ハング・オン・トゥ・ユアセルフだぜデイヴィッド。

そしてこれが私の最終形態。

CHANGES!

デイヴィー、ジギー、私は星になるよ。黒くて誰にも見えないが、常に君たちとは一緒にいるよ。

ああ、なんて最高の死なんだ。

ハッピーバースデー、スターマンでスターダストでブラックスター。

生涯最後の誕生日に、最後の作品『★』を世に残し、その二日後、2016年1月10日にデイヴィッドはこの世から去りました。

## Chapter 7 Tin Machine

吉村栄一、和久井光司

## 〝ロック・バンドらしいロック・バンド〟の提示

和久井光司

ティン・マシーンの〈イッツ・マイ・ライフ・ツアー〉が日本にやってきたのは、92年1月〜2月のことだった。1月29日に京都会館で始まり、30／31日・大阪フェスティバルホール、2月2日・九州厚生年金会館、3日・メルパルクホール広島、5／6日・NHKホール、7日・神奈川県立県民ホール、10／11日・北海道厚生年金会館、13日・仙台サンプラザ、14日・大宮ソニックシティ、17日・NHKホールという日程。ティン・マシーンが2000人規模の会場をまわる〝バンド〟で、ボウイがソロで発表した曲は一切演奏しないことはすでに知られていた。だから驚きの声は上がらなかったが、ファンの多くは〝ドサまわり〟と揶揄し、「札幌で二日もやって大丈夫？」と言うヤツや、「スーパースターの気まぐれにおつきあい」とのたまう女性ファンも出て、そりゃあヒドかった（褒め言葉ですよ）のである。

私はNHKホールで観て、大宮にも足を運んだ。『ネヴァー・レット・ミー・ダウン』に失望していた私は、「ボウイがバンドを組んだ！」と大騒ぎするレコード屋勤務の友人に乗せられて、半信半疑で89年5月のファースト・アルバムとそこからの一連のシングルを買ったのだが、ティン・マシーンは当時の気分にぴったりだった。勧めてくれたKさんが店を閉める時間を狙って新宿に繰り出し、よくボウイを肴に呑んだものである。

けれども、90年のライコディスク再発に合わせた〈サウンド&ヴィジョン・ツアー〉のおかげで、ティン・マシーンの活動は一時棚上げになってしまう。同年5月15日／16日の東京ドームだけだった〈サウンド&ヴィジョン・ツアー〉の日本公演を私は初日に観たのだけれど、クスリの調達が間に合わなかったと言われるその日のステージは褒められたものではなく、せっかくの東京ドームが虚しかった(ソレが〝間に合った〟翌日は見違えるほど素晴らしいライヴになったそうだが)。

ボウイが本調子ではなかったのは明らかだったが、正直に言えば、オールタイム・ベストみたいなセット・リストが「いま観たいのはこれじゃないんだけどなー」と思わせたということもある。85年の〈ライヴ・エイド〉で、60年代からのポップ・ミュージックの流れにケリがついてしまったと感じていた私は、英国やアイルランドのトラディショナル・フォークを集めたり、愛聴してきたアルバムを本国のオリジナル盤に買い換えることで気を紛らせていたが、年々強くなる「新しいロックに心を動かされない」という傾向に忸怩たる想いがあった。

トーキング・ヘッズが88年の『ネイキッド』をもって解散したり、とっくにレコーディング・バンドとなっていたXTCの新作がどんどん間遠になってくると、刺激的なバンドはU2ぐらい。元ビートルズの3人やローリング・ストーンズの新作はもちろん聴いていたが、60年代組の方向性が驚くほど変わることはなかったから、ニュー・ウェイヴ勢の新作がいちいち面白かった83年ごろまでとはこっちの意識も違ってきていた。劣勢となった〝ロック〟に自分がいつまでつきあえるか、という気持ちを持ったのは私だけではないはずだ。

そういう意味では、『レッツ・ダンス』は諸刃の刃みたいなアルバムで、〝ロックが辛くなっていく数年先〟を予見することにもなっていた。

88年ごろになると、どこの中古盤屋でも『レッツ・ダンス』はバーゲン箱に入っていて、300円、500円でも売れなくなっていた。そんなボウイを見たくなかったから、私はバーゲン・コーナーのBの箱を意識的に飛ばしていたほどである。

だから、ボウイがティン・マシーンで〝ロックらしいロック〟に回帰したのが、本当に嬉しかった。ロックはこれでいいのさ、という意思表示に希望を見た気がした。ジョン・レノンの「ワーキング・クラス・ヒーロー」や、ボブ・ディランの「マギーズ・ファーム」をカヴァーしているのも意味深だったし、そのアレンジや演奏、ボウイのヴォーカルも好ましかった。こうやってメッセージを送るのか、とも思った。

カヴァーなんかやらなくても充分に曲が足りるソングライターによる〝あえてのカヴァー〟は、ボウイが歌詞を重じているいることを伝えていたし、先達から受け継いだ〝ロック〟というバトンを「次の走者に渡そうとしている」とも受け取れたのだ。

それは世界的なスーパースターの〝趣味〟でも〝余技〟でも〝ガス抜き〟でもなく、いたってシンプルで、真摯な想いから始まったことだったことは、ファースト・アルバムにみごとに刻まれている。ボウイの傑作群の中に置けば分は悪いけれど、ロック全般の中では〝名盤〟と呼ぶに値する水準だった。

その感動から2年半以上も経って、ようやく観られることになったティン・マシーンのステージは、拍子抜けするほどアッケラカンとしたもので、いい具合に力の抜けた演奏は申し分なかった。〝これはこれ〟と言わんばかりのボウイはあの〝世界的なスーパースター〟とは別人に見えるほど〝普通のバンドマン〟で、メンバーのひとりであることを満喫しているのがわかった。

それでもNHKホールはまだ〝デイヴィッド・ボウイらしい〟ところがあったと思うが、だらだら2時間半もやった大宮のステージがあまりにもヒドくて（褒め言葉ですよ）最高だった。そのユルさが強烈だったから、NHKホールのそれなりにカッコいい印象が、全部吹っ飛んでしまったのである。

いちミュージシャンとしては、ものすごくだいじなことを教えられた、とも思った。

「カッコつけるな」ということ。

その時々の最新作のヴィジュアル・イメージに合わせたショウをやってきたボウイは、作中の登場人物を演じていただけで、本人がカッコつけるための衣装や化粧、パフォーマンスではなかったことに、改めて気づかされたわけだ。「いままでは〝役〟のためにそうしてきたけれど、〝素〟はこんなもんだよ」とバンドマンに徹したボウイだが、「ティン・マシーンではそういう〝役〟だったから」と言えるように〝二流のバンドのシンガー〟を演じていたんじゃないかと思う。ボウイは決して〝自分のため〟にそういう匙加減を見せたわけではなく、ロックの現在、いや未来のために、率先して〝バンドマンの普通〟を見せてくれたに違いない。おかげで〝ロックの幻想〟から解放されたシンガーが、ここにいる。

## Tin Machine

**ティン・マシーン**

UK & EU・EMI USA／CDP-7-91990-2［CD］
Recording: 1988年8月, 11月〜12月
Release: 1989年5月22日

**Original**
1. Heaven's In Here / 2. Tin Machine / 3. Prisoner Of Love / 4. Crack City / 5. I Can't Read / 6. Under The God / 7. Amazing / 8. Working Class Hero / 9. Bus Stop / 10. Pretty Thing / 11. Video Crimes / 12. Run / 13. Sacrifice Yourself / 14. Baby Can Dance

**Tin Machine**
UK・EMI USA／MTLS 1044［LP］1989年

80年代後半の停滞した空気を追い払い、新たに音楽へのモチベーションを得るためにボウイがやったことはなんと新たなバンドの結成だった。60年代以来のバンドへの参加である。

65年にデイヴィー・ジョーンズ名義でソロとなるまで、ボウイの音楽活動はキング・ビーズ、マニッシュ・ボーイズ、ロウワー・サードなどさまざまなバンドの一員としてのものだった。まだ何者でもなく、ただただ演奏する日々。観客もまばらなライヴ・ハウスで仲間たちととにかく音を出し、衝動をぶつける。あの頃のような音楽への情熱を取り戻したい。そんな希望があった。

またこの当時はニルヴァーナやピクシーズなどのオルタナティヴなバンドに影響を受け、その熱気あるシーンにも興味があったのだろう。

そこで、それらに近い音楽をやっていたギタリストのリーヴス・ガブレルス、1970年代後半にイギー・ポップのバンドで演奏したベースのトニー・セールズ、ドラムのハント・セールズの兄弟をバンド・メンバーとした。オルタナティヴとポスト・パンクの面々が揃った。

そしてボウイはあくまでバンドの一員として前面には出ず、曲作りも対等に行う。こうした合意のもとで制作されたデビュー・アルバムが本作だ。

**Tin Machine**
**Live At La Cigale Paris, 25th June, 1989**
Parlophone［Streaming Only］
Recording: 1989年6月25日
Release: 2019年8月30日

1. Amazing / 2. Heaven's In Here / 3. Sacrifice Yourself / 4. Working Class Hero / 5. Maggie's Farm / 6. I Can't Read / 7. Baby Can Dance6:24 / 8. Under The God

ボウイが当初目指していたオルタナティヴ色と、ハード・ロック、ブルース、カントリーなどが微妙に混交した内容で、ヴォーカルとギター、ベース、ドラム以外は「バス・ストップ」でゲストのケヴィン・アームストロングがリズム・ギターとハモンドを弾いているだけというシンプルな構成にもなっている。

全員が対等なバンドとはいってても、どうしても曲作りの主体はボウイとなり、メロディやフレーズ、歌詞のボウイ色は強い。当時のリスナーのほとんどもボウイのアルバムだととらえた。いま聴き直してもとくに「アイ・キャント・リード」や「アメージング」「ベイビー・キャン・ダンス」などアレンジ、サウンド・プロダクションさえ変えればそのまま70〜80年代のボウイのソロ・アルバムに入っていてもおかしくない曲も多い。

しかし、ボウイにとっては80年代後半の諸作のようにポップな味付けや装飾を施すことなく楽曲を生まれたままの素に近い状態でそのまま出すことが重要であり、このティン・マシーン結成の意義もそこにあった。

実際どの曲も荒々しく、洗練されていない。その意味ではソフィスティケイトされた80年代後期の楽曲とは趣きが大きく異なる。ガレージで演奏されたままのような音に意図的にされている。

リリース当時もいまも決して評価が高いとはいえない作品だが、ボウイの90年代の飛躍のためには必要な1枚であった。

本作は海外ではLP、CD、カセット、ジャケットに鋤田正義が撮影したそれぞれちがう並びの写真を使用。日本ではCDのみのリリースだったが、ボウイの姿が目立つ海外盤LPのジャケットが採用された。

また、『ネヴァー・レット・ミー・ダウン』と同様に、収録時間の関係でLPとCDでは内容がちがう。LPではCDにある「ラン」と「サクリファイス・ユアセルフ」が収録されていない。

本作発売後の6〜9月、ティン・マシーンはプロモーションのためにアメリカ、欧州を回る短期間のツアーを敢行。このツアーのうち、ボストンやパリなどいくつかのコンサートがFMラジオ局によって収録〜オン・エアされたが、そのうちのパリのラ・シーゲル公演が2019年にデジタル配信のみでライヴ・アルバムとしてリリースされている。全8曲というヴォリュームはすこしさみしいが貴重な記録ではあるし、バンド、観客の熱気も感じられる。

ここに収録されている「マギーズ・ファーム」はボブ・ディランのカヴァーで、ボウイにとっては意外にも初のディラン・カヴァーとなった（後にミック・ロンソンのアルバムにゲスト参加して「ライク・ア・ローリング・ストーン」を歌っている）。

またこの時期のシングル2種にも本アルバム未収録のライヴ・テイク2曲が収められている。

（吉村）

## Tin Machine II

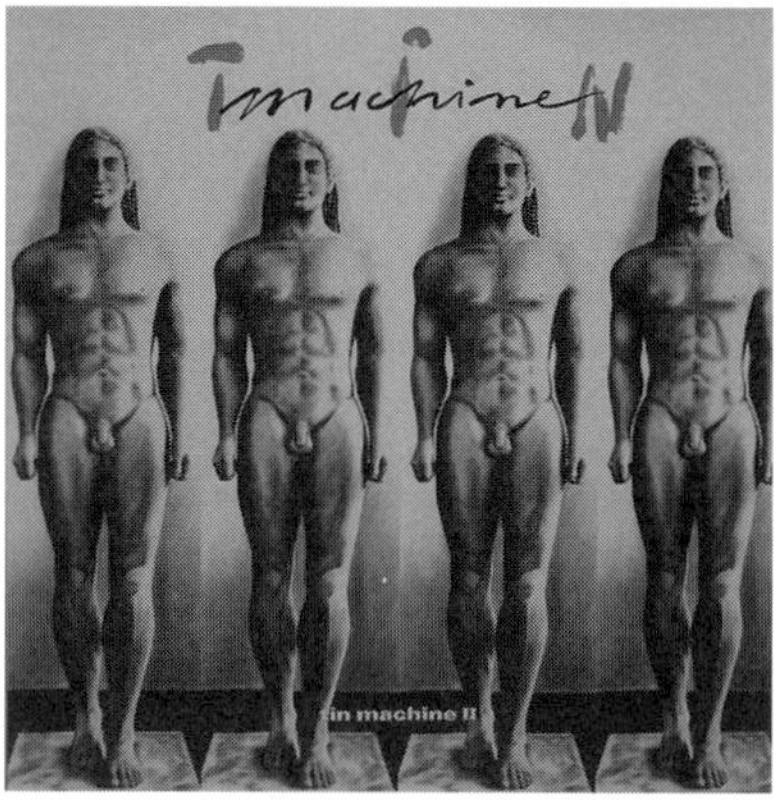

**ティン・マシーンⅡ**

EU・Victory / London／828 272-2［CD］
Recording: 1989年〜1991年3月
Release: 1991年9月2日

**Original**
1. Baby Universal / 2. One Shot / 3. You Belong In Rock 'N' Roll / 4. If There Is Something / 5. Amlapura / 6. Betty Wrong / 7. You Can't Talk / 8. Stateside / 9. Shopping For Girls / 10. A Big Hurt / 11. Sorry / 12. Goodbye Mr. Ed / 13. Hammerhead (instrumental) *Hidden Track

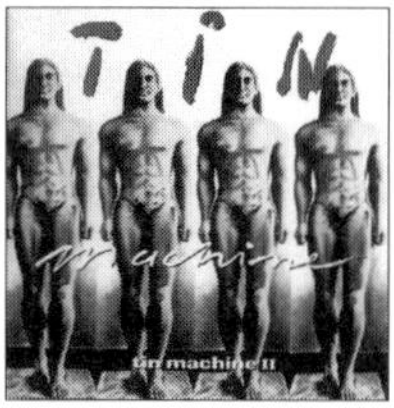

**Tin Machine II**
US・Victory ／ 314 511 216-2
［CD］1991年

前作『ティン・マシーン』リリースの翌年、ボウイは一時ソロ・アーティストに戻り、ライコ・レコードからの過去のカタログの大々的な再発売と、そのプロモーションのためのグレイテスト・ヒッツ・ツアー〝サウンド＋ヴィジョン〟を過去最大規模のスケールで行った。

このツアーのためにティン・マシーンの活動スケジュールは大幅に狂い、セカンド・アルバムのレコーディングも途中で長期間に亘って中断してしまう。

さらに、ツアー前にボウイがリーヴス・ガブレルスにギタリストとしての参加を要請。バンドの和を考えたガブレルスが断るということもあった。当然、セールズ兄弟としてはおもしろくない。

さらには前作の商業的な失敗によってボウイはEMIとの契約を失い、ティン・マシーンのセカンド・アルバムはレコード会社探しから始めなければならない状態だった。

そんな中、ボウイに声をかけたのは日本のビクターが主導してポリグラム、ロンドンも協力した新しいレコード会社〝ヴィクトリー〟だった。

ヴィクトリーは創設第一弾のアーティスト、つまり目玉としてティン・マシーン名義ではあるもののデイヴィッド・ボウイのネーム・ヴァリューに期待したのだった。

ボウイにとっても渡りに舟で、紆余曲折あって完成した本作『ティン・マシーンII』はヴィクトリーから91年9月にリリースされた。

この作品の特徴はなんといっても前作の荒削りでシンプルな作風から、洗練されてポップに寄せた内容になったことだ。

それはつまりティン・マシーンというメンバーが対等のバンドから、ボウイのソロの領域に近づいたということでもある。前作が商業的に成功していればともかく、新しく契約したレコード会社の第一弾のアルバムになる以上、セールスの成績も考慮しなければならないという事情ももちろんあっただろう。

そのため、先行シングル曲「ワン・ショット」のために売れっ子のプロデューサーでボウイの『トゥナイト』にも関わったヒュー・パジャムを招聘。なんとしても売れなければならなかった。

アルバム全体でも、前作のほぼ全曲がボウイのヴォーカルとギター、ガブレリスのギター、セールズ兄弟のベースとドラムだけで演奏されていたのに対し、ここではボウイはヴォーカルとギターのみならずピアノやサックスも演奏しガブレリスもオルガンを弾いている。さらにはプロデューサーのティム・パーマーもピアノやパーカッションを加えた。

バンド当初の約束通りに全員で共作した曲もあるが、それでもアルバムの主要曲はボウイ単独、もしくはボウイとガブレルス共作曲で、バンド内はすでに分裂状況にあった。

後にボウイのソロ・ツアーでも演奏される「ベイビー・ユニヴァーサル」やロキシー・ミュージックのカヴァー「イフ・ゼア・イズ・サムシング」などはすでにティン・マシーンで演奏する意義が薄いボウイの世界となっていた。

しかも本作は前作以上に売れなかった。

ヴィクトリーは第一弾アーティストの作品としてこの『ティン・マシーンII』を大々的にプロモーションをしたものの商業的には失敗。

ティン・マシーンという存在にかつてのボウイのファンの多くも興味を失っていたし、アルバム発売に関するトラブルもあった。アルバム・ジャケットは『スケアリー・モンスターズ』も手がけた英国のイラストレーター、エドワード・ベルが描いた紀元前ギリシアの裸体像なのだが、その像の男性器がアメリカでは問題となって、そこを修正したアーティストにとって不本意なジャケットでマーケットの主戦場であるアメリカで発売されることになってしまった。

また、そもそもボウイはじめメンバーの写真も使わないアーティスティックで抽象的なこのアート・ワークでよいのかという議論も当時レコード会社内ではあったらしい。

いくつもの不運が重なり、ティン・マシーンの最後のアルバムとなり、ヴィクトリーも短命の会社として終わってしまった。

（吉村）

## Live: Oy Vey Baby

### ティン・マシーン・ライヴ：Oy Vey Baby

EU・Victory / London／828 328-2［CD］
Recording: 1991年11月20日〜1992年2月11日
Release: 1992年7月2日

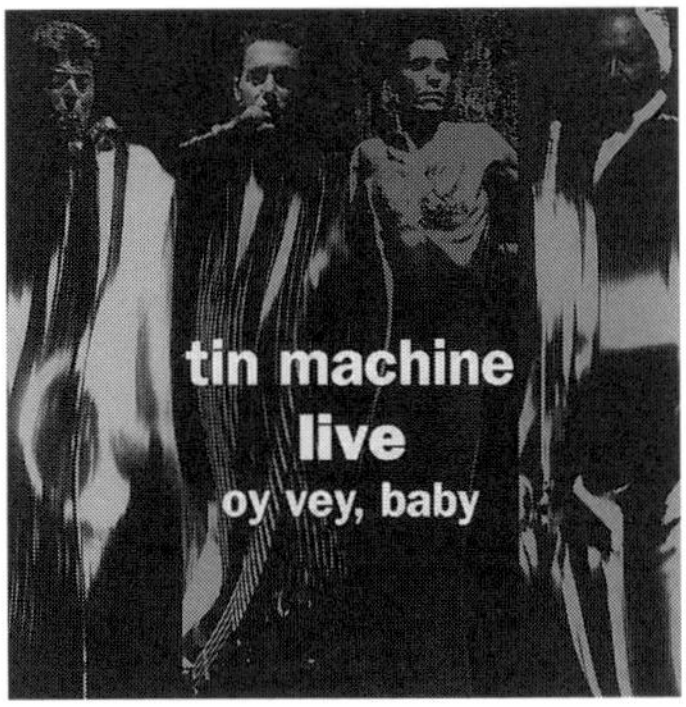


**Original**
1. If There Is Something / 2. Amazing / 3. I Can't Read / 4. Stateside / 5. Under The God / 6. Goodbye Mr. Ed / 7. Heaven's In Here / 8. You Belong In Rock & Roll

『ティン・マシーンII』リリース後の91年10月から92年2月まで行われたワールド・ツアー〈イッツ・マイ・ライフ〉のライヴ・アルバム。当初から限定版として発売された。

当時VHSとLDで発売された同名映像作品がドイツ・ハンブルグ公演での単体コンサートの収録であったのに対し、このアルバムはツアーでのニューヨーク、シカゴ、ボストン、札幌、東京のコンサートから1〜2曲ずつ抜粋して編纂された全8曲入りのアルバムになっている。このツアーでの毎回の演奏曲はだいたい13〜15曲ぐらいだったので、さすがに8曲だとさみしい。シングル曲の「ワン・ヒット」「ベイビー・ユニヴァーサル」はもちろん、ピクシーズのカヴァーの「ディベイザー」や、長尺の即興演奏のやりとりがあった「ベティ・ワロング」がないのも惜しい。ときに15分を超える演奏となった「ベティ・ワロング」をはじめ、ここに入っていない曲はどれもコンサートでは盛り上がりを見せる曲だった。

さらに、複数の公演からの抜粋だけに流れもブツ切りで、コンサートを丸ごと収録した映像作品にくらべるとどこか淡々とした作品になってしまっている。

このツアーの日本公演は全部観た。武道館のような大会場から地方の小さなホールまで、どこも盛り上がっていた。とくにボウイの初の来訪となった札幌、仙台や北九州での熱はすごかった。

なので、このアルバムに収録された札幌での「アンダー・ザ・ゴッド」を聴いていると個人的には感傷的な気持ちになる。この札幌の翌日は仙台公演だったのだが、札幌、千歳は大雪になり、飛行機の多くはキャンセルとなって閑散とした新千歳空港でメンバーとともに長時間待機した。その間にボウイはじめメンバーといろいろ話をし、ようやく飛んだ飛行機でもぼくの後ろの席にボウイが座った。この雪景色は美しいと呟いたボウイをいまでも思い出す。

（吉村）

Chapter 8

# Works 1992–2001

犬伏 功、森 次郎、山田順一、吉村栄一

# 変わりゆく音楽業界と格闘した90年代

吉村栄一

ボウイの90年代はまさに激動の時代だった。もちろん音楽性やライフ・スタイルの変遷が激しかったアーティストなので、70年代も80年代も、病と闘ったそれ以降ももちろん激動といえるのだが、この90年代は他の時代とくらべて少し意味合いがちがうと思う。

まず音楽業界が変わっていって、その影響を大きく受けた。90年代に入り世界中で音楽を届ける主なメディアがLPレコードからCDになった。

ユーザーの利便性や音質の向上（異論はとりあえずおく）と同時にレコード会社にとっても生産工程の簡便化や流通コストの軽減につながり、物理的な在庫スペースの圧縮によって大量のCDをストックした大型CD店のチェーンが世界中にできた。

そうした環境を背景に、いわゆるメガ・ヒット作品が多発し、CDは当たれば大きい投機商品的な側面も持つようになったのだ。長年こつこつと地味にインディーで活動していたアーティストにはあまり関係のない話だったが、デイヴィッド・ボウイのような、基本はオルタナティヴな存在だが何度か大きなセールスを上げたというような経歴のアーティストは、まさに「当たれば大きい」しかも釘の甘いパチンコ台のような「当たる確率が大きそう」な見え方が、音楽業界にはあったのだろう。

89年いっぱいでEMIアメリカとの契約を終了したボウイは、90年代に入って一攫千金を狙う新興レコード会社の投機の対象となった。

まずは日本のビクターが中心となってアメリカで起こしたヴィクトリーという新会社。

しかし、ここから出した『ティン・マシーンII』は商業的に惨敗で会社もすぐに傾いた。

次はオランダ資本で89年に創業したサヴェージ。

ここから出したソロ・アーティスト復帰作『ブラック・タイ・ホワイト・ノイズ』は商業的には成功したが、他にヒット作がないサヴェージ全体を支えられるわけもなく、会社はまもなく閉鎖。

ＢＭＧが次のレコード会社だ。ここでは『アウトサイド』『アースリング』という評価の高いアルバムを2作出したが、決してコマーシャルな内容ではなく、ＢＭＧの期待は外れた。

こうなると企業としての損切りは早い。

そして90年代最後の年である99年にボウイはヴァージンと契約を結んで『アワーズ…』をリリース。これも評判がよくてそこそこ売れたアルバムになったが、次作に過去の曲のリメイクを中心としたアルバム『トイ』の構想を伝えたところヴァージンの反対に合い、物別れという形でまたもボウイは流浪の身となってしまったのだ。

ボウイはこのような経験から、もうレコード会社という存在に期待せずに、インディー・レーベルを自分で興し、いわば自給自足でやっていこうという決意を固めた。

実際にＩＳＯレコードを立ち上げ、自分で原盤制作を開始して21世紀に突入してくのだが、２０００年代には多くのヴェテラン・アーティストが同じ道を選択することになる、その先駆けでもあった。

もちろん、ボウイには勝算があった。

それは激動の90年代の、社会の変化に関係したもの。インターネットの普及と、金融市場の変化だ。

ボウイは97年、自分の手に取り戻した過去の楽曲の権利と、将来の作品やツアーの収益を担保とした債権を発行。プルデンシャル・ファイナンスがこれを５５００万ドルで買い取った。当時の円に直せば60億円以上の資金を手にしたということになる。

もうひとつのインターネットの普及にもいち早く注目していて、96年には早くも楽曲のダウンロード販売を行っているし、97年には、ボウイの50歳の誕生日を祝うネット上でのフェス「フィフティーズ・バースデイ・バッシュ」も行った。これはボウイのサイトと世界中の50のボウイのファン・サイトがボウイの誕生日1月8日にボウイの楽曲と映像のストリーミングをするという試みで、日本では、当時ぼくが開設していたファン・サイトが指名を受けた。朝起きてメールを見たらデイヴィッド・ボウイからのその旨の依頼を告げるメールが来ていて卒倒しそうになった。もちろん、その後はスタッフとのやりとりになったが。

さらに98年にはインターネット・プロバイダとファン・クラブを兼ねたボウイ・ネットも始めた。ここではインターネットを駆使して、世界中のコンサートのチケット優先予約や、ストリーミング・コンサートの開催、会員限定の音源や映像の公開など、21世紀のいま振り返ると当たり前のことばかりで驚きは少ないと思うが、肝心なのは、ここまで本格的なインターネット上での商業活動を、ポピュラー・ミュージックの世界では、ほぼ誰もまだやっていなかったということだ。実験の場においては世界中に先駆者は現れていたが、ビジネスとして成り立たせていたのはボウイだけだった。

ボウイのこの先見の明の正しさはいまではよくわかる。音楽業界は21世紀以降ボウイの読みどおりに激変の方向で進み、ダウンロード販売からストリーミング、そしてYouTubeまでの様相は激変した。ボウイは05年以降取材はほとんど受けなかったので、こうした移り変わりをどう感じていたはわからないが、おそらくパイオニアを自負する気持ちは強かったのではないかと思われる。

最後に音楽的な激動。

これはやはりティン・マシーンとして活動したことが結果的には正しかったということになるのだと思う。

本格的なツアーとなった91〜92年のワールド・ツアーでは、即興の要素を重視し、曲目も曲順も毎日変える。即興演奏が長引くと一曲が10分を超える演奏時間になることもたびたびだった。

78年から90年までのソロ・ライヴでは演出や照明を厳格に決め、それを前提にプリ・プロを行なったために、世界のどこでもほぼ全公演が同じ曲目でがちがちに固められていた。

それをティン・マシーンではその日そのときの衝動にまかせるやり方に変えた。もちろん、持ち曲が少ないティン・マシーンだからこそできたことだったが、基本的にその後のツアーでは以前よりも自由度は増した。こうした変化はスタジオ作品にも反映され、70年代のようにそのときの衝動を優先させて一作ごとに音楽性が変わり、充実した作品群を最後まで作り続けていくことになる。

## Black Tie White Noise

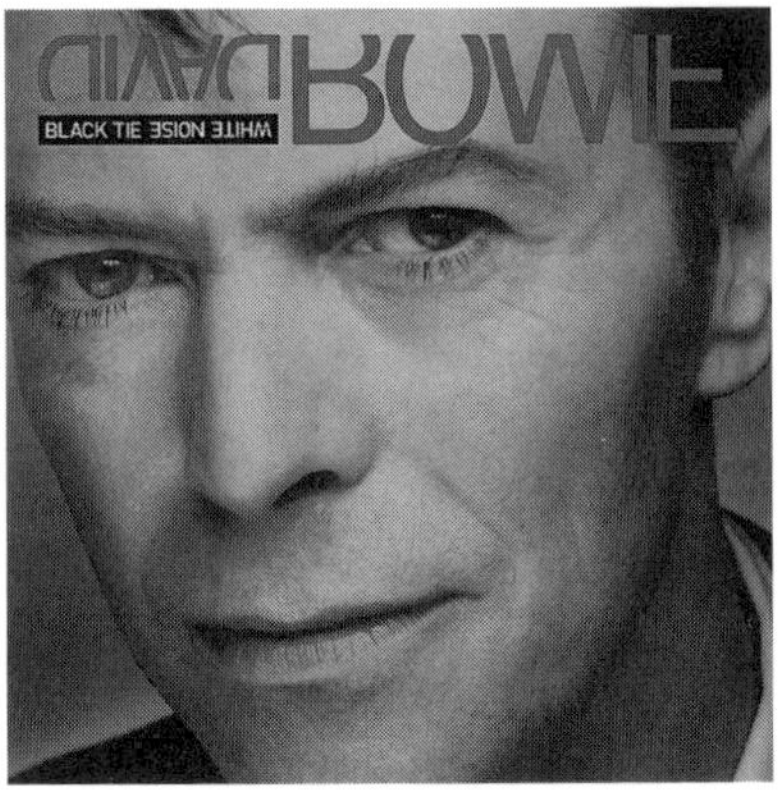

**ブラック・タイ・ホワイト・ノイズ**

EU・Savage / Arista / BMG／74321 13697 2［CD］
Recording: 1992年6月〜9月
Release: 1993年4月5日

**Original**
1. The Wedding / 2. You've Been Around / 3. I Feel Free / 4. Black Tie White Noise / 5. Jump They Say / 6. Nite Flights / 7. Pallas Athena / 8. Miracle Goodnight / 9. Don't Let Me Down & Down / 10. Looking For Lester / 11. I Know It's Gonna Happen Someday / 12. The Wedding Song / 13. Jump They Say (Alternate Mix) [Bonus Track] / 14. Lucy Can't Dance [Bonus Track]

ボウイがひさしぶりに発表したソロ・アルバム。いわばソロ・アーティストとしての復帰作だけに気合いを入れて作ったアルバムとなった。

そのため、内容も重層的で生と死、喜びと悲しみが交錯する曲構成になっている。

アルバム冒頭と最後を飾るのはスーパー・モデルのイマンと前年に結婚した喜びを曲とした「ザ・ウェディング」と「ザ・ウェディング・ソング」。対して、先行シングル曲の「ジャンプ・ゼイ・セイ」は85年に自死した義兄テリーの死と向き合ったもので、デイヴィッド・リンチ風の映像も話題に。同曲ではインタラクティブCD-ROM作品『ジャンプ』も制作された。

「アイ・ノウ・イッツ・ゴナ・ハプン・サムデイ」はモリッシー作品のカヴァーだが、ここではミック・ロンソンがゲストに（同曲はロンソンがプロデュースした92年のアルバム『ユア・アーセナル』収録曲でもある）。83年のライヴでの共演以来10年ぶり、レコーディングでは『ピンナップス』以来の20年ぶりだ。このときミック・ロンソンはガンが進行しておりそれを踏まえての共演だった。

また、タイトル曲は前年の春に起きたロス暴動を受けて、黒人シンガーのアル・B・シュアと共演。ソマリア出身のイマンと結婚したボウイにとって人種問題は当然他人事ではない。

音楽的には自身のルーツであるジャズを取り入れ、同時にハウスやテクノなども取り込んだ。『レッツ・ダンス』以来のコラボレートとなるナイル・ロジャースがうまくプロデュースしてお洒落でポップなヒット・アルバムとなった。

また、当時はリミックス文化の繚乱期で、プロモ12インチのものも含め、多くのリミックス・ヴァージョンが作られた。レフトフィールド、ムード・スウィングスのものなど、2022年1月現在未CD化、あるいはサブスクリプション、ダウンロード販売もされていないものが多いのはもったいない。

ボーナス・トラックでは日本盤は「パラス・アテナ」のリミックスが、東南アジア流通盤では「ドント・レット・ミー・ダウン」のインドネシア語版が「ジャンプ・ゼイ・セイ」のリミックスと差し替えられた。

（吉村）

## Black Tie White Noise Limited Edition

EU・EMI／07243 5 84814 0 2［2CD＋DVD］
Release: 2003年

［**Disc 1**］Original Album
［**Disc 2**］1. Real Cool World / 2. Lucy Can't Dance / 3. Jump They Say (Rock Mix) / 4. Black Tie White Noise (3rd Floor US Radio Mix) / 5. Miracle Goodnight (Make Believe Mix) / 6. Don't Let Me Down & Down (Indonesian Vocal Version) / 7. You've Been Around (Dangers 12" Remix) / 8. Jump They Say (Brothers In Rhythm 12" Remix) / 9. Black Tie White Noise (Here Come Da Jazz) / 10. Pallas Athena (Don't Stop Praying Remix No. 2) / 11. Nite Flights (Moodswings Back To Basics Remix) / 12. Jump They Say (Dub Oddity)
［**DVD**］1. Introduction / 2. With Lester Bowie / 3. On Reeves Gabrels / 4. You've Been Around / 5. Expanding And Experimenting / 6. Nite Flights / 7. Otherness / 8. Miracle Goodnight / 9. On Marriage / 10. Black Tie White Noise / 11. With Mick Ronson / 12. I Feel Free / 13. With Nile Rodgers / 14. I Know It's Gonna Happen Someday / 15. Miracle Goodnight / 16. Jump They Say / 17. Black Tie White Noise / 18. Credits

発売10周年を記念してリリースされた3枚組。ボーナス・ディスクは、オリジナル発表当時、やたらとリミックスが流行っていたことを裏付ける、多様なリミックス・ヴァージョンが収められている。ほかにもアルバム未収録だった「リアル・クール・ワールド」、「ドント・レット・ミー・ダウン&ダウン」のインドネシア語ヴァージョンといった珍品までもが入っていて、重宝する。

DVDは同名ヴィデオと同内容。スタジオでのパフォーマンス、インタヴュー、3曲のヴィデオ・クリップなどが収録されているが、ヴィデオ自体すでに入手困難なので、当時の空気感やスタイルをあらためて確認する上で貴重な復刻。なお、コンピュータやネットの可能性に着目していたボウイは、ユーザーがヴィデオや曲を自由にアレンジできるコンテンツが入った『ジャンプ』インタラクティヴCD-ROMも出していたが、さすがにそれは収録されていない。

（山田）

## The Buddha of Suburbia (Soundtrack album)

EU・Arista / BMG／74321 17004 2［CD］
Recording: 1993年8月
Release: 1993年11月8日

**Original**
1. Buddha Of Suburbia / 2. Sex And The Church / 3. South Horizon / 4. The Mysteries / 5. Bleed Like A Craze, Dad / 6. Strangers When We Meet / 7. Dead Against It / 8. Untitled No. 1 / 9. Ian Fish, U.K. Heir / 10. Buddha Of Suburbia

テレビ・ドラマのサントラ盤という紹介のされ方で見過ごされてきた一枚。しかし実際にはサントラではなくボウイのオリジナル・アルバムで、これを聴いたブライアン・イーノがもう一度ボウイとコラボレーションをしようと決意した、実験精神に富んだアルバムでもある。

　そのテレビ・ドラマは、BBCが93年に放映したミニ・シリーズの『ブッダ・オブ・サバービア』（おもしろい！）。原作はインド移民の父とイギリス人の母のあいだに生まれた、バイセクシャルの作家ハニフ・クレイシが90年に上梓した自伝的小説『郊外のブッダ』。96年には中央公論社から邦訳も出ている。

　この郊外（サバービア）というのが、ボウイが少年期から『ジギー・スターダスト』の頃まで過ごしたブロムリーのこと。ロンドンから電車で30分ほどの緑と教会が多い町だ。〈メモリー・オブ・フリー・フェスティヴァル〉の舞台の公園など、いまもそのまま残っている（161ページのコラムを参照してください）。

　ドラマのストーリーは、70年代半ばアイディンティーに悩む主人公が、近所の友人である白人の少年とともにパンクの時代のロンドンでさまざまな葛藤をし、成長していくというもの。

　作中にはもちろんボウイの名前も出てくる。なにしろ作者はボウイの高校の後

**The Buddha of Suburbia (Soundtrack album)**
US・Virgin／7243 8 40988 2 7［CD］1995年

輩なのだ。白人の友人はやがてパンク・ロッカーになるが、こちらのモデルは作者の同級生だったビリー・アイドルだ。

これはボウイが興味を惹かれないはずはない。

おそらく最初はドラマの主題歌のみを作るという予定だったのだろうが、興が乗ってどんどん楽曲が生まれてきてしまう。80年代末からコラボレートしているマルチ・プレイヤー、アーダル・キジルケイをパートナーに、曲によってはレニー・クラヴィッツやマイク・ガーソンをゲストに迎え、完成したのがこのアルバムに収められている10曲だ。

タイトルであるテーマ曲は、ボウイがブロムリーに住んでいた頃に作ったアルバム『世界を売った男』収録の「オール・ザ・マッドメン」の一節が挿入されるなど、ノスタルジックな美しいメロディの佳曲だ。プロモーション・ヴィデオがブロムリーの住宅地（ボウイのかつての実家からは離れた場所）で撮影されたことも話題になった。

このようなテーマ曲や「ストレンジャー・ホエン・ウィ・ミート」というポップ・ソングがある一方で、「セックス・アンド・ザ・チャーチ」のような『ロウ』に入っていてもおかしくないエレクトリック作品、ルーツであるモダン・ジャズ風の「サウス・ホライズン」、アンビエント曲「ザ・ミステリーズ」、「シスター・ミッドナイト」を彷彿とさせるファンクな「ブリード・ライク・ア・クレーズ、ダッド」など、多様というか、つまりはボウイの60年代末から70年代末の音楽の要素がドラマのストーリーをヒントに再構成されているのだ。

ボウイにとっては80年代を封印するために結成したティン・マシーンが終わり、90年代の始まりの新しいソロ・アルバム『ブラック・タイ・ホワイト・ノイズ』とほぼ同時進行でこのノスタルジックなアルバムを作っていたことは興味深い。

ただしノスタルジックでありつつ、要所で実験的な試みを行い、それがブライアン・イーノを触発して次作『アウトサイド』に繋がっていく。『ブラック・タイ～』のソフィスティケイトされたお洒落なポップ路線ではなく、アバンギャルドな『アウトサイド』を作ることでボウイの90年代の方向は決まった。本作収録の「ストレンジャー・ホエン・ウィ・ミート」もそこでリメイクされることになったことも含めて『アウトサイド』制作の契機となったのが本作である。重要な作品だ。

なお、本作は前述したようにサントラ盤ではないのでタイトル曲以外はドラマに使用されていない。にもかかわらず93年リリースのオリジナル盤はドラマの1シーンである主人公の演劇場面の写真を使ったことでサントラであると誤解され、アメリカや日本ではリリースされなかった。95年にアメリカでボウイの写真ジャケットでようやく発売されたが時すでに遅し。もったいない作品となった。（吉村）

## 1. Outside (The Nathan Adler Diaries: A Hyper-cycle)

**アウトサイド**

EU・Arista / BMG／74321 30339 2［CD］
Recording: 1994年3月〜1995年2月
Release: 1995年9月25日

**Original**
1. Leon Takes Us Outside / 2. Outside / 3. The Hearts Filthy Lesson / 4. A Small Plot Of Land / 5. Segue - Baby Grace (A Horrid Cassette) / 6. Hallo Spaceboy / 7. The Motel / 8. I Have Not Been To Oxford Town / 9. No Control / 10. Segue - Algeria Touchshriek / 11. The Voyeur Of Utter Destruction (As Beauty) / 12. Segue - Ramona A. Stone / I Am With Name / 13. Wishful Beginnings / 14. We Prick You / 15. Segue - Nathan Adler / 16. I'm Deranged / 17. Thru' These Architects Eyes / 18. Segue - Nathan Adler / 19. Strangers When We Meet

　前作『ザ・ブッダ・オブ・サバービア』を気に入ったブライアン・イーノを共同プロデューサーに迎えて制作された、ボウイ中期の傑作アルバム。ソロ・キャリアを本格的に復活させた一枚と言ってもよい。

　この頃にボウイが傾倒していた現代アートに深く寄り添った内容で、画家、パフォーマー、建築家などさまざまなアーティストとその作品からの影響が大きい。

　アートとしての猟奇連続殺人を追う探偵ネーサン・アドラーの日記というのが本作のコンセプトで、イーノ、カルロス・アロマー、マイク・ガーソン、アーダル・キジルケイ、ティン・マシーンのリーヴス・ガブレルスらと長時間の即興セッションを重ね、そこからアルバムの核となる曲を生み出していった（イーノが96年に刊行した95年の日記本『ア・イヤー』に詳しい）。

　そこに前作収録曲のリメイク「ストレンジャー・ホエン・ウィ・ミート」や、ティン・マシーン時に骨格ができていた「アウトサイド」など、既製の曲を付け加えた。

　テーマがテーマだけに全体的にダークでアヴァンギャルド、しかしボウイならではのメロディアスな要素も随所にある世界になった。インダストリアルな「ハロー・スペースボーイ」「ザ・ヴォイヤー・オブ・ウッター・ディストラクション」、退廃的なムードの「ザ・モーテル」など晩年まで演奏される代表曲も複数。

アルバムからのリード・シングル「ザ・ハーツ・フィルシー・レッスン」はデヴィッド・フィンチャーの映画『セヴン』の主題歌にもなって、不気味なPVとともに話題となってもいる。

アナログ盤はCD版の抜粋となる『エクスサープツ・オブ・アウトサイド』が同時発売。日本盤CDにはボーナス・トラックとして「ゲット・リアル」が追加された。ややこしいのはアルバム発売後にボウイはツアー活動を再開し、そのプロモーションのため、ツアー中の96年にシングル曲のリミックス・ヴァージョンを追加などした改変版『アウトサイド ヴァージョン2』が出し直されたことだ。日本でもさらにシングルのカップリング曲を加えた『アウトサイド・スペシャル・エディション』として、2枚組CDが発売されることになった。（吉村）

## Limited Edition

EU・Columbia ／ COL 511934 9
2004年［CD］

［**Disc 1**］
Original Album
［**Disc 2**］
1. The Hearts Filthy Lesson (Trent Reznor Alternative Mix)
2. The Hearts Filthy Lesson (Rubber Mix)
3. The Hearts Filthy Lesson (Simple Text Mix)
4. The Hearts Filthy Lesson (Filthy Mix)
5. The Hearts Filthy Lesson (Good Karma Mix By Tim Simenon)
6. A Small Plot Of Land (Basquiat)
7. Hallo Spaceboy (12″ Remix)
8. Hallo Spaceboy (Double Click Mix)
9. Hallo Spaceboy (Instrumental)
10. Hallo Spaceboy (Lost In Space Mix)
11. I Am With Name (Album Version)
12. I'm Deranged (Jungle Mix)
13. Get Real
14. Nothing To Be Desired

〈リアリティ・ツアー〉のヨーロピアン・レグに合わせて、『アウトサイド』、『アースリング』、『アワーズ…』の2枚組デジ・ブックCDをセットにしたナンバリングつき限定盤『リミテッド・エディション・ボックス・セット・イン2004』としてとして発売されたのが最初。すぐに、ばら売りされた。

『アウトサイド』は国によってボーナス・トラックが違ったり、翌年すぐにボーナス・ディスクつき2枚組がリリースされるなど、マニア泣かせなアルバムだったが、権利がソニーに移ったことでボーナスの内容を一新。オリジナル本編とリミックス・ヴァージョンを中心とした2枚組になった。本音としては、3時間にも及ぶ作品だったというアルバム編集前の音源や一部、計画が進んでいた続編の断片も知りたいところ。しかし、最新ボックス（『ブリリアント・アドヴェンチャー1992–2001』）にも出てこなかったので、難しいのかもしれない。（山田）

## Ouvrez le Chien (Live Dallas 95)

EU・ISO / Parlophone／DBBLACD 95991［CD］
Recording: 1995年10月13日
Release: 2020年10月20日

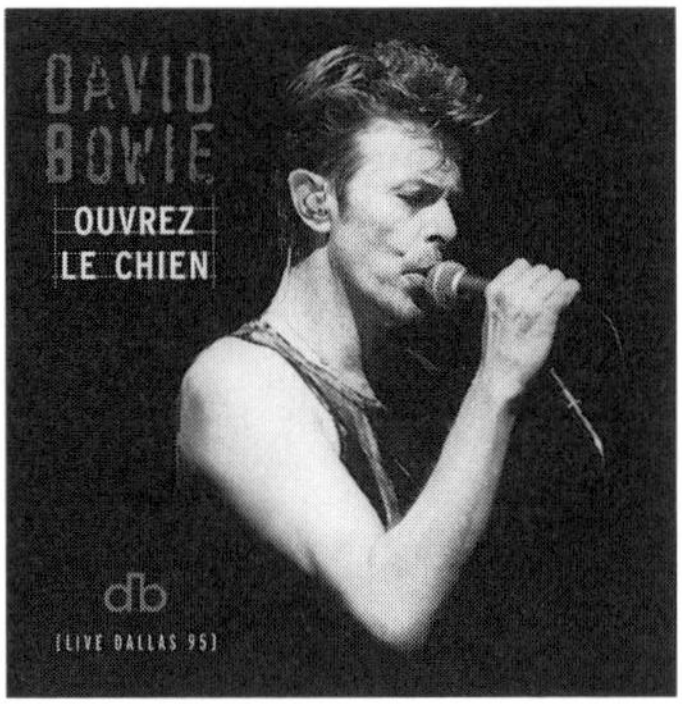


**Original**
1. Look Back In Anger / 2. The Hearts Filthy Lesson / 3. The Voyeur Of Utter Destruction (As Beauty) / 4. I Have Not Been To Oxford Town / 5. Outside / 6. Andy Warhol / 7. Breaking Glass / 8. The Man Who Sold The World / 9. We Prick You / 10. I'm Deranged / 11. Joe The Lion / 12. Nite Flights / 13. Under Pressure / 14. Teenage Wildlife

90年代のライヴ・アルバム全6作品をCDとLPで順次フィジカル・リリースする「ブリリアント・ライヴ・アドヴェンチャーズ」シリーズの第1弾。シリーズはオフィシャル・ストア限定（日本はワーナーミュージック・ダイレクト）で発売され、全アルバムを収納できるボックスの別売りもあったのだが、どれもすぐにソールド・アウトとなったため、再販を望む声が多い。

これは95年から96年にかけて行なわれた〈アウトサイド・ツアー〉のファースト・レグにあたる95年10月13日、ダラスのスタープレックス・アンフィシアターでのライヴを収めたもので、アルバム・タイトルは70年の「オール・ザ・マッドメン」の最後の一節にして、93年のシングル「ザ・ブッダ・オブ・サバービア」にも再使用された歌詞の一部からとられている。ナイン・インチ・ネイルズと共演したオープニングの5曲が外されているのは残念だが、致し方ないところ。このツアーのバンマスを務めたのはキーボードのピーター・シュウォーツなのだが、実質的に中心を担ったのは90年代のボウイを支えたギターのリーヴス・ガブレルズで、彼のアイデアがさまざまなところで活かされている。

ツアーの前哨戦なので、まだ固まっていない部分があるにせよ、『アウトサイド』からの新曲6曲や、敬愛して止まないスコット・ウォーカー（ウォーカー・ブラザーズ）の「ナイト・フライツ」と旧曲が違和感なく並んでいる。90年の〈サウンド+ヴィジョン・ツアー〉以来、5年ぶりとなるソロ・ライヴで、再び古い曲をセットリストに戻すことにしたボウイが考えたのは、決して〝懐メロ〟にしないことだったと思うが、フレディ・マーキュリーへの想いを込めながら、ベースのゲイル・アン・ドロシーとデュエットした「アンダー・プレッシャー」を始め、時代に合わせたアレンジが施され、見事にアップデイトしている。（山田）

## No Trendy Réchauffé (Live Birmingham 95)

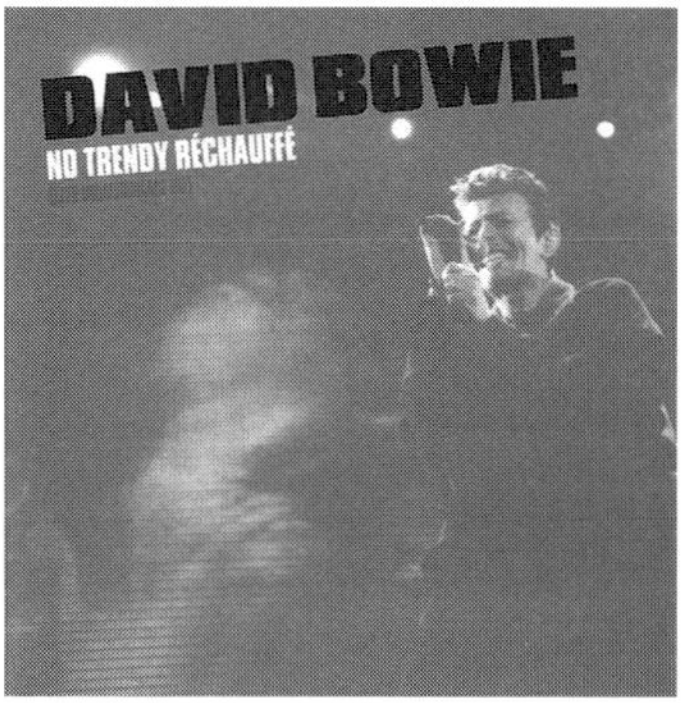


EU・ISO / Parlophone／DBBLACD 95992［CD］
Recording: 1995年12月13日
Release: 2020年11月20日

**Original**
1. Look Back In Anger / 2. Scary Monsters (And Super Creeps) / 3. The Voyeur Of Utter Destruction (As Beauty) / 4. The Man Who Sold The World / 5. Hallo Spaceboy / 6. I Have Not Been To Oxford Town / 7. Strangers When We Meet / 8. Breaking Glass / 9. The Motel / 10. Jump They Say / 11. Teenage Wildlife / 12. Under Pressure / 13. Moonage Daydream / 14. We Prick You / 15. Hallo Spaceboy (Version 2)

「ブリリアント・ライヴ・アドヴェンチャーズ」シリーズ第2弾。〈アウトサイド・ツアー〉のヨーロピアン・レグ（当初はモリッシーがサポート・アクトを務めていたが、9公演で途中降板）の一環として、95年12月13日から17日の5日間に亘ってバーミンガムのナショナル・エキシヴィジョン・センターで開催された〈ビッグ・トウィックス・ミックス・ショウ〉の初日に出演した際の音源が収録されている。

1万5千人の観客を集めたこの日のフェスティヴァルには、ボウイのほかにアラニス・モリセット、ライトニング・シーズ、エコーベリーも参加し、その年のクリスマスに英BBCテレビの番組の中で放送された。当日のラストに演奏された「ハロー・スペースボーイ（ヴァージョン2）」は、シングルのプロモーション・ヴィデオ用に準備されていたが、最終的にペット・ショップ・ボーイズが手がけたリミックス・ヴァージョンのヴィデオがつくられたため、お蔵入りしている。ただし、「アンダー・プレッシャー」と「ムーンエイジ・デイドリーム」が、「ハロー・スペースボーイ」のCDシングルのカップリング曲として採用された。ここですべての音源が公開されたのだから、次は映像にも期待したくなってくる。

アルバム・タイトルは「ストレンジャーズ・ホエン・ユー・ミート」の歌詞からの引用。最初から撮影、録音の予定があったせいか、とても安定したステージングになっていて聴きやすい。「ジャンプ・ゼイ・セイ」なども新たにセットリストに加わり、先に出たダラス公演の『オウヴレス・ル・チエン』と聴き比べてみると、バンドがかなりこなれてきたことがわかる。ボウイの歌声も自信に満ちていて、95年最後のコンサートを盛り上げようという意気込みが伝わってくる。〈アウトサイド・ツアー〉の音源は貴重だっただけに、蔵出しに相応しい充実のライヴ・アルバムだと言えるだろう。（山田）

## Earthling

**アースリング**

EU・Arista / BMG／74321 43077 2［CD］
Recording: 1996年3月〜8月
Release: 1997年2月3日

**Original**
1. Little Wonder / 2. Looking For Satellites / 3. Battle For Britain (The Letter) / 4. Seven Years In Tibet / 5. Dead Man Walking / 6. Telling Lies / 7. The Last Thing You Should Do / 8. I'm Afraid Of Americans / 9. Law (Earthlings On Fire)

　前作の続編の『インサイド』が制作途中で見送られ、ボウイはヨーロッパでのジャングル〜ドラムン・ベースの熱狂と、インターネットの勃興に影響されて新たなコンセプトで本作のレコーディングに突入した。ゴールディー、アダムF、ガイ・コールド・ジェラルドといったシーンの立役者ともいえるアーティスト、DJと密に接し、10日弱で本作収録曲のほとんどを書き上げた。それ以前にできていたのは「テリング・ライズ」で、1996年の日本ツアー3公演目、6月7日の名古屋センチェリー・ホールで世界初演されている。

　さらに、ツアー後、アルバム発売前にボウイはこの「テリング・ライズ」をネット上で公開。レコード会社の権利を侵害することをわかった上での決断だった。この後、ボウイはファンとのネット上での直接的なコミュケーションを推し進めていくことになる。

「リトル・ワンダー」「デッドマン・ウォーキング」などダンサブルで軽快な曲が次々とシングルになったが、「セブン・イヤーズ・イン・チベット」といういまも続くチベット問題を意識したミドル・テンポの曲もシングルにし、この後、ボウイは〈フリー・チベット・コンサート〉にも出演を続けた。

　かつてのボウイらしいメロディアスで

ポップな楽曲を当時最新のダンス・ビートで装飾し、レイヴ・シーンにも接近した本作は、ドラムン・ベースが過去の流行のビートとなった現在では否定的な見方もあるだろう。

しかし当時のドラムン・ベースとインターネット勃興の熱狂を体験した者にとっては、いまも輝きが褪せない作品となっている。つねにクールだったボウイにとっては特異なことだ。

前作『アウトサイド』からのあまりの雰囲気の変わりようには、どこか70年代のボウイのカメレオンぶりを思い出させられたりもした。

欧州で発売されたアナログ盤はCDとは一部内容がちがう短縮版で、日本ほかいくつかの国では「テリング〜」のリミックスがボーナス・トラックとなった。香港盤は「セブン〜」に新たな中国語の歌詞をつけて歌った「刹那天使」をボーナス・ディスクとした2枚組仕様で発売されている。（吉村）

## Limited Edition

EU・Columbia／COL 511935 9
2004年［CD］

**［Disc 1］**
Original Album
**［Disc 2］**
1. Little Wonder (Censored Video Edit)
2. Little Wonder (Junior Vasquez Club Mix)
3. Little Wonder (Danny Sabre Dance Mix)
4. Seven Years In Tibet (Mandarin Version)
5. Dead Man Walking (Moby Mix 1)
6. Dead Man Walking (Moby Mix 2)
7. Telling Lies (Feelgood Mix)
8. Telling Lies (Paradox Mix)
9. I'm Afraid Of Americans (Show Girls OST Version)
10. I'm Afraid Of Americans (Nine Inch Nails V1 Mix)
11. I'm Afraid Of Americans (Original Edit)
12. Tao Jones Index – V-2 Schneider
13. Tao Jones Index – Pallas Athena

こちらのボーナス・ディスクもリミックス・ヴァージョンを中心にレリテーズで構成されている。同じ曲の別ヴァージョンが並ぶ中、ライヴでも共演するなど一時、関係の深かったナイン・インチ・ネイルズが手がけた「アイム・アフレイド・オブ・アメリカ」などはボウイの活動歴における実績として重要だし、ドラムン・ベースを使ったダンス・ミュージックに特化した覆面ユニットとして、97年の〈フェニックス・フェスティヴァル〉に出演したタオ・ジョーンズ・インデックス名義による12インチ音源が入っているのはポイント。

20年に出た『イズ・イット・エニイ・ワンダー？』で数曲が発掘されているが、『アースリング』にはほかにも「ファッション」、「ブリング・ミー・ザ・ディスコ・キング」といった多数のアウトテイクの存在が知られているので、今後は周辺音源を纏めたさらなるアップグレード版のリリースにも期待したい。（山田）

## ChangesNowBowie

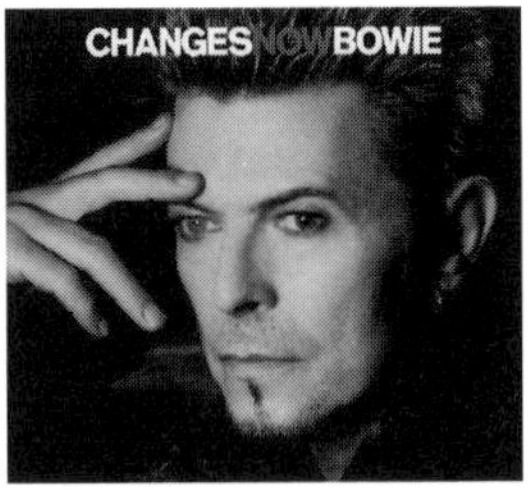


EU・ISO / Parlophone／DBBLACD 95991［CD］
Recording: 1996年11月
Release: 2020年8月29日

〈アースリング・ツアー〉のリハーサル中にバンドとともに録音され、97年1月8日、ボウイ50回目の誕生日に英BBCラジオの特別番組で初公開された音源。「アラジン・セイン」などの旧曲とヴェルヴェット・アンダーグラウンドの「ホワイト・ライト／ホワイト・ヒート」がアコースティック・アレンジで披露されている。デジタル・サウンドを展開していた裏で、こんな録音を残していたことが興味深い。（山田）

## Earthling In The City

GQ Magazine／BOWIE 81165 01［CD］
Recording: 1997年1月4日、6月10日
Release: 1997年11月

メンズ・ファッション雑誌『GQ』の付録CD。「リトル・ワンダー」、「パラス・アテナ」、「ハーツ・フィルシー・レッスン」のライヴ、「テリング・ライズ」のリミックス、「セヴン・イヤーズ・イン・チベット」の中国語ヴァージョンを収録。ソフトウェアを備えたエンハンスド仕様になっている。このころボウイはネットの活用と新たな流通形態を探っていたので、ひとつの可能性を試してみたというわけだ。（山田）

## Is It Any Wonder?

US, EU・ISO / Parlophone／DBCD 80120［CD］
Recording: 1995年～1997年
Release: 2020年3月20日

ツアーのために旧曲をアレンジし直す作業の中でレコーディングされた音源を纏めたもの。97年の映画『アイス・ストーム』のサウンドトラックに提供された「アイ・キャント・リード」は既出だが、「ベイビー・ユニバーサル」や「ステイ」などの新ヴァージョンが聴ける。当時のライヴで「フェイム」のコーダとして披露されていた「ファン」とボーナス・トラック用につくられた「ナッツ」が入っているのが肝。（山田）

## liveandwell.com

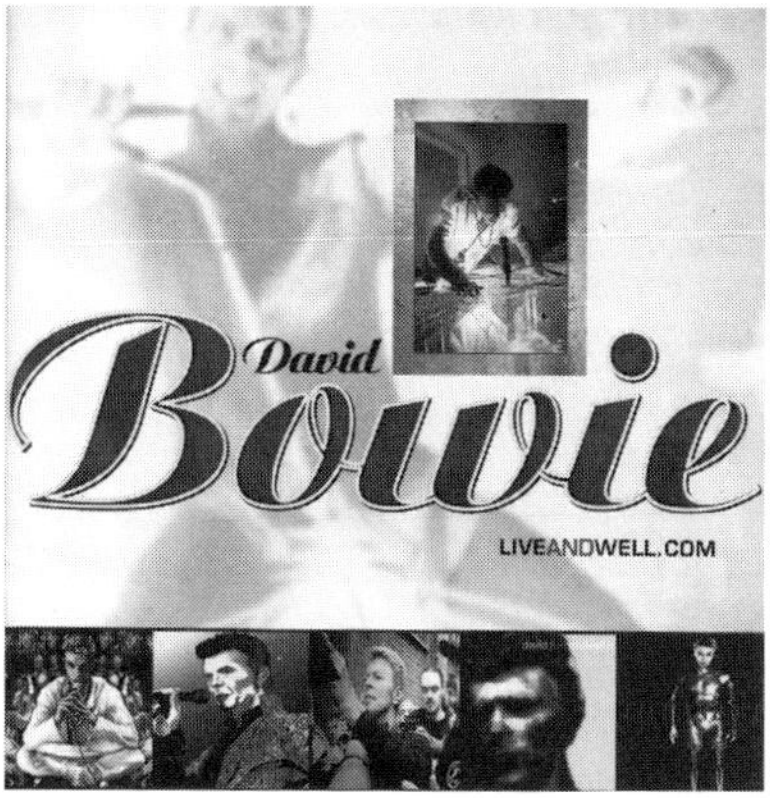


Risky Folio／No Number［CD］
Recording: 1996年7月18日、1997年6月10日、10月15日、11月2日
Release: 1999年11月

**Original**
［**Disc 1**］1. I'm Afraid Of Americans / 2. The Hearts Filthy Lesson / 3. I'm Deranged / 4. Hallo Spaceboy / 5. Telling Lies / 6. The Motel / 7. The Voyeur Of Utter Destruction / 8. Battle For Britain / 9. Seven Years In Tibet / 10. Little Wonder
［**Disc 2**］1. Fun (Dillinja Mix) / 2. Little Wonder (Danny Saber Dance Mix) / 3. Dead Man Walking (Moby Mix 1) / 4. Telling Lies (Paradox Mix)

97年の〈アースリング・ツアー〉は各地でレコーディングされ、オフィシャル・ライヴ・アルバムとしてリリースするプランがあった。ボウイ、リーヴス・ガブレルズ、マーク・プラッティはミキシングまで終えていたが、当時の所属先であるヴァージンが発売を拒否したため、企画は一旦流れることになっている。

しかし、ボウイはどうしても出したかったようで、99年に自身のボウイ・ネットの会員向けに配信。20年には同じくサイト・オンリーのアイテムとして、4曲のリミックス・トラックが収められたボーナス・ディスクをつけた2枚組CDを発売した。そうした経緯もあって、なかなか一般的には入手しづらい音源だったのだが、約20年の時を経た21年に「ブリリアント・ライヴ・アドヴェンチャーズ」シリーズの第3弾として復刻されたのである。その際、リミックス集は外された。『アウトサイド』と『アースリング』からの選曲となり、旧曲は収録されていない。臨場感が薄く、あまりライヴ・アルバムっぽくないのだが、おそらくボウイは、新しいライヴ盤の形を提示しようとして、ライヴ・レコーディング音源にかなり手を入れたのではないだろうか。そうした先鋭性は今だからこそ評価できるが、実際に聴くとあっさりし過ぎている気もする。（山田）

**liveandwell.com**
EU・ISO / Parlophone／DBBLACD 95993［CD］2021年

## Look At The Moon! (Live Phoenix Festival 97)

EU・ISO / Parlophone／DBBLACD 95994［CD］
Recording: 1997年7月20日
Release: 2021年2月12日

**Original**

［**Disc 1**］1. Quicksand / 2. The Man Who Sold The World / 3. Driftin' Blues / The Jean Genie / 4. I'm Afraid Of Americans / 5. Battle For Britain (The Letter) / 6. Fashion / 7. Seven Years In Tibet / 8. Fame / 9. Looking For Satellites / 10. Under Pressure

［**Disc 2**］1. The Hearts Filthy Lesson / 2. Scary Monsters (And Super Creeps) / 3. Hallo Spaceboy / 4. Little Wonder / 5. Dead Man Walking / 6. White Light / White Heat / 7. O Superman / 8. Stay

「ブリリアント・ライヴ・アドヴェンチャーズ」シリーズの第4弾。〈アースリング・ツアー〉を聴くならこれが最適。ツアー中の97年7月17日から20日まで、英ストラトフォード＝アポン＝エイヴォンのロング・マーストン飛行場で開催された〈フェニックス・フェスティヴァル〉最終日に出演した際の模様を収めたライヴ・アルバム。ボウイ・バンドは、前日19日のダンス・テントにアイソーラー（タオ・インデックス・ジョーンズ）という匿名で出演し、普段とは違うインプロヴィゼーション主体のダンス・ミュージックをプレイして聴衆を驚かせていたが、フェス千秋楽のメイン・ステージでは〝デイヴィッド・ボウイ〟として堂々と大トリを務めた。

　コンサートはボウイのアコースティック・ギターの弾き語りで始まる「クイックサンド」からスタートし、新旧の曲を織り交ぜながら進んでいく。「ジーン・ジニー」の前には再びアコースティック・ギターを手に取り、ブルース・スタンダーの「ドリフティン・ブルース」をアドリブで披露。また、前日のステージでサックスを吹きまくったボウイは、この日もサックスを持ち出し、いくつかの楽曲に彩りを添えているが、ジャングル／ドラムンベースを導入したデジタル・サウンドに包まれた空間に有機的なエッセンスを振りまいている。初めてのハードディスク・レコーディングで臨んだ『アースリング』で掴んだノウハウを発展させながら、そこに生の感覚をフュージョンしたスタイルは、また新しいステップと言えるのではないだろうか。

　バンドのベーシストというだけでなく、シンガーとしても有能なゲイル・アン・ドロシーの熱演も光り、セットリストの定番となった「アンダー・プレッシャー」での歌唱はもちろん、10分にも及ぶローリー・アンダーソンのカヴァー「オー・スーパーマン」ではメイン・ヴォーカルを務めて賞賛を浴びている。（山田）

COLUMN

# ボウイの青春の地を歩く

吉村栄一

ボウイは10歳のときにロンドン郊外のブロムリーに転居する。57年のことだ。以降、73年初めまでボウイはブロムリーとその近辺のベックナム、クロイドンといった町での生活を送った。まさに青春の時代だ。この間、成長したボウイは音楽を始め、デビューし、そしてジギー・スターダストとなった。

現在のブロムリーは駅前こそ賑わっているものの、5分も歩けば長閑な住宅街となる。まさに『ザ・ブッダ・オブ・サバービア』のPVにある風景だ。

ボウイが通った高校はブロムリーの駅からバスで20分ほどで、隣は牧場という環境。ここで親友との喧嘩で片目の視力を失い、同級生のピーター・フランプトンと音楽談義を交わした。

この周辺はビリー・アイドルやスージー・スー、デヴィッド・シルヴィアンらパンク、ニューウェイヴのアーティストを多く輩出している。

60年代末、ボウイはベックナムのパブでアーツ・ラボという定期イベントを開催して、そこにはDJのジョン・ピールなども姿を見せていた。そのパブはいまはイタリア料理店となっているが、建物は往時のままだ。

そこから15分ほど歩くと〈メモリー・オブ・フリー・フェスティヴァル〉の会場となったクロイドン・ロード・レクリエーション・グランドがある。こちらも当時の面影を残しており、69年のフェスの際にボウイが楽屋にしていた東屋も現存。ボウイの死後は写真のように花や献辞が絶えない。

ブロムリーの町から丘に登る道を行くと、30分ぐらいで右手に大きな集合住宅がある。ここには以前ハドン・ホールという屋敷があり、ボウイはそこでミック・ロンソンらと共同生活を送った。『世界を売った男』のドレス姿の写真もここで撮影されている。『ジギー・スターダスト』などのモダンで都会的な作品がこんなのどかな環境で作られたことは意外だ。

ロンドン中心部から電車で30分ほど。ボウイ・ファンならば半日かけて歩いて探訪するのに楽しい地域である。

## Hours...

**アワーズ…**

EU・Virgin／CDVX 2900［CD］
Recording: 1998年〜1999年
Release: 1999年10月4日

**Original**
1. Thursday's Child / 2. Something In The Air / 3. Survive / 4. If I'm Dreaming My Life / 5. Seven / 6. What's Really Happening? / 7. The Pretty Things Are Going To Hell / 8. New Angels Of Promise / 9. Brilliant Adventure / 10. The Dreamers

ダンス・ビートとインターネットへの熱狂が産み出した前作『アースリング』から、またしてもがらりと趣きを変えたのがこの『アワーズ』だ。

なによりもジャケットの若きボウイが老いた(といってもこの当時はまだ52歳)を膝に抱く写真からして衝撃的だ。リード・シングル「サーズデイズ・チャイルド」のPVも、もはや若くないボウイの心情や内面を表現した映像だった。

だが、では本作は枯淡の境地に至った静的な作品かというと決してそんなことはない。「ザ・プリティ・シングス・ゴーイング・トゥ・ヘル」のような激しいロック曲もある。

本作は、もともとコンピューター・ゲームのサントラとして制作が始まっている。『オミクロン：ザ・ノマド・ソウル』というそのゲームはヴァーチャル・リアリティの世界を舞台とし、そこにはボウイを模したキャラクターが存在し、ゲーム内で歌い演奏もする。そのための曲作り、録音が本作のスタートだった。

依頼仕事がやがて興が乗ってソロ・アルバムに発展というのは93年の『ザ・ブッダ・オブ・サバービア』と同様。

それを考えるとジャケットの老若のボウイという演出もとたんにヴァーチャル・リアリティの設定のように見えてくる。世界各国のCDの初回プレス計45万枚はくだんの写真をレンチキュラーにした3Dジャケットで、架空のゲーム世界に引き込まれていくようだ。

インターネットでファンクラブ兼プロパイダという世界でも類を見ない組織〝ボウイ・ネット〟を立ち上げていたボウイは、本作のうち1曲のバッキング・トラックをそこで公開した上で歌詞を世界から公募（実はぼくも応募してボツになった）し、「ホワッツ・リアリー・ハプニング？」という曲にした。また、世界初のインターネットでのダウンロード販売にもチャレンジ。老成したように見せかけて、実は最新のことをやっているというまさにヴァーチャル、いまでいうメタバースの世界を20年以上先取りした先進的なアルバムで、その価値は当時よりもいまさらに輝いているのかもしれない。本作発表後、60年代から70年代初頭の自作曲のリメイク・アルバム『トイ』を制作するが、それが日の目を見るのはなんと20年以上後のこととなった。（吉村）

## Limited Edition

EU・Columbia／COL 511936 9
2004年［CD］

［**Disc 1**］
Original Album
［**Disc 2**］
1. Thursday's Child (Rock Mix)
2. Thursday's Child (Omikron: The Nomad Soul Slower Version)
3. Something In The Air (American Psycho Remix)
4. Survive (Marius De Vries Mix)
5. Seven (Demo Version)
6. Seven (Marius De Vries Mix)
7. Seven (Beck Mix #1)
8. Seven (Beck Mix #2)
9. The Pretty Things Are Going To Hell (Edit)
10. The Pretty Things Are Going To Hell (Stigmata Film Version)
11. The Pretty Things Are Going To Hell (Stigmata Film Only Version)
12. New Angels Of Promise (Omikron: The Nomad Soul Version)
13. The Dreamers (Omikron: The Nomad Soul Longer Version)
14. 1917
15. We Shall Go To Town
16. We All Go Through
17. No-one Calls

『アワーズ…』は、ゲームの『オミクロン：ザ・ノマド・ソウル』のサウンドラックとして制作がスタートしていることもあり、その素材やアウトテイクが多数あると言われている。このボーナス・ディスクには、そうした音源の中から「サーズデイズ・チャイルド」、「ニュー・エンジェルズ・オブ・プロミス」、「ザ・ドリーマーズ」の別ヴァージョン、「セヴン」のデモがピックアップされた。最終的に楽曲が出来上がるまでの過程を知る意味では貴重な蔵出しだ。

ほかは例によってリミックス・ヴァージョンが中心になるが、「セヴン」をベックに任せたあたりはボウイらしい目付だし、カヴァー曲「サムシング・イン・ジ・エアー」のサウンドトラック用ヴァージョンや日本初回盤ボーナス・トラック曲「ウィー・オール・ゴー・スルー」、「1917」などシングルのカップリング曲といった、集めるには手がかかる音源の収録はお得感がある。（山田）

## VH1 Storytellers

EU・EMI／DBVH 1［CD＋DVD］
Recording: 1999年8月23日
Release: 2009年7月6日

**Original**
［**CD**］1. Life On Mars? / 2. Rebel Rebel (Truncated) / 3. Thursday's Child / 4. Can't Help Thinking About Me / 5. China Girl / 6. Seven / 7. Drive-In Saturday / 8. Word On A Wing
［**DVD**］1. Life On Mars? / 2. Rebel Rebel (Truncated) / 3. Thursday's Child / 4. Can't Help Thinking About Me / 5. China Girl / 6. Seven / 7. Drive-In Saturday / 8. Word On A Wing / 9. Survive / 10. I Can't Read / 11. Always Crashing In The Same Car / 12. If I'm Dreaming My Life

『アワーズ…』の発売を間近に控えた99年8月23日、ボウイはケーブルテレビ・チャンネルVH1の番組〝ストーリーテラーズ〟の収録を行った。〝ストーリーテラーズ〟は96年に始まった人気シリーズ。大物アーティストが楽曲にまつわるエピソードを話しながらパフォーマンスを繰り広げる演出が人気を博し、これまでにブルース・スプリングスティーンやスティーリー・ダン、ビー・ジーズからコールド・プレイ、エド・シーラン、テイラー・スウィフトまで、錚々たるミュージシャンが出演している。本作はその模様を収録したCDとDVDのセットだ。

ボウイも軽妙な語りを披露しながら、定番曲やレア曲、そして『アワーズ…』からのナンバーを演奏していった。ジャケットを見ればわかるとおり、フードのついたラフな衣装が珍しい。どのくらいリラックスしていたかというと、アコースティック・ギターのリフで始められた「レベル・レベル」を観客に散々歌わせた挙げ句、途中で演奏を止めるといったイタズラをはたらいてしまうほどなのである。

こうしたアコギやピアノを多く取り入れたアレンジも番組の雰囲気によく合っている。とくに「ライフ・オン・マーズ？」や「チャイナ・ガール」でのピアノの使い方は、曲に新たな光を与えることに成功しているといえるだろう。

65年にデイヴィッド・ボウイ・ウィズ・ザ・ロウワー・サード名義で発売したシングル「キャント・ヘルプ・シンキング・アバウト・ミー」も歌われ、ブリティッシュ・ビートなボウイが堪能できる。もちろんリリースを控えていた『アワーズ…』からも「サーズデイズ・チャイルド」や「セヴン」が披露されたのだ。

しかし、このライヴがティン・マシーン時代から行動をともにし、『アワーズ…』を共同プロデュースしたリーヴス・ガブレルスとボウイの最後の共演となったのである。

（森）

## Something In The Air (Live Paris 99)

EU・ISO / Parlophone／DBBLACD 95995［CD］
Recording: 1999年10月14日
Release: 2021年3月12日

**Original**
1. Life On Mars? / 2. Thursday's Child / 3. Something In The Air / 4. Word On A Wing / 5. Can't Help Thinking About Me / 6. China Girl / 7. Always Crashing In The Same Car / 8. Survive / 9. Drive-In Saturday / 10. Changes / 11. Seven / 12. Repetition / 13. I Can't Read / 14. The Pretty Things Are Going To Hell / 15. Rebel Rebel

『アワーズ…』の発売後、ボウイはヨーロッパで小規模なアルバムのプロモーション・ツアーを行っている。『サムシング・イン・ジ・エア』はツアー3本目のパリ公演を収録したものだ。

99年10月14日にキャパ1380人という（ボウイにしては）こじんまりとした会場、エリゼ・モンマルトルでのパフォーマンスは、ボウイがフランス政府から芸術文化勲章のコマンドゥールを授与された翌日に行われた。

ツアー直前にリーヴス・ガブレルスがボウイのもとを離れたため、新たなギタリストとしてオルタナティヴ・メタル・バンドとして知られる、ヘルメットのペイジ・ハミルトンを迎えている。ミュージカル・ディレクターはマーク・プラティが務めることになったのだ。

ボウイは衣装も含めてリラックスした雰囲気を纏っている。マイク・ガーソンのキーボードで始まる「ライフ・オン・マーズ？」でステージは始められた。曲の途中からボウイの歌に感情がこめられてきているが、爆発するようなことはない。プラティがアコースティック・ギターを弾く場面も多く、落ち着いた雰囲気のままステージが進んでいった印象なのだ。こうした流れは、ボウイが『アワーズ…』で獲得した、メロディアスでポップな表現によく合っている。

65年の「キャント・ヘルプ・シンキング・アバウト・ミー」も、2か月前の『ストーリーテラーズ』のヴァージョンとくらべると落ち着いているし、やや性急な立ち上がりの「チャイナ・ガール」にしても、ヴォーカルは丁寧なのだ。「セヴン」など、『アワーズ…』のアレンジよりもさらに静かに聴こえるのだから、ボウイの意識が歌に向かっていたことがうかがえるライヴになっている。

そして、ティン・マシーン時代の「アイ・キャント・リード」も演奏された。ガブレルスへの感謝の意をあらわした選曲なのだろうか。（森）

## David Bowie At The Kit Kat Klub (Live New York 99)

EU・ISO / Parlophone／DBBLACD 95996［CD］
Recording: 1999年11月19日
Release: 2021年4月2日

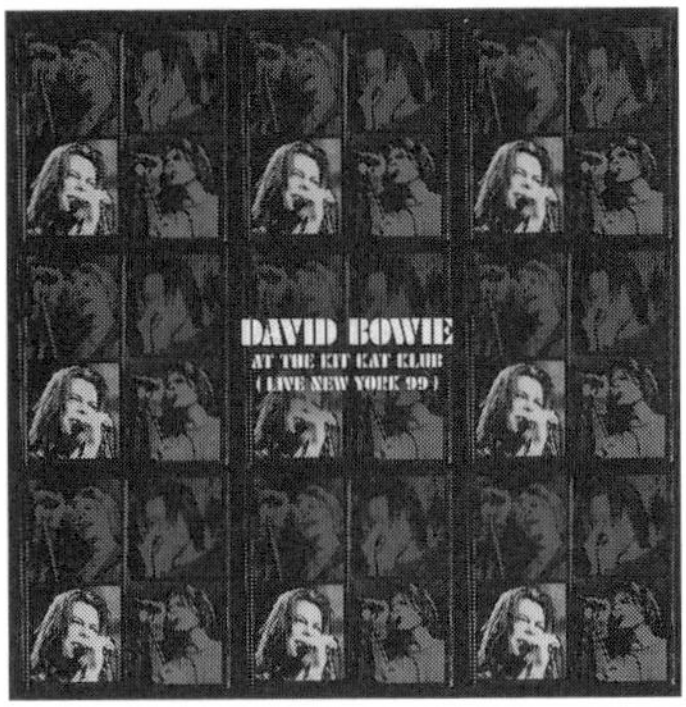


**Original**
1. Life On Mars? / 2. Thursday's Child / 3. Something In The Air / 4. China Girl / 5. Can't Help Thinking About Me / 6. Always Crashing In The Same Car / 7. Survive / 8. Stay / 9. Seven / 10. Changes / 11. The Pretty Things Are Going To Hell / 12. I'm Afraid Of Americans

〈アワーズ・ツアー〉の最中、ボウイとバンドは一度ニューヨークへと戻った。アメリカン・エキスプレス主催のブルー・コンサート・シリーズに出演するためだ。11月19日に小さなライヴハウス、キット・カット・クラブに招待客を迎えて行われたステージの模様は、SFXラジオ・ネットワークで放送されたほか、プロモーション用のCDとして配布されている。販売商品になったのは21年のことだった。

ツアーと同じバンドでセット・リストも大幅な入れ替えがあったわけではないのだが、1か月ほど前の『サムシング・イン・ジ・エア』と比べると演奏はラフで、ボウイのワイルドな面が顔をのぞかせている。

『アワーズ…』収録の「サーズデイズ・チャイルド」や「サムシング・イン・ジ・エア」などは、基本的なアレンジは変わらないのに、どこかパワフルに聴こえるのだ。「ステイ」はツインギターの絡みがこのバンドならではの強力さだし、徐々に盛り上げていく展開も見事。人力ファンクの「アイム・アフレイド・オブ・アメリカンズ」もクールで、かつ熱も感じられる素晴らしさだ。

ややポップス寄りになっていた『サムシング～』と、ロック・バンド的な佇まいの本作を対比させて聴いてみると面白いだろう。こうしたふたつの面を併せ持つことで、ボウイはライヴ・パフォーマンスにふたたび自信を深めていったのだ。それは、翌年のグラストンベリー・フェスティヴァルへの出演以降、〈リアリティ・ツアー〉に至るまでのボウイの動きが証明している。

なお『サムシング～』と本作は、「ブリリアント・ライヴ・アドヴェンチャーズ」シリーズの一環としてフィジカル・リリースされたものだ。ただし限定だったため、すでに入手しづらくなっている。配信でも聴けるが、いずれも盤で持つべきだと思う。（森）

## Glastonbury 2000

EU・BBC / Parlophone／0190295568764［CD］
Recording: 2000年6月25日
Release: 2018年11月30日

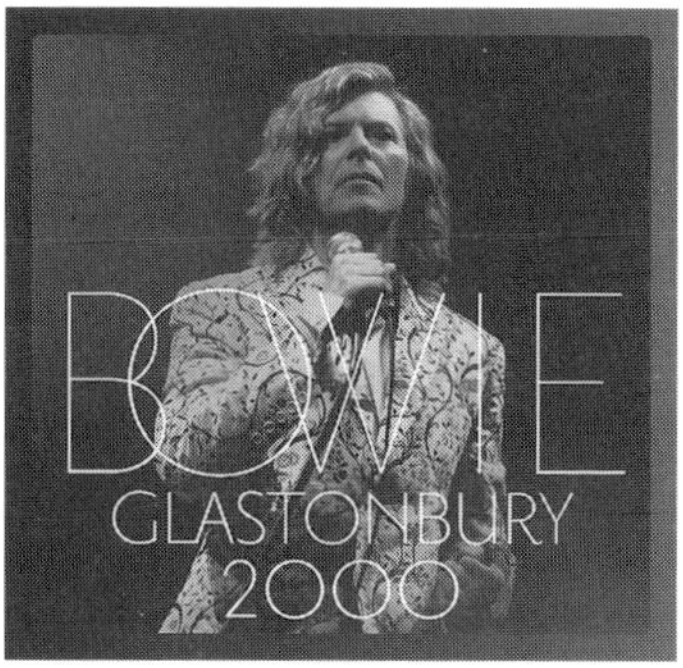


**Original**

**［Disc 1］** 1. Introduction (Greensleeves) / 2. Wild Is The Wind / 3. China Girl / 4. Changes / 5. Stay / 6. Life On Mars? / 7. Absolute Beginners / 8. Ashes To Ashes / 9. Rebel Rebel / 10. Little Wonder / 11. Golden Years

**［Disc 2］** 1. Fame / 2. All The Young Dudes / 3. The Man Who Sold The World / 4. Station To Station / 5. Starman / 6. Hallo Spaceboy / 7. Under Pressure / 8. Ziggy Stardust / 9. "Heroes" / 10. Let's Dance / 11. I'm Afraid Of Americans

**［DVD］** CD全曲の映像

00年のボウイは、6月にアメリカとイングランドで集中的にライヴを行った。バンドのメンバーは〈アワーズ・ツアー〉からペイジ・ハミルトンが抜け、アール・スリックが合流している。

25日にはおよそ30年ぶりに英国の〈グラストンベリー・フェスティヴァル〉に出演した。サマセット州のピルトンで70年から開催されている現代舞台芸術祭に、ボウイはヘッドライナーとして登場したのである。15万人ともいわれた観衆の前で、グレイテスト・ヒッツ・ショウを繰り広げたボウイのパフォーマンスは、伝説的だったと評されている。

マイク・ガーソンが奏でる「グリーンスリーブス」でステージは幕を開けた。続く「ワイルド・イズ・ザ・ウインド」のイントロでボウイがステージに登場すると、聴衆は大歓声で迎え入れたのだ。〈アワーズ・ツアー〉でのラフな佇まいとはうってかわって、伸ばした髪にはウェイヴがかけられ、派手なロング・ジャケットを纏っている。まるで53歳の王子様ではないか。

落ち着いたオープニングだったが、続く「チャイナ・ガール」で会場に火をつけたボウイは、最後まで貫禄のパフォーマンスを見せつけたのである。

また注目すべきは、さまざまなタイプの楽曲を難なくこなすバンドの面々だ。オリジナルのテイストを残しながら、うまくこのメンバーならではの音に落とし込んでいる。「アンダー・プレッシャー」など、フレディ・マーキュリーのパートをゲイル・アン・ドロシーがベースを弾きながら歌っているのだから、もはやなんでも来い、という状態なのだ。

ステージの終わり近くには、メンバー紹介のパートを冒頭に配した、静かな立ち上がりの「レッツ・ダンス」まで披露された。しかし、結局のところ「アイム・アフレイド・オブ・アメリカンズ」でステージを締めくくるあたりが実にボウイらしいと思えるのである。（森）

# Toy (Toy: Box)

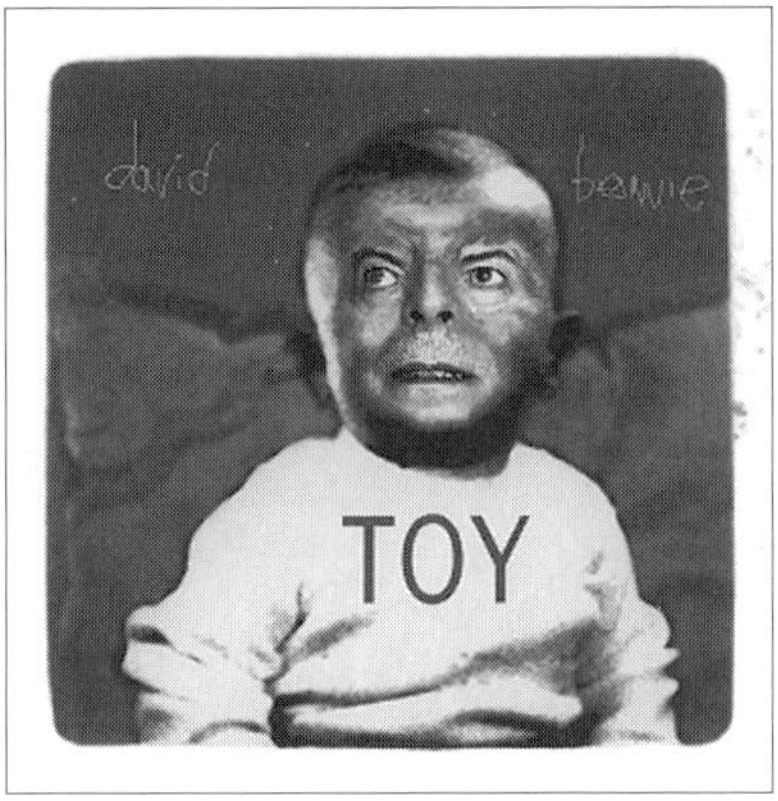


**トイ・ボックス**

EU・ISO / Parlophone／CDTOYBOX 1 [CD]
Recording: 2000年夏
Release: 2022年1月7日

**Original**

**[Disc 1]** 1. I Dig Everything / 2. You've Got A Habit Of Leaving / 3. The London Boys / 4. Karma Man / 5. Conversation Piece / 6. Shadow Man / 7. Let Me Sleep Beside You / 8. Hole In The Ground / 9. Baby Loves That Way / 10. Can't Help Thinking About Me / 11. Silly Boy Blue / 12. Toy (Your Turn To Drive)

**[Disc 2] Alternatives & Extras**
1. Liza Jane / 2. You've Got A Habit of Leaving (alternative mix) / 3. Baby Loves That Way (alternative mix) / 4. Can't Help Thinking About Me (alternative mix) / 5. I Dig Everything (alternative mix) / 6. The London Boys (alternative version) / 7. Silly Boy Blue (Tibet version) / 8. Let Me Sleep Beside You (alternative mix) / 9. In The Heat Of The Morning / 10. Conversation Piece (alternative mix) / 11. Hole In The Ground (alternative mix) / 12. Shadow Man (alternative mix) / 13.Toy (Your Turn To Drive) (alternative mix)

**[Disc 3] Unplugged & Somewhat Slightly Electric**
1. In The Heat Of The Morning (Unplugged & somewhat slightly electric mix) / 2. I Dig Everything (Unplugged & somewhat slightly electric mix) / 3. You've Got A Habit of Leaving (Unplugged & somewhat slightly electric mix) / 4. The London Boys (Unplugged & somewhat slightly electric mix) / 5. Karma Man (Unplugged & somewhat slightly electric mix) / 6. Conversation Piece (Unplugged & somewhat slightly electric mix) / 7. Shadow Man (Unplugged & somewhat slightly electric mix) / 8. Let Me Sleep Beside You (Unplugged & somewhat slightly electric mix) / 9. Hole In The Ground (Unplugged & somewhat slightly electric mix) / 10. Baby Loves That Way (Unplugged & somewhat slightly electric mix) / 11. Can't Help Thinking About Me (Unplugged & somewhat slightly electric mix) / 12. Silly Boy Blue (Unplugged & somewhat slightly electric mix) / 13. Toy (Your Turn To Drive) (Unplugged & somewhat slightly electric mix)

長らくファンからリリースが熱望されながらも、シングルや編集盤での〝小出し〟が続いていた01年の未発表アルバム『トイ』が遂にリリースされた。元々はデイヴィッド・ボウイのキャリアを総括したボックスセットの第5弾、「ブリリアント・アドヴェンチャー」に収録される形でのリリースだったが、さすがにこれだけの〝目玉〟を箱の中で終わらせるのは惜しいと考えたのか、アルバム本編に加えオルタナティヴ・ミックスやアコースティック・ミックスを加えたCD3枚組のボックス仕様での単独リリースが実現した。ちなみに本作の限定アナログ・ヴァージョンは10インチ盤6枚組というよりマニアックな仕様となっているが、かなり高額な価格設定となっているので要注意だ。

　ボウイはキャリアの大きな転換期に際し、自身のルーツに立ち返る傾向がある。それは、74年の『ピンナップス』しかり、ティン・マシーン結成を前にした〈サインド+ヴィジョン・ツアー〉しかりである。本作もティン・マシーンの終演を経て、ボウイとして活動を再開した92年より籍を置いた米ヴァージンとの最後のアルバムになるはずで、そういう意味ではキャリアの〝節目〟とするにふさわしいタイミングではあった。この時期のボウイはツアーのバック・バンドと相性も極めて良く、00年には英グラストンベリー・フェスティヴァルのヘッド・ライナーとしてステージに立ち、鉄壁のバック・バンドとともに惜しげもなく名曲の数々を披露、フェスのオーガナイザー、エミリー・イーヴィスはこれを〝グラストンベリー史上最高のショウ〟と絶賛したほどだった。ボウイはこのステージの後、バンド・メンバーのアール・スリック、マーク・プラティ、スターリング・キャンベル、ゲイル・アン・ドーシーとともに、自身のキャリア初期に録音された楽曲を録音しようと思い立ちスタジオでの作業を開始。それは、バンド・メンバー全員で録音したものの中からベスト・テイクを選ぶという旧来の手法でアルバムを仕上げ、完成後素早くリリースするという、ある意味インタラクティヴな時代に即したアイディアだったが、配給先のヴァージンは残念ながらボウイの迅速な計画に対応できず、発売日も決まらないまま時が過ぎていった。そんな状況の中、ボウイは次作となる『ヒーザン』の制作に入ったため、02年にはアルバムがリリースされることがないままヴァージンとの契約が終了している。

このアルバムは11年に音が流出しており、その際には14曲が収められていたが、アルバム制作に際し新たに書き下ろされた「アンクル・フロイド」(後に「スリップ・アウェイ」と改題)、「アフレイド」の2曲は次作『ヒーザン』収録曲となったため本作には未収録。64年のデビュー曲「リザ・ジェーン」も最終的にアルバムから外されたようだ。マニッシュ・ボーイ時代の「ユーヴ・ガット・ア・ハビット・オブ・リーヴィング」、パイ時代の「キャント・ヘルプ・シンキング・アバウト・ミー」、デラム時代の「ロンドン・ボーイ」やビリー・フューリーもカヴァーした「愚かな少年」など、取り上げられた曲は60年代にリリースされたものが中心だが、「ホール・イン・ザ・グラウンド」はデモ録音が残されているのみの未レコーディング曲、「カンヴァセーション・ピース」はマーキュリー時代の70年にリリースされたシングル曲、「シャドウ・マン」は『ジギー・スターダスト』期のアウトテイクをそれぞれ再演したもの。タイトル曲の「トイ」は本作のために書き下ろされた唯一の新曲となっている。

なにより驚かされるのは、過去の録音を知らなければいずれの曲も新曲と信じてしまいそうな仕上がりだということ。生涯〝変貌〟を遂げ続けたボウイだが、音楽家としての彼の本質は何も変わっていなかったのではないか。そう思えるほどにこれらの曲には古さや違和感はない。本ボックスには2枚のボーナス・ディスクが付属しており、本作のセッションで収録された別ヴァージョンをたっぷり聴くことができる。先に紹介したデビュー曲「リザ・ジェーン」や、デラム期の楽曲を取り上げた「レット・ミー・スリープ・ビサイド・ユー」もここで聴くことができる。

(犬伏)

## Brilliant Adventure (1992–2001)

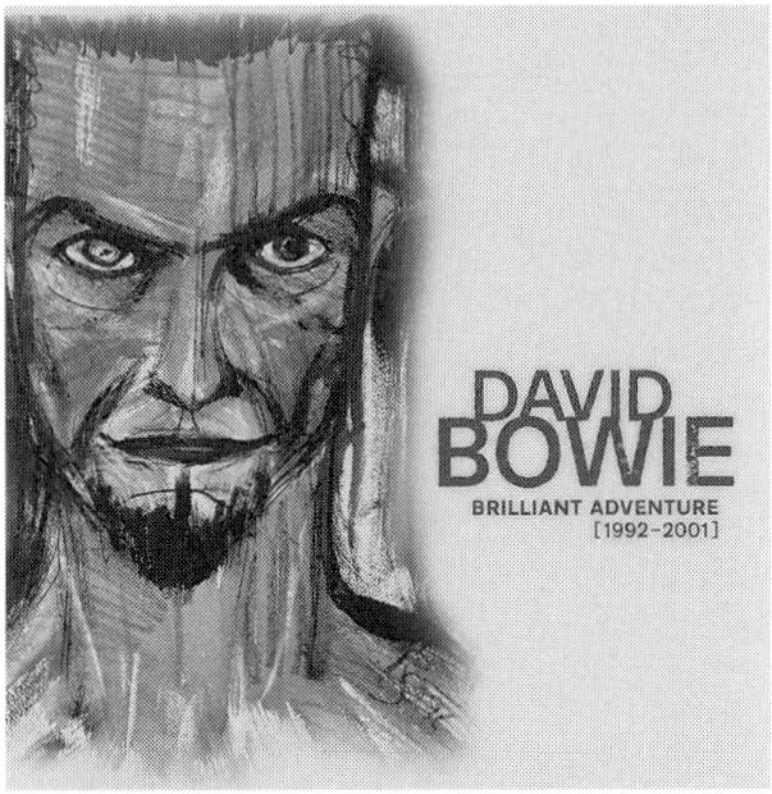


**ブリリアント・アドヴェンチャー1992–2001**

EU・Parlophone／DBX 5［CD］
Release: 2021年11月26日

**Original**
［**Disc 1**］Black Tie White Noise (2021 remaster)
［**Disc 2**］The Buddha of Suburbia (2021 remaster)
［**Disc 3**］Outside (2021 remaster)
［**Disc 4**］Earthling (2020 remaster)
［**Disc 5**］Hours... (2020 remaster)
［**Disc 6-7**］BBC Radio Theatre, London June 2000
［**Disc 8**］Toy
［**Disc 9**］**Re: Call 5 (remastered tracks)**
1. Real Cool World (Sounds From The Cool World Soundtrack Version) / 2. Jump They Say (7″ version) / 3. Lucy Can't Dance / 4. Black Tie White Noise (feat Al B. Sure!) (Radio Edit) / 5. Don't Let Me Down & Down (Indonesian Vocal Version) / 6. Buddha Of Suburbia (Single Version) (featuring Lenny Kravitz on guitar) / 7. The Hearts Filthy Lesson (Radio Edit) / 8. Nothing To Be Desired / 9. Strangers When We Meet (edit) / 10. Get Real / 11. The Man Who Sold The World (Live Eno Mix) / 12. I'm Afraid Of Americans (Showgirls Soundtrack Version) / 13. Hallo Spaceboy (Remix) / 14. I Am With Name (Alternative Version) / 15. A Small Plot Of Land (Long Basquiat Soundtrack Version)
［**Disc 10**］**Re: Call 5 (remastered tracks)**
1. Little Wonder (Edit) / 2. A Fleeting Moment (aka Seven Years In Tibet - Mandarin Version) / 3. Dead Man Walking (Edit) / 4. Seven Years In Tibet (Edit) / 5. Planet Of Dreams - David Bowie and Gail Ann Dorsey / 6. I'm Afraid Of Americans (V1 - Edit) / 7. I Can't Read (The Ice Storm Long Version) / 8. A Foggy Day In London Town - David Bowie and Angelo Badalamenti / 9. Fun (BowieNet Mix) / 10. The Pretty Things Are Going To Hell (Stigmata Soundtrack Version) / 11. Thursday's Child (Radio Edit) / 12. We All Go Through / 13. No One Calls
［**Disc 11**］**Re: Call 5 (remastered tracks) / We Shall Go To Town**
1. 1917 / 2. The Pretty Things Are Going To Hell (Edit) / 3. Thursday's Child (Omikron: The Nomad Soul Version) / 4. New Angels Of Promise (Omikron: The Nomad Soul Version) / 5. The Dreamers (Omikron: The Nomad Soul Version) / 6. Seven (Demo) / 7. Survive (Marius De Vries mix) / 8. Something In The Air (American Psycho Remix) / 9. Seven (Marius De Vries Mix) / 10. Pictures Of Lily

デイヴィッド・ボウイのキャリア集大成ボックスの第5弾。〈サウンド＋ヴィジョン・ツアー〉を区切りとした過去の封印からティン・マシーンの商業的失敗を経て、再びボウイの名で活動を再開した米ヴァージン・レーベル在籍時の作品が集められている。ナイル・ロジャーズと久々に組んだ93年の『ブラック・タイ・ホワイト・ノイズ』から、当時日本では発売が見送られた『郊外のブッダ』、〈ベルリン3部作〉での活躍も印象深いブライアン・イーノをプロデューサーに迎えた95年の『アウトサイド』、デジタル・ミュージックの時代を多分に意識した97年の『アースリング』、そしてヴァージン時代の最後を飾る99年の『アワーズ…』という5枚のオリジナル・アルバムに加え、00年6月27日のBBCラジオ・シアターでのライヴ（初リリースとなった00年の『BBCセッションズ』初回限定盤より大幅に曲が増えた拡大版）、アルバム未収録シングル曲がくまなく集められた『リコール5』（特にシングルのヴァリエーションが多い時期だけに過去最高の3CDのボリュームを誇る）、01年に発売が予定されながら未発表に終わったセルフ・カヴァー集『トイ』全曲が収められる。中でも今まで小出しにされてきた『トイ』は、まさに待望の公式リリースである。

（犬伏）

Chapter 9

# Works 2002-★

森 次郎、山田順一、和久井光司

## 〝贋物で空洞〟を自覚した演技者の最期

和久井光司

ボウイはイギリスの田宮二郎よ、とR子が言い出したのは75年だったと思う。『ヤング・アメリカンズ』が出たころだ。小学校2年のときの同級生で、中学〜高校時代は私に詞を提供してくれていた彼女は、美大を目指していて、のちに某ファッション・ブランドのデザイナーとなった。私がまともな詞を書くようになったのも、レコードのジャケットや本のデザインを監修できるようになったのも、R子が〝アート〟のセンスを教えてくれたからだ。そして何より、彼女はいつも私より早くボウイのニュー・アルバムを手に入れていた。『ステイション・トゥ・ステイション』もR子が真っ先に買って、彼女の家で聴いた。「ほら、より田宮に近くなってる〜」とジャケットを見せてくれたのが忘れられない。

我々はもちろん田宮二郎のファンだった。彼の代表作といえば、66年の映画でも78年のテレビでも財前五郎を演じた山崎豊子原作の『白い巨塔』だが、我々の世代は69年に始まった『クイズタイムショック』で田宮を知り、73年のドラマ『白い影』（原作は渡辺淳一の『無影燈』）でクールな演技にシビれたクチだ。『ステイション・トゥ・ステイション』のころは、山田太一脚本のドラマ『高原へいらっしゃい』が放送されていたと思う。

そのころ田宮二郎は、週刊誌の格好の標的になっていた。1935（昭和10）年生まれの俳優では珍しい長身（180センチ）で、大映の永田雅一社長にタテついて映画界を追われた過去があり、『白い影』で共演した山本陽子との不倫が囁かれていた。どんな役でもみごとにこなし、素顔は謎に包まれてたから、「田宮二郎とはこんな男」みたいな記事がよく週刊誌に載っていたのだ。勝新太郎との『悪名』シリーズで、60年代前半に大映のトップスターになったことなども私は高校のころに知って、彼に注目していたのである。

なるほどボウイは田宮に似ていた。二枚目で演技派、実力で押し切れるタイプなのに、そこに安住するのを嫌って常に変化を求めている。宇宙人もSF犬もアメリカかぶれのC調な若者もヨーロッパの知識人も、彼が演じると〝それが素顔〟かのように見えてしまうところも、ふたりはそっくり。資質が同じだった。

R子は鋭い。真に迫っていた。でも我々は、「ボウイもステージで〝タ〜イムショック!〟ってポーズ決めてほしいよなー」「せっかくそういう曲があるんだからねー」なんて掛け合い漫才をして、よく笑っていた。

田宮二郎がテレビ版『白い巨塔』の最終回を待たずに猟銃自殺したのは、78年12月28日のことで、享年は43。武道館でボウイのライヴを観たばかりだったから、またふたりは重なった。「やっぱりそういう狂気の持ち主だったか」と田宮を想うと、ボウイが重なった。

私の中で、それはのちのちまで尾を引いた。『スケアリー・モンスターズ』を聴いていて、ボウイも自殺するんじゃないか、という考えに囚われ、怖くなって針を上げたこともある。

『レッツ・ダンス』が〝らしくない〟ほど売れ、『戦メリ』で一般層にも知られたのはよかったが、『ネヴァー・レット・ミー・ダウン』のコケっぷりはヒドかったし、当時は二流だったライコディスクに旧作の配給権を移したときも、「そこに行くの?」と思った。イマンと再婚して私生活が落ち着いたのにはホッとさせられたものの、90年代のレコード会社漂流はそれを打ち消すような不安材料にもなった。

今世紀に入って自身のレーベルＩＳＯを興し、インターネットをフル活用した発信に切り替えたのはさすがだったが、その〝新しさ〟と〝可能性〟を世間が認め始めた矢先に倒れ、表舞台から消えてしまったのだから、心配するなと言うほうが酷である。

「自殺はなくなったな」と思うかわりに、「突然不報が届いたりして……」とヒヤヒヤさせられた10年が『ザ・ネクスト・デイ』のリリースをもって終わったとき、我々は「もう大丈夫」と楽観しすぎたのかもしれない。

69歳の誕生日に発売された『★』はいろいろなフォー

マットがあるのも話題で、アナログの限定盤は発売前から値上がりしているほどだった。私は馴染みのレコード店に電話して入荷状況を聞き、これしかないと言われたレギュラー版のLPを取り置きしてもらって、「この連休中に行けると思う」と伝えた。

1月11日は仕事がなかったから、前日の夜、「レコードも取りに行きたいし」と、妻と出かける約束をしてあった。ところが昼過ぎに起きて携帯を開けると、とんでもないニュースが駆けめぐっていた。

私は泣き崩れた。嗚咽が止まらなかった。「オレ、そんなにボウイ、好きだったっけ?」と自問するほど泣けて、立ち直るのに4時間ぐらいかかった。

取ってきた『★』は、その日の夜中に聴いたきりだ。いまだに冷静な気持ちで評価する自信がない。

田宮二郎のようなショッキングな死ではなかったが、自死は不幸、家族に看取られての病死は幸福、とは一概には言えないはずだ。探査ロケットに乗って宇宙ステイションを離れ、制御不能となって宇宙の闇に消えていくという意味では、どんな死も同じかもしれない。

本当の顔が自分でもわからなくなるぐらい彼が演じ続けたのは、「圧倒的な個性に欠けている」という自己分析からではなかったのか。ボウイを田宮二郎に、ブライアン・フェリーを勝新太郎に重ねてみると、上手いとは言い切れないのにいつだって〝核〟が感じられる本物チームと、なんでもこなせるのに〝芯がない〟贋物チームのようにも思えて(もちろん田宮/ボウイは後者である)、論考の締めである本稿でそれを指摘するのはどうかと思うのだが、しょうがない。それは覆い隠しようのない(覆い隠してはいけない)事実なのだ。

ここで美辞麗句を並べたくないのは、私も贋物チームに属するからで、〝芯がない〟から、その時々の〝役〟を自分に与え、「空洞のまま生きてきた」ことが、とてもイヤだという一面があるから。

けれど、贋物には贋物の誇りがあって、〝役で勝負〟という在り方では本物の人に負けない自信もあるのだ。その感覚は、他者にはとてもわかりにくいだろう。無駄打ちと思われてもしかたない作品があるのも、贋物たる本人は自覚しているものだ。この論考は反則すれすれだが、狂言回しのような〝役〟と受け取っていただきたい。『★』に至るボウイを語るための演技である。

## Heathen

**ヒーザン**

EU・ISO / Columbia／COL 508222 2［CD］
Recording: 2000年10月〜2002年1月
Release: 2002年6月11日

**Original**

1. Sunday / 2. Cactus / 3. Slip Away / 4. Slow Burn / 5. Afraid / 6. I've Been Waiting For You / 7. I Would Be Your Slave / 8. I Took A Trip On A Gemini Spaceship / 9. 5:15 The Angels Have Gone / 10. Everyone Says 'Hi' / 11. A Better Future / 12. Heathen (The Rays)

ボツにはなったものの、『トイ』のレコーディングでトニー・ヴィスコンティとのコラボレーションを復活させたボウイは、自身のレーベルISOを設立して『ヒーザン』をリリースした。

〝ヒーザン〟とは異教徒を意味しているが、9・11のアメリカ同時多発テロ以前に書かれていた歌詞だそうだ。とはいえ、このシンクロニシティは深読みせざるをえない効果をもたらしている。

クレジットによると、レコーディングは基本的にボウイとヴィスコンティ、そしてギタリストのデイヴィッド・トーンの3人で進められたようだ。必要に応じてほかのミュージシャンが招集され、「スロウ・バーン」ではピート・タウンゼンド（ザ・フー）が、「アイヴ・ビーン・ウェイティング・フォー・ユー」ではデイヴ・グロール（フー・ファイターズ）がギターを弾いている。両者とも適材適所といったところ。

メロディに重きを置いた楽曲と、箱庭的だが風通しの良い音像が本作の特徴だ。そして、なによりもボウイのヴォーカリストとしての表現力が素晴らしい。

例えば「エヴリワン・セッズ・ハイ」。美メロだがそれを感じさせない軽めのヴォーカルに、効果的なアコースティック・ギター、そして古めかしいコーラス。すべてが有機的に結びついている。

「スロウ・バーン」もボウイの歌の力とホーンを隠し味に使ったアレンジが、決して流麗ではないが存在感を見せるピートのギターまでひっくるめた絶妙なバランスで成立しているのだ。

また、スピード感あふれる「アフレイド」では、重厚にならずに勢いをつけるストリングスと、そのあとを受け継いだ安っぽいシンセサイザー（スタイロフォン？）の音が、なんともいえない新型のロックンロールをつくりだしているのである。

そしてラストに置かれたタイトル曲は、内省的な歌詞だが希望を滲ませて終わる。最後まで聴いてみると、尖ったところはないがボウイの（何度目かの）新機軸が刻まれた1枚になっていることが感じられるだろう。

なお本作はCDだけでなく、アナログ・レコードや5・1チャンネルの音声を収録したスーパー・オーディオCDも発売されている。（森）

## Limited Edition

JP・ISO / ソニー／MHCP 1346-7
2007年［CD］

**［Disc 1］**
Original Album
**［Disc 2］**
1. Sunday (Moby Remix)
2. A Better Future (Remix By Air)
3. Conversation Piece (Written 1969 - Recorded 1970 - Re-Recorded 2002)
4. Panic In Detroit (Outtake From A 1979 Recording)
5. Wood Jackson
6. When The Boys Come Marching Home
7. Baby Loves That Way
8. You've Got A Habit Of Leaving
9. Safe
10. Shadow Man

『ヒーザン』はリリースと同時にボーナス・トラックつきの2枚組初回限定版も出たが、この紙ジャケット仕様のリミテッド・エディションは日本企画で発売された。04年の海外盤『アウトサイド』、『アースリング』、『アワーズ』のリミテッド・エディションと『リアリティ』が同じ仕様で同時リリースされ、ソニーのサイトでは日本のグラフィック・デザイナー、秋田和徳氏のデザインによるボックスに入れられた5枚セットでも販売された。ボウイがそのアートワークを気に入ったため、ボックス・セットは海外でも販売されている。

日本主導の企画だけにボーナス・ディスクの選曲に無駄がなく、初回限定盤のすべてのトラックに加えて、シングルのカップリング曲や未発表アルバム『トイ』からの3曲、かつてライコ版『スケアリー・モンスターズ』に追加されていた「パニック・イン・デトロイト」の再録ヴァージョンまで入っている。（山田）

## Reality

**リアリティ**

EU・ISO / Columbia／COL 512555 2［CD］
Recording: 2003年1月〜5月
Release: 2003年9月15日

**Original**
1. New Killer Star / 2. Pablo Picasso / 3. Never Get Old / 4. The Loneliest Guy / 5. Looking For Water / 6. She'll Drive The Big Car / 7. Days / 8. Fall Dog Bombs The Moon / 9. Try Some, Buy Some / 10. Reality / 11. Bring Me The Disco King

〈ヒーザン・ツアー〉のバンドを伴ってレコーディングされたアルバムが『リアリティ』だ。ジェリー・レオナルド（ギター）、アール・スリック（ギター）、マーク・プラティ（ベース、ギター）、マイク・ガーソン（キーボード）、スターリング・キャンベル（ドラム）、ゲイル・アン・ドーシー（バッキング・ヴォーカル）、キャサリン・ラッセル（バッキング・ヴォーカル）というメンバーに加えて、アディショナル・ミュージシャンとしてトニー・ヴィスコンティ、デイヴィッド・トーンらがクレジットされている。プロデューサーは『ヒーザン』に引き続きボウイとヴィスコンティ。

デフォルメされたボウイのイラストを中心とした抽象的なジャケットで、インナーにはイラストと同じ格好のボウイの写真（髪型まで似ている）が使われている。〝リアル〟ではなく、あくまで〝リアリティ〟というアルバム・タイトルにした理由を表現したデザインだ。

また、ツアー・バンドとレコーディングしたといっても、そこはボウイとヴィスコンティのこと、単なるスタジオ・ライヴになっているわけではない。むしろツアーに向けて、ヴァリエーションを重視した選曲になっている。

もちろんライヴ感たっぷりの曲も多い。1曲目の「ニュー・キラー・スター」は、スカスカの音像と同じセンテンスを繰り返す歌詞が、バンドならではの雰囲気を醸し出している。「ネヴァー・ゲット・オールド」で聴けるボウイのシャウトも生々しい。「ルッキング・フォー・ウォーター」のシンプルなパターンの繰り返しは、独特のグルーヴを生み出している。タイトル曲「リアリティ」はライヴ向きのやかましいロック。盛り上がること必至だ。

『ヒーザン』から続く歌ものの新機軸もある。「デイズ」は軽く歌うヴォーカルと肩の力が抜けたコーラスが目立つが、これが素晴らしい。

ジョナサン・リッチマン「パブロ・ピカソ」や、ロニー・スペクター「トライ・サム・バイ・サム」(ジョージ・ハリスン作)といったカヴァーもあるが、ラストがジャジーな「ブリング・ミー・ザ・ディスコ・キング」というのがミソ。本作を引っさげて、ボウイは〈ア・リアリティ・ツアー〉に突入する。(森)

## Limited Edition

[**Disc 1**]
Original Album
[**Disc 2**]
1. Waterloo Sunset
2. Fly
3. Queen Of All The Tarts (Overture)
4. Rebel Rebel
5. Love Missile F1-11
6. Rebel Never Gets Old (Radio Mix)
7. Rebel Never Gets Old (7th Heaven Edit)
8. Rebel Never Gets Old (7th Heaven Mix)

こちらも日本企画によるリミテッド・エディション。『リアリティ』にアナログ盤は存在しないが、独自の紙ジャケット仕様になっている。アルバムは『ヒーザン』と同じく、ボーナス・ディスクつきの2枚組初回限定盤や03年9月8日にロンドンのハマースミスで収録した映像を収めたDVDつき2枚組が発売されたほか、シングルにはアルバム未収録のカップリング曲が収録されるなど、いわゆるマルチ・フォーマット販売戦略の走りだったのだが、全音源を揃えるためには手間もお金もかかった。

ボーナス・ディスクではそんな悩みが解消されていて、キンクスのカヴァーである「ウォータールー・サンセット」をはじめとする初回限定盤のすべてと、ジグ・ジグ・スパトニック「ラヴ・ミサイルF1-11」のボウイ版や「レベル・ネヴァー・ゲッツ・オールド」の3ヴァージョンといったアルバム未収録のシングル曲がたっぷり収録されている。(山田)

## A Reality Tour

**リアリティ・ツアー**

EU・ISO / Columbia／88697 58827 2［CD］
Recording: 2003年11月22日、23日
Release: 2010年1月25日

**Original**

［**Disc 1**］1. Rebel Rebel / 2. New Killer Star / 3. Reality / 4. Fame / 5. Cactus / 6. Sister Midnight / 7. Afraid / 8. All The Young Dudes / 9. Be My Wife / 10. The Loneliest Guy / 11. The Man Who Sold The World / 12. Fantastic Voyage / 13. Hallo Spaceboy / 14. Sunday / 15. Under Pressure / 16. Life On Mars? / 17. Battle For Britain (The Letter)

［**Disc 2**］1. Ashes To Ashes / 2. The Motel / 3. Loving The Alien / 4. Never Get Old / 5. Changes / 6. I'm Afraid Of Americans / 7. 'Heroes' / 8. Bring Me The Disco King / 9. Slip Away / 10. Heathen (The Rays) / 11. Five Years / 12. Hang On To Yourself / 13. Ziggy Stardust / 14. Fall Dog Bombs The Moon / 15. Breaking Glass / 16. China Girl

『リアリティ』の発売に先立つ03年6月に〈ア・リアリティ・ツアー〉の開催が発表された。8月19日にニューヨークのザ・チャンス・シアターでウォーム・アップ・ギグを行い、アルバムが発売される直前の9月8日にはロンドンで行われたイヴェントをストリーミング配信している。そして、10月7日にデンマークの「フォーラム・コペンハーゲン」を皮切りに、大規模なワールド・ツアーが開始されたのである。

マーク・プラティはスケジュールの調整がつかなかったが、ジェリー・レオナルドをバンド・リーダーに据え、〈ヒーザン・ツアー〉に引き続きアール・スリック、マイク・ガーソン、スターリング・キャンベル、ゲイル・アン・ドーシー、キャサリン・ラッセルが参加することになった。ヨーロッパ・ツアーの終盤、11月22日と23日にアイルランドのダブリンにあるポイント・デポで収録されたライヴ・アルバムが、この『リアリティ・ツアー』だ。

『グラストンベリー2000』でオール・タイム・ヒッツともいえるライヴを敢行し、絶賛されたことで、ボウイは再び過去の楽曲を磨き直し、最新のアルバムからのナンバーと並べるつもりになったのだろう。〈ヒーザン・ツアー〉では『ロウ』の全曲を1本のライヴの中に組み込むこともあったが、本作ではボウイのキャリア全般からセレクトされた代表曲と、『ヒーザン』『リアリティ』からの最新曲が入り乱れているのだ。ボウイが現在の自分の作品に手応えをおぼえ、かつ観客が盛り上がるであろう過去の楽曲群と組み合わせたうえで、エンタテインメントとして成立させようとした結果がこのセット・リストなのだろう。なにせ、モット・ザ・フープルに提供した「オール・ザ・ヤング・デューズ」はもちろんのこと、イギー・ポップの「ジ・イディオット」や、クイーンと共作した「アンダー・プレッシャー」まで演奏されているのである。

　ボウイとバンドは60曲ほどをリハーサルで試していた。その結果、どの時代の曲もこなせるようになり、セット・リストの変更もなんのその、30曲以上を演奏したライヴもあったという。

　たしかに本作を聴いてみると、どの曲もうまくこのバンドの音になっている。どこを切ってもボウイの顔が出てくる金太郎飴みたいだ。しかし、どの顔も表情が違うのである。突出して素晴らしい演奏もなければ、首を傾げるような場面もない。そして、そこかしこでボウイのうたごころが炸裂しているのだ。

　ピアノ1台で途中までひっぱる「ライフ・オン・マーズ?」や、アコースティック・ギターが印象的な「ラヴィング・ジ・エイリアン」もあれば、バンド全員でぶっ飛ばす「リアリティ」もある。さらにタイトになった「ヒーローズ」も素晴らしい出来だ。「フェイム」などはオリジナルと比べると薄味になった印象を受けるが、全体の流れの中ではうまくハマっている。

　そのうえセッションの要素が強い「ブリング・ミー・ザ・ディスコ・キング」も、ツアーを30本近く終えているのに緊張感を保ったままなのだ。ボウイとバンドがいい状態であったことがうかがえる。

　アンコールは「ファイヴ・イヤーズ」「ハング・オン・トゥ・ユアセルフ」「ジギー・スターダスト」という、『ジギー・スターダスト』からの3連発。ここまでやるか。いや、やるときは徹底してやるのがボウイなのだ。

　なお本作はＤＶＤでも発売されたが、「フォール・ドッグ・ボムズ・ザ・ムーン」「ブレイキング・グラス」「チャイナ・ガール」はＣＤのみのボーナス・トラック。

　ツアーは日本での3公演を含む１１２本を行ったところで中断された。04年6月23日のプラハ公演中、ボウイは身体の異変に気づく。25日にドイツで開かれたザ・ハリケーン・フェスティヴァルに出演したあとに受けた診察の結果、心臓の冠動脈不全が見つかり、バイパス手術を受けることになったのだ。

　ボウイはリハビリを優先した生活に入り、表舞台から姿を消した。結果的に〈ア・リアリティ・ツアー〉はボウイ最後のツアーになったのである。

（森）

## The Next Day

**ザ・ネクスト・デイ**

EU・ISO / Columbia／88765 46186 2［CD］
Recording: 2011年5月〜2013年2月
Release: 2013年3月8日

**Original**
1. The Next Day / 2. Dirty Boys / 3. The Stars (Are Out Tonight) / 4. Love Is Lost / 5. Where Are We Now? / 6. Valentine's Day / 7. If You Can See Me / 8. I'd Rather Be High / 9. Boss Of Me / 10. Dancing Out In Space / 11. How Does The Grass Grow? / 12. (You Will) Set The World On Fire / 13. You Feel So Lonely You Could Die / 14. Heat

〈ア・リアリティ・ツアー〉を中断して心臓の手術を受けたボウイは、その後も沈黙を続けることになった。発掘ライヴやアルバムの再発などのリリースは続いていたものの、ボウイ本人の動きはゲストとして参加したレコーディングやライヴがわずかにあるだけで、いつしか10年近い時間が過ぎていたのだ。

　突如としてボウイの公式サイトで新曲「ホエア・アー・ウィ・ナウ？」が発表されたのは、ボウイの66歳の誕生日にあたる13年1月8日。アルバム『ザ・ネクスト・デイ』が発売されたのはさらに2か月後の3月8日のことだった。

　レコーディングは11年から断続的に、かつ秘密裏に行われている。本作でもボウイと共同プロデュースを行ったトニー・ヴィスコンティによれば、数日間のセッションを終えるとボウイは姿をくらまし、次のレコーディングに向けた準備に時間を費やすということが繰り返されたらしい。

　アルバムのリリースが発表されたあとには、公開されたジャケットが物議を醸すことになる。鋤田正義が撮影した『ヒーローズ』のジャケットがリサイクルされ、ボウイの顔を隠すようにアルバム・タイトルが配置されていたのだ。

　前作のジャケットでは、〝リアリティ〟が抽象化している世の中の傾向をイラストで表現していたが、本作では過去よりも現在を重要視していることを暗示している。

　セッションにはツアー・バンドのメンバーだったスターリング・キャンベルやジェリー・レオナルド、アール・スリック、ゲイル・アン・ドーシーが招集され、レコーディングの常連であるデイヴィッド・トーンらも参加した。そのせいだろうか、全体的にどっしりと落ち着いたグルーヴが渦巻いている。

　思わず身体が動いてしまうタイトル曲は、自らの生存確認を行うかのような歌詞もあってボウイの復活を高らかに宣言した。そして《私は嘘つきだ》と嘯きながら、前作までに獲得した抜群の説得力のあるヴォーカルを披露し、浮遊感を漂わせたまま終わる「ヒート」で本作は締めくくられるのだ。

　ボウイは本作が発売されたあともライヴを行わず、インタヴューも受けず、姿をあらわすことはなかった。（森）

## The Next Day Extra

**ザ・ネクスト・デイ エクストラ**

EU・ISO / Columbia / Sony／8888378 7812［2CD＋DVD］
Release: 2013年11月4日

［**Disc 1**］1. The Next Day / 2. Dirty Boys / 3. The Stars (Are Out Tonight) / 4. Love Is Lost / 5. Where Are We Now? / 6. Valentine's Day / 7. If You Can See Me / 8. I'd Rather Be High / 9. Boss Of Me / 10. Dancing Out In Space / 11. How Does The Grass Grow? / 12. (You Will) Set The World On Fire / 13. You Feel So Lonely You Could Die / 14. Heat
［**Disc 2**］1. Atomica / 2. Love Is Lost (Hello Steve Reich Mix By James Murphy For The DFA) / 3. Plan / 4. The Informer / 5. I'd Rather Be High (Venetian Mix) / 6. Like A Rocket Man / 7. Born In A UFO / 8. I'll Take You There / 9. God Bless The Girl / 10. So She
［**DVD**］1. Where Are We Now? / 2. The Stars (Are Out Tonight) / 3. The Next Day / 4. Valentine's Day

　オリジナルのリリースから半年後に出た拡張版。『ザ・ネクスト・デイ』も各国盤でボーナス・トラックが異なり、さまざまなヴァリエーションで発売されていたが、それらのボーナス・トラックを一挙に纏め、4曲のヴィデオ・クリップも収録したボックスになった。ディスク1には本編がそのまま入っているので、すでに各種オリジナルを持っているとダブることになるが、ボーナス・ディスクの「アトミカ」、「ザ・インフォーマー」、「ライク・ア・ロケット・マン」、「ボーン・イン・ア・UFO」はアルバム発表後にレコーディングされた新曲なので見逃せない。

「プラン」、「アイル・テイク・ユー・ゼア」、「ゴッド・ブレス・ザ・ガール」、「ソー・シー」の4曲は、初回限定デラックス・エディションや日本盤のボーナス・トラック曲。「ラヴ・イズ・ロスト」はLCDサウンドシステムのジェイムス・マーフィーがリミックスしたもの。（山田）

## ★ (Blackstar)

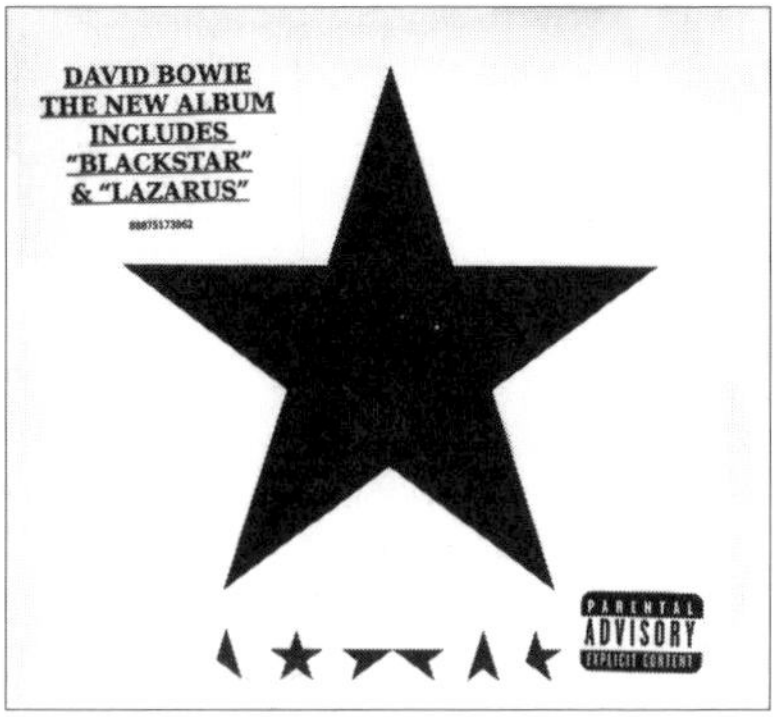


★
EU・ISO / Columbia / Sony／888751 7386 2［CD］
Recording: 2015年1月〜3月
Release: 2016年1月8日

**Original**
1. ★ (Blackstar) / 2. Tis A Pity She Was A Whore / 3. Lazarus / 4. Sue (Or In A Season Of Crime) / 5. Girl Loves Me / 6. Dollar Days / 7. I Can't Give Everything Away

『ザ・ネクスト・デイ』発売後のボウイは、再び隠遁生活を送っているように見えた。それでも14年には新たに編まれたベスト・アルバム『ナッシング・ハズ・チェンジド』のために、「スー（オア・イン・ア・シーズン・オブ・クライ）」を録音する。レコーディングにはジャズにとらわれず、ジャンルを横断した音楽性で知られるマリア・シュナイダー・オーケストラを中心としたメンバーが起用された。

ボウイとヴィスコンティは、ジャズ畑のミュージシャンとのコラボレーションに手応えを感じたのだろう。15年に入ると「スー」の録音に参加したマーク・ジュリアナやダニー・マッキャスリンを含むジャズ・カルテットを迎えて、新しいアルバム制作にとりかかったのだ。

ヴィスコンティはロックにならないようにすることに気を配っていたようだが、出来上がった楽曲はジャズにもなってはいない。ドラムのマークは、ボウイがつくってきたデモのとおりに叩こうとしていたそうだ。意識していたのはジャンルではなくクリエイティヴィティ。その結果、どこにもないサウンドが生まれたのである。

レコーディングの序盤、16年1月8日にボウイは68歳の誕生日を迎えた。妻イマンもスタジオに姿をあらわし、ささやかに祝ったという。このときすでに彼の身体は肝臓癌に蝕まれていたのだ。しかし招集されたジャズメンたちは、異変に気づくことはなかった。ボウイは見事にデイヴィッド・ボウイを演じ続けていたらしい。

本作のオープニングは、ふたつのパートからなる10分近いタイトル曲「ブラックスター」。デジタルビートを生身で再現したようなドラムが、終始楽曲を支えている。《私は黒い星だ》と歌うボウイの心中やいかに。

続く「ティズ・ア・ピティ・シー・ワズ・ア・ホア」は一転して軽やかなビートと、マッキャスリンがひとりで吹きまくったサックスが印象的だ。ボウイの声は以前と比べると艶がなくなったようにも聴こえるが、シアトリカルな表現力はボウイ健在を思わせるにじゅうぶんだ。

アルバムのリリースに先立って上演された、ボウイ作のオフ・ブロードウェイのミュージカル『ラザルス』のテーマ曲も収録された。いきなり《私は天国にいる》と歌われても戸惑うばかりだが、今なら納得するしかない。絞り出すように歌うボウイの後ろで、ドラムとサックスが暴れているようすが目に浮かぶ曲だ。「スー」もこのアルバム用に再録音された。演奏者が減ったこともあり、シャープに生まれ変わっている。

ラストを飾る「アイ・キャント・ギヴ・エヴリシング・アウェイ」は、『アワーズ…』の頃から試されていたトライアルのひとつの結論といえるだろう。美しいポップなメロディを、いかに攻めたサウンドに乗せるのか、その答えが見事に表現された1曲だ。

16年1月8日に『★』は発売された。ボウイの69歳の誕生日のことだ。そのわずか2日後、ボウイは星になってしまった。そしてアルバムは英米でチャート1位を獲得する。最期までカッコよすぎるじゃないか、デイヴィッド・ボウイという人は。

（森）

## No Plan EP

**ノー・プランEP**

EU・ISO / Columbia / Sony／88985419612［CD］
Release: 2017年2月24日

1. Lazarus / 2. No Plan / 3. Killing A Little Time / 4. When I Met You

生前最後にレコーディングした3曲を含む全4曲を収録したEP。最初は70回目の誕生日に当たる17年1月8日にデジタル配信され、その後、音盤化された。「ラザルス」は『★』に収められたが、ほかは同時進行で制作が行なわれたミュージカル『ラザルス』に提供した曲。舞台やそのサウンドトラックでの音源とは異なり、本人が歌い、演奏している。サントラのボーナスでも聴けるが、ボウイ作品として区別しておきたい。

（山田）

Chapter 10

# Singles & EPs

犬伏 功

## 初期の曲提供シングル

マンフレッド・マンを手がけ、英国におけるボブ・ディランのパブリシストも務めていた敏腕マネージャー、ケネス・ピットは早くからデイヴィッド・ボウイの作曲能力に着目し、自身の豊富な経験と、培ってきたネットワークを活用して、各方面へ売り込んでいる。ここでは〝作曲家〟ボウイが残した初期の提供作品を振り返ってみたい。

　ピットの薦めで60年代中頃よりデモ・テープ作りに勤しんだボウイにとって最初の成果となったのが、ロバート・スティグウッドが熱心に売り出した歌手、オスカー（後のポール・ニコラス）の67年1月発売のシングル①「オーヴァー・ザ・ウォール・ウィ・ゴー」だ。この曲はヒットこそしなかったものの、脱獄を促す大胆な歌詞が話題となり、ボウイの名を世に知らしめるきっかけとなった。

　当時ピットが手がけていたビートストーカーズもボウイの曲を取り上げている。彼らは地元スコットランドでビートルズ並みの人気を誇ったトップ・バンドで、タータン・チェックを身に纏った最初のバンドとしても知られる。デッカを経て67年にCBSに移籍、同年12月にリリースされた通算5枚目のシングル②でボウイの「シルヴァー・トゥリー・トップ・スクール・フォー・ボーイズ」を取り上げている。ピットの手がけたバンドだけあってその後もボウイの楽曲提供を受けており、68年6月発売のシングル⑤のB面に「エヴリシング・イズ・ユー」を、69年1月発売の⑥のB面には「ホウェン・アイム・ファイヴ」を収録している。「シルヴァー〜」はビートストーカーズが取

①Oscar

**A: Over The Wall We Go**
B: Every Day Of My Life
Reaction 591012
1967.1.20

②The Beatstalkers

**A: Silver Tree Top School For Boys**
B: Sugar Chocolate Machine
CBS 3105
1967.12

③The Slender Plenty

**A: Silver Tree Top School For Boys**
B: I've Lost A Friend And Found A Lover
Polydor 56189
1967.9.15

④Billy Fury

**A: Silly Boy Blue**
B: One Minute Woman
Parlophone R 5681
1968.3.22

り上げる少し前、67年9月にスレンダー・プレンティーのヴァージョン③がリリースされていたが、いずれもヒットには至っていない。

〝リヴァプール初のロック・スター〟、ビリー・フューリーもこの時期にボウイ作品を取り上げている。デラムからリリースされたデビュー作『デイヴィッド・ボウイ』収録曲をカヴァーしたものだから純粋な楽曲提供とはいえないが、68年3月にリリースされたフューリー版の④「愚かな少年」は一連の提供曲と比べても非常に出来が良く、彼のシングルの中でも特に人気の高い一枚となっている。

　ボウイはデラムからアルバムがリリースされるまでの間、67年3～5月の2ヵ月間だけライオット・スクワッドに在籍していた。その際に4曲が録音されたが、そのうち3曲「トイ・ソルジャー」「シルヴァー～」「愚かな～」がボウイの作品。これらは長らく未発表だったが、13年に英アシッド・ジャズよりアナログEP⑦として発掘リリースされている。余談だが、この時ヴェルヴェット・アンダーグラウンドの「アイム・ウェイティング・フォー・ザ・マン」も録音されたが、これはピットがウォーホルのファクトリーから持ち帰ったラフ・アセテート盤をボウイが譲り受け、いち早くカヴァーしたものだった。

　面白いのは、ビートストーカーズにしてもフューリーにしても、まだボウイの個性が確立されていなかった時代だというのに、歌い方に影響が出ていること。それだけ〝曲が個性的〟ということか。

　オスカー、ビートストーカーズの作品は英キャッスルによる提供作を集めた編集盤CD⑧でも聴くことができる。既に廃盤だが探す価値のある一枚だ。

⑤The Beatstalkers

A: Rain Coloured Roses
**B: Everything Is You**
CBS 3557
1968.6.21

⑥The Beatstalkers

A: Little Boy
**B: When I'm Five**
CBS 3936
1969.1.10

⑦The Riot Squad
**The Toy Soldier EP**

Acid Jazz AJX329S
2013.6.17

⑧Various Artists
**Oh! You Pretty Things - The Songs Of David Bowie**

Castle Music CMQCD 1311 [CD]
2006

# David Bowie UK Singles

64年6月にリリースされたデイヴィー・ジョーンズ・ウィズ・ザ・キング・ビーズのデビュー盤から、現在までにリリースされたデイヴィッド・ボウイのシングルはヴァリエーションも含めると膨大な数となる。

シンプルな7インチ・シングルが主流だった60年代、アルバムが主役となった70年代、12インチ・シングルが隆盛を極めた80年代、CDへとメディアが移行した90年代から、アナログ・シングルが復権した現在に至るまで、ボウイの音楽は常にシングル盤とともにあった。これほどの長きに渡ってシングルをリリースし続けたアーティスト（しかもそれはボウイが亡くなったあと、現在まで続いている）は稀有といっていい。ここに掲載したのは、別名義を含むボウイの英国盤シングルのすべてである。

このディスコグラフィを作成するにあたり、一般販売されたもののみを〝正〟とし、プロモーション用に作られた非売品、書籍等の付属品、近年のデジタル・データによるノン・フィジカルなシングルは割愛させていただいた。何卒ご了承願いたい。再発盤に関しては過去にチャート・インしたものもあることから、取捨選択せず可能な限りリストに加えている。

特に記載のないものはすべて7インチのアナログ・シングル。発売日の右横には全英チャートの最高位を記している（「―」はノン・チャートを示す）。

### Davy Jones

A: You've Got A Habit Of Leaving
B: Baby Loves That Way
Parlophone R 5315
1965.8.20

### Davie Jones with The King Bees

A: Liza Jane
B: Louie, Louie Go Home
Vocalion V 9221
1964.6.5

### David Bowie with The Lower Third

A: Can't Help Thinking About Me
B: And I Say To Myself
Pye 7N 17020
1966.1.14／39位

### The Manish Boys

A: I Pity The Fool
B: Take My Tip
Parlophone R 5250
1965.3.5

**David Bowie**

A: Space Oddity
B: Wild Eyed Boy From Freecloud
Philips BF 1801
1969.7.11／5位

**David Bowie**

A: The Prettiest Star
B: Conversation Piece
Mercury MF 1135
1970.3.6

**David Bowie**

A: Memory Of A Free Festival (Part 1)
B: Memory Of A Free Festival (Part 2)
Mercury 6052 026
1970.6.12

**David Bowie**

A: Holy Holy
B: Black Country Rock
Mercury 6052 049
1971.1.15

**The Arnold Corns**

A: Moonage Daydream
B: Hang On To Yourself
B&C CB 149
1971.4.23

**David Bowie**

A: Do Anything You Say
B: Good Morning Girl
Pye 7N 17079
1966.4.1

**David Bowie**

A: I Dig Everything
B: I'm Not Losing Sleep
Pye 7N 17157
1966.8.19

**David Bowie**

A: Rubber Band
B: The London Boy's
Deram DM 107
1966.12.2

**David Bowie**

A: The Laughing Gnome
B: The Gospel According To Tony Day
Deram DM 123
1967.4.14

**David Bowie**

A: Love You Till Tuesday
B: Did You Ever Have A Dream
Deram DM 135
1967.7.14

**David Bowie**

A: The Jean Genie
B: Ziggy Stardust
RCA Victor RCA 2302
1972.11.24/2位

**David Bowie**

A: Drive-In Saturday
B: Round And Round
RCA Victor RCA 2352
1973.4.6/3位

**David Bowie**

A: Life On Mars?
B: The Man Who Sold The World
RCA Victor RCA 2316
1973.6.22/3位

**David Bowie**

A: The Laughing Gnome
B: The Gospel According To Tony Day
Deram DM 123
1973.9/6位

**David Bowie**

A: Sorrow
B: Amsterdam
RCA Victor RCA 2424
1973.9.28/3位

**David Bowie**

A: Changes
B: Andy Warhol
RCA Victor RCA 2160
1972.1.14

**David Bowie**

A: Starman
B: Suffragette City
RCA Victor RCA 2199
1972.4.28/10位

**Arnold Corns**

A: Hang Onto Yourself
B: Man In The Middle
B&C CB 189
1972.8.25

**David Bowie**

A: John, I'm Only Dancing
B: Hang On To Yourself
RCA Victor RCA 2263
1972.9.1/12位

**David Bowie**

**For The Collector Early David Bowie**

A1: Do Anything You Say
A2: I Dig Everything (David Bowie And The Lower Third)
B: Can't Help Thinking About Me / I'm Not Losing Sleep
Pye 7NX 8002
1972.10.6

**David Bowie**

A: Young Americans
B: Suffragette City
RCA Victor RCA 2523
1975.2.21／18位

**David Bowie**

A: The London Boys
B: Love You Till Tuesday
Decca F 13579
1975.5.2

**David Bowie**

A: Fame
B: Right
RCA Victor RCA 2579
1975.7.18／17位

**David Bowie**

A: Space Oddity
B: Changes / Velvet Goldmine
RCA Victor RCA 2593
1975.9.26／1位

**Bowie**

A: Golden Years
B: Can You Hear Me
RCA Victor RCA 2640
1975.11.21／8位

**Bowie**

A: Rebel Rebel
B: Queen Bitch
RCA Victor LPBO 5009
1974.2.15／5位

**Bowie**

A: Rock 'N' Roll Suicide
B: Quicksand
RCA Victor LPBO 5021
1974.4.12／22位

**Bowie**

A: Diamond Dogs
B: Holy Holy
RCA Victor APBO 0293
1974.5.17／21位

**Arnold Corns**

A: Hang On To Yourself
B: Man In The Middle
Mooncrest MOON 25
1974.5.17

**Bowie**

A: Knock On Wood
B: Panic In Detroit
RCA Victor RCA 2466
1974.9.13／10位

**David Bowie**

A: Beauty And The Beast
B: Sense Of Doubt
RCA Victor PB 1190
1978.1.13／39位

**Davie Jones And The King Bees**

A: Liza Jane
B: Louie, Louie Go Home
Decca F 13807
1978.10.9

**David Bowie**

A: Breaking Glass (Live)
B: Art Decade (Live) / Ziggy Stardust (Live)
RCA Victor BOW 1
1978.11.17／54位

**The Manish Boys**

A: I Pity The Fool / Take My Tip
**Davy Jones And The Lower Third**
B: You've Got A Habit Of Leaving / Baby Loves That Way
EMI EMI 2925
1979.3.2

**David Bowie**

A: Boys Keep Swinging
B: Fantastic Voyage
RCA Victor BOW 2
1979.4.27／7位

**David Bowie**

A: TVC 15
B: We Are The Dead
RCA Victor RCA 2682
1976.4.30／33位

**David Bowie**

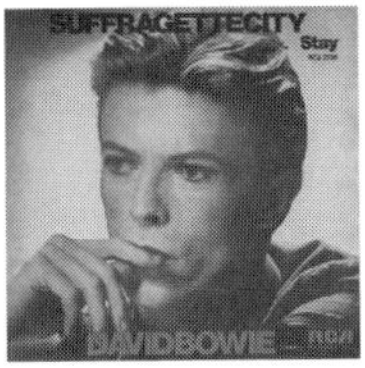


A: Suffragette City
B: Stay
RCA Victor RCA 2726
1976.7.9

**David Bowie**

A: Sound And Vision
B: A New Career In A New Town
RCA Victor PB 0905
1977.2.11／3位

**David Bowie**

A: Be My Wife
B: Speed Of Life
RCA Victor PB 1017
1977.6.17／57位

**David Bowie**

A: Heroes
B: V-2 Schneider
RCA Victor PB 1121
1977.9.23／24位

**David Bowie**

A: Do Anything You Say / I Dig Everything
**David Bowie with The Lower Third**
B: Can't Help Thinking About Me / I'm Not Losing Sleep
PRT 7NX 8002
1981／—

**David Bowie**

A: Scary Monsters (And Super Creeps)
B: Because You're Young
RCA BOW 8
1981.1.9／20位

**David Bowie**

A: Up The Hill Backwards
B: Crystal Japan
RCA BOW 9
1981.3.20／32位

**Queen & David Bowie**

A: Under Pressure
B: Soul Brother (Queen)
EMI EMI 5250
1981.10.30／1位

**David Bowie**

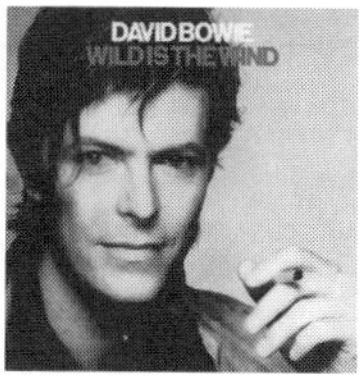


[7]
A: Wild Is The Wind
B: Golden Years
RCA BOW 10
[12]
A: Wild Is The Wind
B: Golden Years
RCA BOW T10
1981.11.13／24位

**David Bowie**

A: D.J.
B: Repetition
RCA Victor BOW 3
1979.7.6／29位

**David Bowie**

[7]
A: John, I'm Only Dancing (Again) (1975)
B: John, I'm Only Dancing (1972)
RCA BOW 4
[12]
A: John, I'm Only Dancing (Again) (1975)
B: John, I'm Only Dancing (1972)
RCA BOW 12 4
1979.12.14／12位

**David Bowie**

A: Alabama Song
B: Space Oddity
RCA BOW 5
1980.2.22／23位

**David Bowie**

A: Ashes To Ashes
B: Move On
RCA BOW 6
1980.8.8／1位

**David Bowie**

[7]
A: Fashion
B: Scream Like A Baby
RCA BOW 7
[12]
A: Fashion
B: Scream Like A Baby
RCA BOW T7
1980.10.31／5位

**David Bowie**

[7]
A: Cat People (Putting Out Fire)
B: Paul's Theme (Jogging Chase) (Giorgio Moroder)
MCA MCA 770
[12]
A: Cat People (Putting Out Fire)
B: Paul's Theme (Jogging Chase) (Giorgio Moroder)
MCA MCAT 770
1982.4.9／26位

**David Bowie**

A: The Laughing Gnome
B: The Gospel According To Tony Day
Decca F 13924
1982.5.28／—

**David Bowie And Bing Crosby**

[7]
A: Peace On Earth / Little Drummer Boy
B: Fantastic Voyage (David Bowie)
RCA BOW 12
[12]
A: Dialogue (Peace On Earth) / Peace On Earth / Little Drummer Boy
B: Fantastic Voyage (David Bowie)
RCA BOWT 12
1982.11.26／3位

**David Bowie**

[Pic. Disc]
A: Space Oddity
B: Changes / Velvet Goldmine
RCA BOWP 101
1982／—

**David Bowie**

[Pic. Disc]
A: Life On Mars
B: The Man Who Sold The World
RCA BOWP 102
1982／—

**David Bowie**

[Pic. Disc]
A: Boys Keep Swinging
B: Fantastic Voyage
RCA BOWP 109
1982／—

**David Bowie**

[Pic. Disc]
A: Ashes To Ashes
B: Move On
RCA BOWP 110
1982／—

**David Bowie**

**David Bowie in Bertolt Brecht's Baal**

A: Baal's Hymn / Remembering Marie
B: Ballad Of The Adventurers / The Drowned Girl / The Dirty Song
RCA BOW 11
1982.2.14／29位

**David Bowie**

A: Rock 'N' Roll Suicide
B: Quicksand
RCA BOW 503
1983.6／—

**David Bowie**

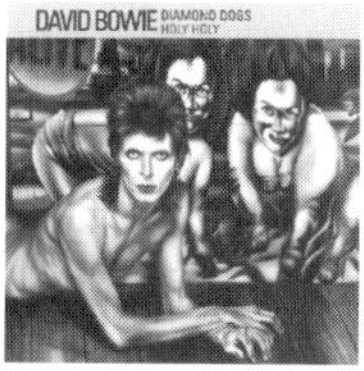


A: Diamond Dogs
B: Holy Holy
RCA BOW 504
1983.6／—

**David Bowie**

A: Knock On Wood
B: Panic In Detroit
RCA BOW 505
1983.6／—

**David Bowie**

A: Young Americans
B: Suffragette City
RCA BOW 506
1983.6／—

**David Bowie**

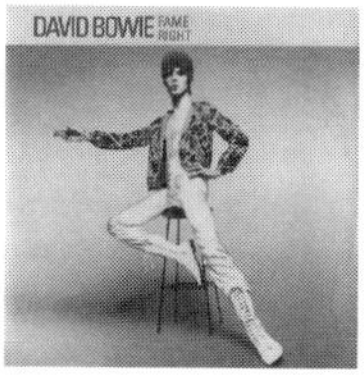


A: Fame
B: Right
RCA BOW 507
1983.6／—

**David Bowie**

**"Fashions" (Box Set)**

[**Pic. Disc×10**]
A: Space Oddity
B: Changes / Velvet Goldmine
C: Life On Mars?
D: The Man Who Sold The World
E: The Jean Genie
F: Ziggy Stardust
G: Rebel Rebel
H: Queen Bitch
I: Sound And Vision
J: A New Career In A New Town
K: Drive-In Saturday (Seattle – Phoenix)
L: Round And round
M: Sorrow
N: Amsterdam
O: Golden Years
P: Can You Hear Me?
Q: Boys Keep Swinging
R: Fantastic Voyage
S: Ashes To Ashes
T: Move On
RCA BOW 100
1982.12.3／—

**David Bowie**

[7]
A: Let's Dance
B: Cat People (Putting Out Fire)
EMI America EA 152
[**12**]
A: Let's Dance
B: Cat People (Putting Out Fire)
EMI America 12EA 152
1983.3.14／1位

**David Bowie**

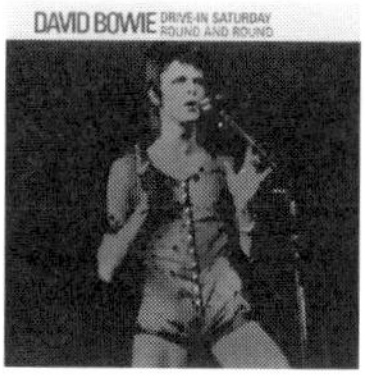


A: Drive-In Saturday
B: Round And Round
RCA BOW 501
1983.6／—

**David Bowie**

A: Life On Mars
B: The Man Who Sold The World
RCA BOW 502
1983.6／—

**David Bowie**

A: Heroes
B: V-2 Schneider
RCA BOW 513
1983.6／—

**David Bowie**

A: Rebel Rebel
B: Queen Bitch
RCA BOW 514
1983.6／—

**David Bowie**

A: The Jean Genie
B: Ziggy Stardust
RCA BOW 515
1983.6／—

**David Bowie**

A: DJ
B: Repetition
RCA BOW 516
1983.6／—

**David Bowie**

A: John, I'm Only Dancing
B: Hang On To Yourself
RCA BOW 517
1983.6／—

**David Bowie**

A: Golden Years
B: Can You Hear Me?
RCA BOW 508
1983.6／—

**David Bowie**

A: TVC15
B: We Are The Dead
RCA BOW 509
1983.6／—

**David Bowie**

A: Sound And Vision
B: A New Career In A New Town
RCA BOW 510
1983.6／—

**David Bowie**

A: Be My Wife
B: Speed Of Life
RCA BOW 511
1983.6／—

**David Bowie**

A: Beauty And The Beast
B: Sense Of Doubt
RCA BOW 512
1983.6／—

**David Bowie**

A: White Light/White Heat
B: Cracked Actor
RCA RCA 372
1983.10／46位

**David Bowie**

[7]
A: Blue Jean
B: Dancing With The Big Boys
EMI America EA 181
[12]
A: Blue Jean (Extended Dance Mix)
B: Dancing With The Big Boys (Extended Dance Mix) / Dancing With The Big Boys (Extended Dub Mix)
EMI America 12EA 181
1984.9.22／6位

**David Bowie**

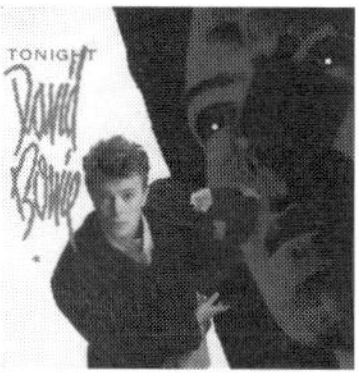


[7]
A: Tonight
B: Tumble And Twirl
EMI America EA 187
[12]
A: Tonight (Extended Dance Mix)
B: Tumble And Twirl (Extended Dance Mix) / Tonight (Dub Mix)
EMI America 12EA 187
1984.12.8／53位

**David Bowie / Pat Metheny Group**

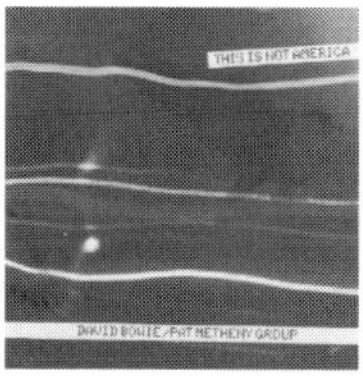


[7]
A: This Is Not America
B: This Is Not America (Instrumental) (Pat Metheny Group)
EMI America EA 190
[12]
A: This Is Not America
B: This Is Not America (Instrumental) (Pat Metheny Group)
EMI America 12EA 190
1985.1／14位

**David Bowie**

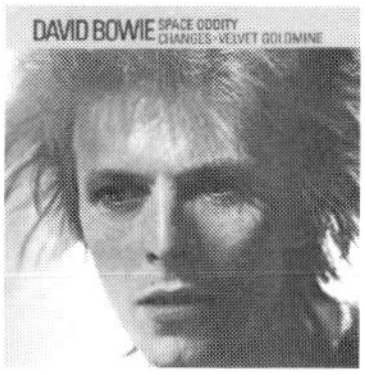


A: Space Oddity
B: Changes / Velvet Goldmine
RCA BOW 518
1983.6／85位

**David Bowie**

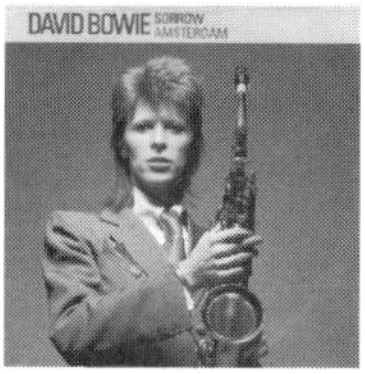


A: Sorrow
B: Amsterdam
RCA BOW 519
1983.6／—

**David Bowie**

A: Breaking Glass (Live)
B: Art Decade (Live) / Ziggy Stardust (Live)
RCA BOW 520
1983.6／—

**David Bowie**

[7]
A: China Girl
B: Shake It
EMI America EA 157
[12]
A: China Girl
B: Shake It
EMI America 12EA 157
1983.6.11／2位

**David Bowie**

[7]
A: Modern Love
B: Modern Love (Live Version)
EMI America EA 158
[12]
A: Modern Love
B: Modern Love (Live Version)
EMI America 12EA 158
1983.9.12／2位

**David Bowie**

[7]
A: When The Wind Blows
B: When The Wind Blows (Instrumental)
Virgin VS 906
[12]
A: When The Wind Blows (Extended Mix)
B: When The Wind Blows (Instrumental)
Virgin 906-12
1986.10／44位

**David Bowie**

[7]
A: Day-In Day-Out (Single Version)
B: Julie
EMI America EA 230
[12]
A: Day-In Day-Out (Extended Dance Mix)
B: Day-In Day-Out (Extended Dub Mix) / Julie
EMI America 12EA 230
1987.3／17位

**David Bowie**

[7]
A: Time Will Crawl (Single Version)
B: Girls (Single Edit)
EMI America EA 237
[12]
A: Time Will Crawl (Extended Dance Mix)
B: Time Will Crawl / Girls (Extended Edit)
EMI America EA 237
[12]
A: Time Will Crawl (Dance Crew Mix)
B: Time Will Crawl (Dub) / Girls (Japanese Version)
EMI America EAX 237
1987.6／33位

**David Bowie**

[7]
A: Loving The Alien (Remix)
B: Don't Look Down (Remix)
EMI America EA 195
[12]
A: Loving The Alien (Extended Dance Mix)
B: Don't Look Down (Extended Dance Mix) / Loving The Alien (Extended Dub Mix)
EMI America 12EA 195
1985.5／19位

**David Bowie And Mick Jagger**

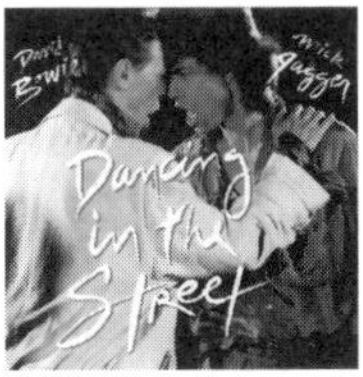


[7]
A: Dancing In The Street (Clearmountain Mix)
B: Dancing In The Street (Instrumental)
EMI America EA 204
[12]
A: Dancing In The Street (Steve Thompson Mix)
B: Dancing In The Street (Dub Version) / Dancing In The Street (Edit)
EMI America 12EA 204
1985.8／1位

**David Bowie**

[7]
A: Absolute Beginners
B: Absolute Beginners (Dub Mix)
Virgin VS 838
[12] [CD]
A: Absolute Beginners (Full Length Version)
B: Absolute Beginners (Dub Mix)
Virgin VSG 838-12
1986.3.3／2位

**David Bowie**

[7]
A: Underground
B: Underground (Instrumental)
EMI America EA 216
[12]
A: Underground (Extended Dance Mix)
B: Underground (Dub) / Underground (Instrumental)
EMI America 12EA 216
1986.6／21位

### Tin Machine

[7]
A: Prisoner Of Love (Edit)
B: Baby Can Dance (Live)
EMI USA MT 76
[12]
A: Prisoner Of Love (LP Version)
B: Baby Can Dance (live) / Crack City (live)
EMI USA 12MT 76
[CD]
1. Prisoner Of Love (Edit) / 2. Baby Can Dance (live) / 3. Crack City (live) / 4. Prisoner Of Love (LP Version)
EMI USA CDMT 76
1989.10.30／77位

### David Bowie

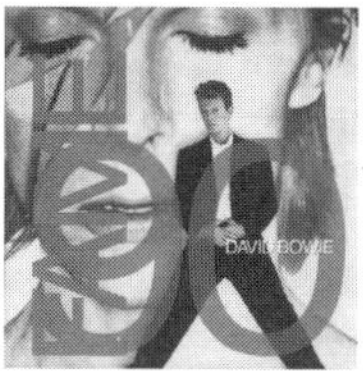

[7]
A: Fame 90 (Gass Mix)
B: Fame 90 (Queen Latifah's Rap Version)
EMI USA FAME 90
[12]
A: Fame 90 (House Mix)
B: Fame 90 (Hip Hop Mix)/ Fame 90 (Gass Mix)
EMI USA 12FAME 90
[CD]
1. Fame 90 (House Mix) / 2. Fame 90 (Hip Hop Mix) / 3. Fame 90 (Gass Mix) / 4. Fame 90 (Queen Latifah's Rap Version)
EMI USA CDFAME 90
[Pic. Disc]
A: Fame 90 (Gass Mix)
B: Fame 90 (Bonus Beat Mix)
EMI USA FAMEPD 90
1990.3.26／28位

### Adrian Belew Featuring David Bowie

[7]
A: Pretty Pink Rose (Edit)
B: Heartbeat
Atlantic A 7904
[12] [CD]
A: Pretty Pink Rose
B: Heartbeat / Oh Daddy
Atlantic A7904T (12inch)
Atlantic A7904CD (CD)
1990.5／—

### David Bowie

[7]
A: Never Let Me Down (Single Version)
B: '87 And Cry (Single Version)
EMI America EA 239
[12]
A: Never Let Me Down (Extended Dance Remix)
B: '87 And Cry (Edit) / Never Let Me Down (Dub) / Never Let Me Down (Acapella)
EMI America 12EA 239
1987.8／34位

### Queen And David Bowie

[CD]
1. Under Pressure／2. Soul Brother (Queen)
Parlophone QUECD9
1988.12.5／—

### Tin Machine

[7]
A: Under The God
B: Sacrifice Yourself
EMI USA MT 68
[12]
A: Under The God / Sacrifice Yourself
B: Interview
EMI 12MT 68
[CD]
1. Under The God / 2. Sacrifice Yourself / 3. The Interview
EMI USA CDMT 68
1989.6.19／51位

### Tin Machine

[7]
A: Tin Machine
B: Maggie's Farm (Live)
EMI USA MT 73
[12]
A: Tin Machine
AA: Maggie's Farm (live) / I Can't Read (live)
EMI USA 12MT 73
[CD]
1. Tin Machine / 2. Maggie's Farm (live) / 3. I Can't Read (live) / 4. Bus Stop (live)
EMI USA CDMT 73
1989.8／48位

### David Bowie

[7]
A: Real Cool World
B: Real Cool World (Instrumental)
Warner Bros. W 0127
[12]
A: Real Cool World (12″ Club Mix) / Real Cool World (Cool Dub Thing #2)
B: Real Cool World (Cool Dub Thing #1) / Real Cool World (Cool Dub Overture)
Warner Bros. W 0127(T)
[CD]
1. Real Cool World (Album Edit)／2. Real Cool World (Radio Remix)／3. Real Cool World (Cool Dub Thing #1)／4. Real Cool World (12″ Club Mix)／5. Real Cool World (Cool Dub Overture)／6. Real Cool World (Cool Dub Thing #2)
Warner Bros. 9362-40575-2
1992.8／53位

### Tin Machine

[7]
A: You Belong In Rock 'N' Roll
B: Amlapura
London/Victory LON 305
A: You Belong In Rock 'N' Roll (Extended Version) / You Belong In Rock 'N' Roll (LP Version)
B: Amlapura (Indonesian Version) / Shakin' All Over (live)
London/Victory LONX 305
[12]
You Belong In Rock 'N' Roll (Extended Version) / You Belong In Rock 'N' Roll (LP Version) / Amlapura (Indonesian Version) / Shakin' All Over (live)
London/Victory LONCD 305
**[CDS in Tin Can w Poster]**
You Belong In Rock 'N' Roll / Amlapura (Indonesian Version) / Stateside/ Hammerhead
London/Victory LONCDT 305
1991.8／33位

### David Bowie

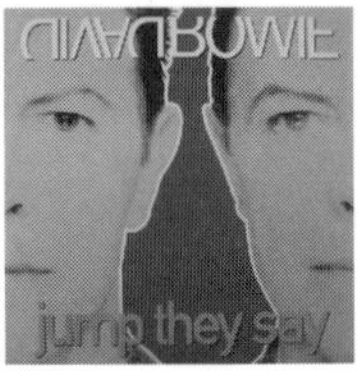


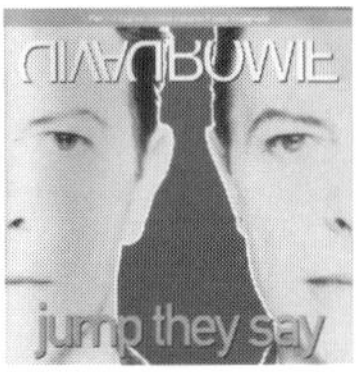

[7]
A: Jump They Say (7″ Version)
B: Pallas Athena (Don't Stop Praying Mix)
Arista/BMG 74321 13942 7 JB
[12]
A: Jump They Say (Hard Hands Mix) / Jump They Say (Full Album Version)
B: Jump They Say (Leftfield 12″ Vocal) / Jump They Say (Dub Oddity Mix)
Arista/BMG 74321 13942 1
[CD1]
1. Jump They Say (7″ Version) / 2. Jump They Say (Hand Hands Mix) / 3. Jump They Say (JAE-E Remix) / 4. Pallas Athena (Don't Stop Praying Mix)
Arista/BMG 74321 139422
[CD2]
1. Jump They Say (Brothers In Rhythm Mix) / 2. Jump They Say (Brothers In Rhythm Instrumental) / 3. Jump They Say (Leftfield 12″ Vocal) / 4. Jump They Say (Full Album Version)
Arista/BMG 74321 139432
1993.3／9位

### Tin Machine

[7]
A: Baby Universal
B: You Belong In Rock 'N' Roll
London/Victory LON 310
[12]
A: Baby Universal (Extended)
B: Universal (Extended) / A Big Hurt (live) / Baby Universal (live)
London/Victory LONX 310
**[CD in Can Box]**
Baby Universal (7″mix) / Stateside (live) / If There Is Something (live) / Heaven's In Here (live).
London/Victory LONCDT310
1991.10／48位

### David Bowie

[7]
A: Strangers When We Meet
B: The Man Who Sold The World (Live)
RCA/BMG 74321 32940 7
[CD]
1. Strangers When We Meet (Edit) / 2. The Man Who Sold The World (live) / 3. Strangers When We Meet ("Outside" Version) / 4. Get Real
RCA/BMG 74321 32940 2
1995.11／39位

### David Bowie

[7]
A: Hallo Spaceboy (Remix)
B: The Heart's Filthy Lesson (Radio Edit)
RCA/BMG 74321 35384 7
[CD]
1. Hallo Spaceboy (Remix) / 2. Under Pressure (live) / 3. Moonage Daydream (live) / 4. The Hearts Filthy Lesson (Radio Edit)
RCA/BMG 74321 35384 2
1996.2／12位

### David Bowie Vs. A Guy Called Gerald Vs. Adam F

[12]
A: Telling Lies (Paradox Mix)
B: Telling Lies (Feelgood Mix) / Telling Lies (Adam F Mix)
BMG/RCA 74321 39741 1
[CD]
1. Telling Lies (Feelgood Mix) / 2. Telling Lies (Paradox Mix) / 3. Telling Lies (Adam F Mix)
RCA/BMG 74321 39741 2
1996.11.4／76位

### David Bowie Featuring Al B. Sure!

[7]
A: Black Tie White Noise
B: You've Been Around (Jack Dangers Remix) (David Bowie)
Arista 74321 14868 7
[CD]
1. Black Tie White Noise (Radio Edit) / 2. Black Tie White Noise (Extended Remix) / 3. Black Tie White Noise (Urban Mix) / 4. You've Been Around (Dangers Remix) (David Bowie)
Arista/BMG 74321 14868 2
1993.5／36位

### David Bowie

[7]
A: Miracle Goodnight
B: Looking For Lester
Arista 74321 16226 7
[CD]
1. Miracle Goodnight (Album Version) / 2. Miracle Goodnight (12" 2 Chord Philly Mix) / 3. Miracle Goodnight (Maserati Blunted Dub) / 4. Looking For Lester (Album Version)
Arista/BMG 74321 16226 2
1993.10／40位

### David Bowie

[7]
A: Buddha Of Suburbia
B: Dead Against It
Arista 74321 17705 7
[CD]
1. Buddha Of Suburbia / 2. South Horizon / 3. Dead Against It / 4. Buddha Of Suburbia (Rock Mix)
Arista/BMG 74321 177052
1993.11／35位

### David Bowie

[Pic. Disc]
A: The Hearts Filthy Lesson (Alt. Mix) / The Hearts Filthy Lesson (Bowie Mix)
B: The Hearts Filthy Lesson (Rubber Mix) / The Hearts Filthy Lesson (Simple Text Mix) / The Hearts Filthy Lesson (Filthy Mix)
Arista/BMG 74321 30338 2
[CD]
1. The Hearts Filthy Lesson (Radio Edit) / 2. I Am With Name (Album Version)／3. The Hearts Filthy Lesson (Alt. Mix) / 4. The Hearts Filthy Lesson (Bowie Mix)
Arista/BMG 74321 30703 2
1995.9.11／35位

## David Bowie

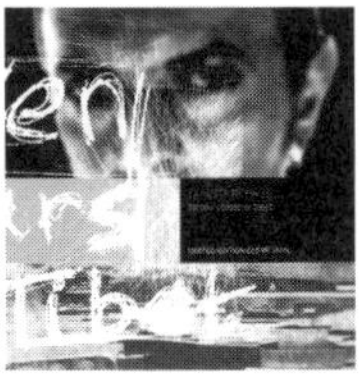

[7]
A: Seven Years In Tibet
B: Seven Years In Tibet (Mandarin Version)
RCA/BMG 74321 51254 7
[CD]
1. Seven Years In Tibet (Edit) / 2. Seven Years In Tibet (Mandarin Version) / 3. Pallas Athena (live)
RCA/BMG 74321 51254 2
1997.8.18／61位

## David Bowie with The Lower Third

### I Dig Everything: The 1966 Pye Singles

[7×3]
A: Can't Help Thinking About Me
B: And I Say To Myself
**David Bowie**
C: Do Anything You Say
D: Good Morning Girl
E: I Dig Everything
F: I'm Not Losing Sleep
Castle Music ESB07 765
1999／—

## David Bowie

[CD]
1. Thursday's Child (Edit) / 2. Thursday's Child (Rock Mix) / 3. We Shall Go To Town / 4. 1917
Virgin VSCDF 1753
[Ltd.CD1]
1. Thursday's Child (Radio Edit) / 2. We All Go Through / 3. No One Calls
Virgin VSCDT 1753
[Ltd.CD2]
1. Thursday's Child (Rock Mix) / 2. We Shall Go To Town / 3. 1917 / 4. Thursday's Child (video)
Virgin VSCDX 1753
1999.9.20／16位

## David Bowie

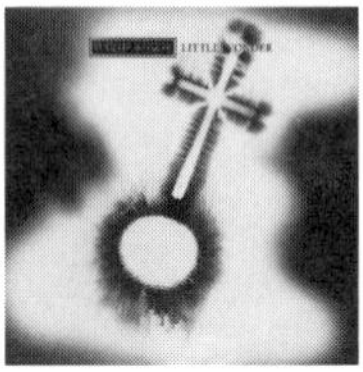

[12]
A: Little Wonder (Club Dub Junior Mix)
B: Little Wonder (Danny Saber Dance Mix) / Telling Lies (Adam F Mix)
BMG/RCA 74321452071
[CD1]
1. Little Wonder (Edit) / 2. Little Wonder (Ambient Junior Mix) / 3. Little Wonder (Club Dub Junior Mix) / 4. Little Wonder (4/4 Junior Mix) / 5. Little Wonder (Junior's Club Instrumental)
BMG/RCA 74321452072
[CD2]
1. Little Wonder (Edit) / 2. Telling Lies (Adam F Mix) / 3. Jump They Say (Leftfield 12″ Vocal) / 4. Little Wonder (Danny Saber Remix)
BMG/RCA 74321452082
1997.1.27／14位

## David Bowie

[CD1]
1. Dead Man Walking (Album Version) / 2. Dead Man Walking (Moby Mix) / 3. Dead Man Walking (House Mix) / 4. Dead Man Walking (This One's Not Dead Yet Remix)
BMG/RCA 74321475852
[CD2]
1. Dead Man Walking (Edit) / 2. I'm Deranged (Jungle Mix) / 3. The Hearts Filthy Lesson (Good Karma Mix)
BMG/RCA 74321475842
1997.4.14／32位

## David Bowie

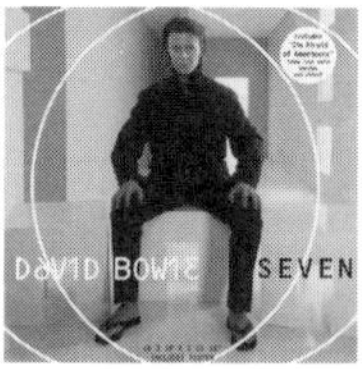

[CD1]
1. Seven (Marius de Vries Mix) / 2. Seven (Remix by Beck) / 3. Seven (Demo)
Virgin VSCDT 1776
[CD2]
1. Seven (Album Version) / 2. I'm Afraid Of Americans (Nine Inch Nails V1 Mix) / 3. I'm Afraid Of Americans (Video)
Virgin VSCDX 1776
[CD3]
1. Seven (live) / 2. Something In The Air (live) / 3. The Pretty Things Are Going To Hell (live)
Virgin VSCDXX 1776

2000.7.17／32位

## Queen And David Bowie

[Pic. Disc]
A: Under Pressure (Rah Mix)
B: Bohemian Rhapsody (Queen)
Parlophone QUEENPD 28
[CD1]
1. Under Pressure (Rah Mix) / 2. Bohemian Rhapsody (Queen) / 3. Thank God It's Christmas (Queen)
Parlophone CDQUEEN 28
[CD2]
1. Under Pressure (Rah Mix Radio Edit) / 2. Under Pressure (Mike Spencer Mix) / 3. Under Pressure (Knebworth Mix)(Queen) / 4. Under Pressure (video)
Parlophone CDQUEENS 28

1999.12／14位

## The Scumfrog vs Bowie

[12]
A: Loving The Alien
B: 8 Days, 7 Hours (Scumfrog)
Positiva 12TIV-172
[CD]
1. Loving The Alien (Radio Edit) / 2. Loving The Alien / 3. 8 Days, 7 Hours (Scumfrog) / 4. Loving The Alien (video)
Positiva CDTIV-172

2002.4.29／—

## David Bowie

[Pic. Disc]
A: Survive
B: Seven (Live)
Virgin VSP 1767
[CD1]
1. Survive (Marius de Vries Mix) / 2. Survive (Album Version) / 3. The Pretty Things Are Going To Hell (Stigmata Film Version) / 4. Survive (video)
Virgin VSCDT 1767
[CD2]
1. Survive (live) / 2. Thursday's Child (live) / 3. Seven (live) / 4. Survive (live video)
Virgin VSCDX 1767

2000.1／28位

### Under The Counter (David Bowie)

A: Infamy (Re-edit of 'Fame')
B: Tarpey Tunnel Syndrome (Under The Counter)
Zirkus Z 005
2008.6.23／—

### David Bowie

**Quentin Tarantino's Inglourious Basterds - Motion Picture Soundtrack**

A: Cat People (Putting Out The Fire)
B: The Green Leaves Of Summer (Nick Perito)
A Band Apart 7-520888

### David Bowie vs KCRW

**Golden Years**

[12]
A: Single Version / Anthony Valdez KCRW Remix / Eric J. Lawrence KCRW Remix
B: Chris Douridas KCRW Remix / Jeremy Sole KCRW Remix
EMI 12 BOWGY 2011
[CD]
1. Single Version／2. Anthony Valdez KCRW Remix／3. Eric J. Lawrence KCRW Remix／4. Chris Douridas KCRW Remix／5. Jeremy Sole KCRW Remix
EMI BOWGY 2011
2011.6.6／—

### David Bowie

[Pic. Disc]
A: Starman (Original Single Version)
B: Starman (Top Of The Pops Version)
EMI DBSTAR 40
2012.4.21／—

### David Bowie

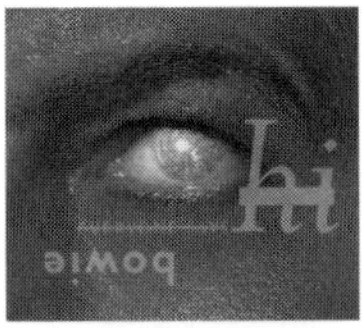
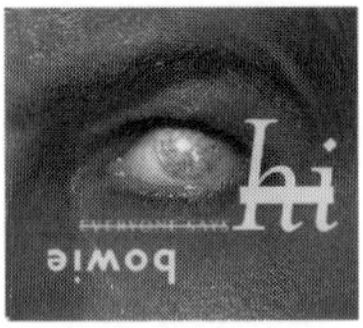
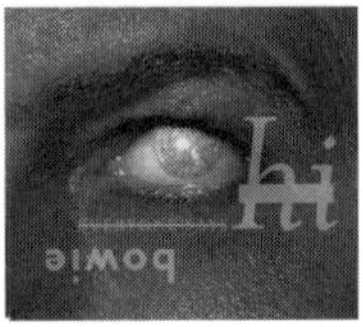

[CD1]
1. Everyone Says 'Hi' (Radio Edit) / 2. Safe/Wood Jackson (Album Version)
ISO/Columbia 673134 2
[CD2]
1. Everyone Says 'Hi' (Radio Edit) / 2. When The Boys Come Marching Home (Album Version) / 3. Shadow Man (Album Version)
ISO/Columbia 673134 3
[CD3]
1. Everyone Says 'Hi' (Radio Edit) / 2. Baby Loves That Way (Album Version) / 3. You've Got A Habit Of Leaving (Album Version)
ISO/Columbia 673134 5
2002.9.16／20位

### Solaris vs Bowie

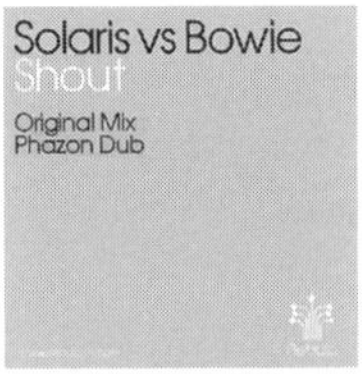


[12]
A: Shout (Original Mix)
B: Shout (Phason Dub)
Nebula NEBT038
2002.11／175位

### David Gilmour featuring David Bowie

[7]
A: Arnold Layne
B1: Arnold Layne (David Gilmour Featuring Richard Wright) / Dark Globe (David Gilmour)
EMI EM 717
[CD]
1. Arnold Layne / 2. Arnold Layne (David Gilmour Featuring Richard Wright) / 3. Dark Globe (David Gilmour)
EMI CDEM 717
2006.12.26／19位

## David Bowie

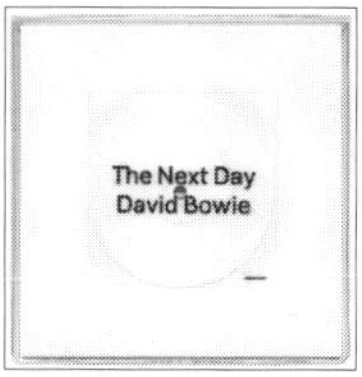


[Pic. Disc]
A: The Next Day
B: The Next Day
Columbia [Sony]
88883741287

## David Bowie

[Pic. Disc]
A: John, I'm Only Dancing (Original Single Version)
B: John, I'm Only Dancing (Sax Version)
EMI DBJOHN 40
2012.9.3／—

## David Bowie

[Pic. Disc]
A: Life On Mars? (2003 Ken Scott Mix)
B: Life On Mars? (Live) (2013 - Remaster)
EMI DBMARS 40
2013.6.24／—

## David Bowie

[Pic. Disc]
A: The Jean Genie (Original Single Version)
B: The Jean Genie (Top Of The Pops Version)
EMI DBJEAN 40
2012.11.19／—

## David Bowie

[Pic. Disc]
A: Valentine's Day
B: Plan
Columbia [Sony]
88883756667
2013.8.19／—

## David Bowie

A: The Stars (Are Out Tonight)
B: Where Are We Now?
Columbia [Sony]
88883705557
2013.4.20／102位

## David Bowie

[Pic. Disc]
A: Sorrow
B: Sorrow (Live)
Parlophone DBSOZ 4030
2013.10.14／—

## David Bowie

[Pic. Disc]
A: Drive-In Saturday
B: Drive-In Saturday (Russell Harty Plus Pop Version)
EMI DBDRIVE 40
2013.4.20／—

## David Bowie

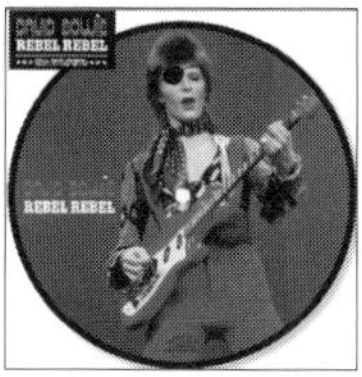


[Pic. Disc]
A: Rebel Rebel (Original Single Mix)
B: Rebel Rebel (US Single Version)
Parlophone DBREBEL 40
2014.3.10／—

## David Bowie

**Bowie 1965!**

**The Manish Boys**
A: I Pity The Fool / Take My Tip
**Davy Jones And The Lower Third**
B: You've Got A Habit Of Leaving / Baby Loves That Way
Parlophone GEP 8968
2013.4.20／—

**David Bowie**

[Pic. Disc]
A: Changes
B: Eight Line Poem (Gem Promo Version)
Parlophone DBRSD 2015
2015.4.18/—

**David Bowie**

[Pic. Disc]
A: Rock 'n' Roll Suicide
B: Rock 'n' Roll Suicide (Ziggy Stardust The Motion Picture Version)
Parlophone DBROCK 40
2014.4.19/—

**David Bowie / Tom Verlain**

**Side By Side**

A: Kingdom Come (David Bowie)
B: Kingdom Come (Tom Verlaine)
Rhino R7-547633
2015.4.18/—

**David Bowie**

[Pic. Disc]
A: Diamond Dogs
B: Diamond Dogs (David Live - 2005 Mix)
Parlophone DBDOGS40
2014.6.23/—

**David Bowie**

[Pic. Disc]
A: Fame (Original Single Edit)
B: Right (Alternative Mix)
Parlophone DBFAME 40
2015.7.24/—

**David Bowie**

[Pic. Disc]
A: Knock On Wood (Live 2005 Mix)
B: Rock 'n' Roll With Me (Live 2005 Mix)
Parlophone DBKOW40
2014.9.22/—

**David Bowie**

[Pic. Disc]
A: Space Oddity (UK Single Edit)
B: Wild Eyed Boy From Freecloud (Single B-Side)
Parlophone DBSO 140
2015.10.2/—

**David Bowie**

[10]
A: Sue (Or In A Season Of Crime)
B: 'Tis A Pity She Was A Whore / Sue (Or In A Season Of Crime) (Radio Edit)
Parlophone 10RDB2014
2014.11.14/—

**David Bowie**

[Pic. Disc]
A: Golden Years (Single Version)
B: Station To Station (Single Edit)
Parlophone DBGOLD 40
2015.11.13/—

**David Bowie**

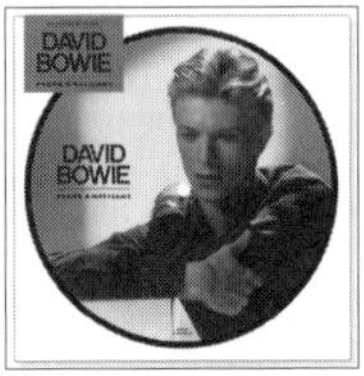

[Pic. Disc]
A: Young Americans (2007 Tony Visconti Mix Single Edit)
B: It's Gonna Be Me (With Strings)
Parlophone DBYA40
2015.2.23/—

**David Bowie**

[Pic. Disc]
A: Beauty And The Beast
B: Blackout (Live In Berlin)
Parlophone DBBATB40
2018.1.5／—

**David Bowie**

[Pic. Disc]
A: Zeroes (2018) (Radio Edit)
B: Beat Of Your Drum (2018) (Radio Mix)
Parlophone DB7 8388
2018.9.7／—

**David Bowie**

[Pic. Disc]
A: Breaking Glass (Live) / Art Decade (Live)
B: Hang On To Yourself (Live) / Ziggy Stardust (Live)
Parlophone DBBG40
2018.11.16／—

**David Bowie With John 'Hutch' Hutchinson**

**Clareville Grove Demos**

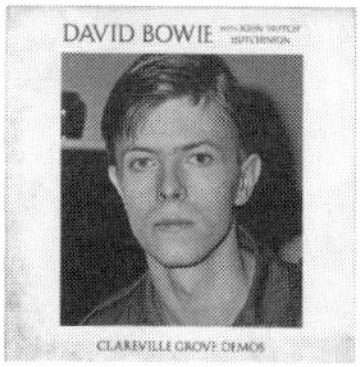


[7×3]
A: Space Oddity (Clareville Grove Demo Final Lyrics 2019 Remaster)
B: Lover To The Dawn (Clareville Grove Demo)
C: Ching-a-Ling (Clareville Grove Demo)
D: An Occasional Dream (Clareville Grove Demo 2019 Remaster)
E: Let Me Sleep Beside You (Clareville Grove Demo)
F: Life Is A Circus (Clareville Grove Demo)
Parlophone
0190295495060
2019.5.17／—

**David Bowie**

[Pic. Disc]
A: TVC15 (Original Single Edit)
B: Wild Is The Wind (2010 Harry Maslin Mix Single Edit)
Parlophone DBTVC40
2016.4.16／—

**David Bowie**

[Pic. Disc]
A: Sound And Vision (2017 Remastered Version)
B: Sound And Vision (2013)
Parlophone DBSAV40
2017.2.10／—

**David Bowie**

**No Plan**

[12]
A: Lazarus / No Plan / Killing A Little Time / When I Met You
B: —
ISO 88985419651
[CD]
Lazarus / No Plan / Killing A Little Time / When I Met You
ISO 88985419612
2017.4.24／92位

**David Bowie**

[Pic. Disc]
A: Be My Wife
B: Art Decade (Live Perth '78)
Parlophone DBBMW 40
2017.6.16／—

**David Bowie**

[Pic. Disc]
A: Heroes (Single Version)
B: Heroes (Marc Show Version)
Parlophone DBHERO40
2017.9.22／—

**David Bowie**

**Is It Any Wonder?**

[12]
A: Baby Universal '97 / Fun (Clownboy Mix) / Stay '97
B: I Can't Read '97 / Nuts / The Man Who Sold The World (Live Eno Mix)
Parlophone DB 80120
[CD]
1. Baby Universal '97／2. Fun (Clownboy Mix)／3. Stay '97／4. I Can't Read '97／5. Nuts／6. The Man Who Sold The World (Live Eno Mix)
Parlophone DBCD 80120
2020.3.20／—

**David Bowie**

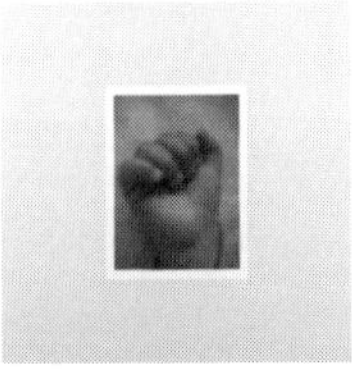

A: Mother
B: Tryin' To Get To Heaven (Single Edit)
ISO DB 80147
2021.1.15／—

**David Bowie & Morrissey**

A: Cosmic Dancer (Live)
AA: That's Entertainment (Morrissey)
Parlophone R 6483
2021.2.19／—

**David Bowie**

**The Width Of A Circle**

[10]
A: The Prettiest Star (2020 Mix) / London Bye, Ta-Ta (2020 Mix)
B: Memory Of A Free Festival (Single Version - 2020 Mix) / Holy Holy (2020 Mix)
Parlophone 10WOAC50
2021.5.28／—

**David Bowie**

[Pic. Disc]
A: Boys Keep Swinging (2017 Tony Visconti Mix)
B: I Pray, Olé
Parlophone DBBOYS40
2019.5.17／—

**David Bowie**

[Pic. Disc]
A: D.J. (2017 Tony Visconti Mix - Single Edit)
B: Boys Keep Swinging (Kenny Everett Video Show Version)
Parlophone DBDJ40
2019.6.28／—

**David Bowie**

**Space Oddity 50th Anniversary Edition**

[7×2]
A: Space Oddity (Original Mono Single Edit)
B: Wild Eyed Boy From Freecloud (Original Mono Single Version)
C: Space Oddity (2019 Mix - Single Edit)
D: Wild Eyed Boy From Freecloud (2019 Mix - Single Version)
Parlophone DBSO 72019.0190295473792
2019.7.12／—

**David Bowie**

[Pic. Disc]
A: Alabama Song
B: Joe The Lion (Live Earls Court '78 Soundcheck) / Alabama Song (Live Earls Court '78)
Parlophone DBALAS40
2020.2.14／—

Chapter 11

# Soundtracks & Other Works

森 次郎

**David Bowie Narrates Prokofiev's Peter And The Wolf / Young Person's Guide To The Orchestra**

US・RCA Red Seal／ARL1-2743（1978年）

**Just A Gigolo - The Original Soundtrack**

UK・Jambo Records／JAM 1（1979年）

**Christiane F. Wir Kinder Vom Bahnhof Zoo - Original Soundtrack Zum Film**

GER・RCA／BL 43606（1981年）

**David Bowie In Bertolt Brecht's Baal**

UK・RCA／BOW 11［EP］（1982年）

本項では、ボウイ名義以外の仕事について代表的なものを紹介する。

ジェイ・デイヴィッド・サックスのプロデュースによる『ピーターと狼』のプロジェクトで、ボウイはナレーションを担当した。ロシアの作曲家、セルゲイ・プロコフィエフによって書かれた『ピーターと狼』を、ユージン・オーマンディの指揮でフィラデルフィア管弦楽団が演奏している。本作は評判を呼び、79年の第21回グラミー賞ではベスト・チルドレンズ・アルバムにノミネートされた。

次に、映画やテレビのサウンドトラックへの参加について取り上げていこう。ボウイ主演の映画『ジャスト・ア・ジゴロ』のサントラに、ザ・レベルス名義で「革命の歌」を提供している。ほとんどの楽器をボウイ自身が演奏し、第一次世界大戦後という映画の設定にふさわしい、レトロな雰囲気を醸し出している。日本ではシングル・カットされた。

ボウイも本人役で出演した『クリスチーネ・F』のサントラは、ベルリン3部作を中心としたボウイのコンピレーション・アルバムになっている。「ステイション・トゥ・ステイション」はライヴ・アルバム『ステージ』のヴァージョンだ。

ベルトルト・ブレヒト原作の戯曲『バール』を、英BBCがボウイ主演でテレビ・ドラマ化した際、5曲入りサントラEPが発売された。ボウイとヴィスコンティのプロデュースで、ブレヒトやクルト・ワイルなどによって書かれた楽曲に、小編成のアレンジが施されている。ボウイのヴォーカリストとしての魅力が再認識できる1枚だ。

ジョルジオ・モロダーが手がけた映画『キャット・ピープル』のサントラにも、2曲でクレジットされている。タイトル曲「キャット・ピープル（プッティング・アウト・ザ・ファイア）」に作詞とヴォーカル、「ザ・ミス」にはハミングで参加した。前者はのちに『レッツ・ダンス』でリメイクされることになる。

パット・メセニー・グループによる『コードネームはファルコン』のサウンドトラック・アルバムの中の1曲、「ディス・イズ・ノット・アメリカ」には作詞とヴォーカルで参加した。80年代らしいシンセサイザーの音が目立つが、ボウイのクールな歌声とマッチしているので、未だに古びて聴こえることはない。

ボウイが主演した『ラビリンス』のサントラでは、トレヴァー・ジョーンズとの共作を含む6曲をレコーディングしている。「マジック・ダンス」はMTVで垂れ流されていたような80年代ポップ。「チリー・ダウン」はコミカルな仕上がりで、いかにもサントラ向きの仕上がりだ。「アズ・ザ・ワールド・フォールズ・ダウン」や「ウィズイン・ユー」、「アンダーグラウンド」は、サウンドはややチープだが、ボウイらしいメロディとヴォーカルが楽しめる。

セックス・ピストルズの映画『ザ・グレイト・ロックンロール・スウィンドル』などで知られる、ジュリアン・テンプルが監督したミュージカル映画『ビギナーズ』のサントラに、ボウイは3曲を提供した。タイトル曲は8分近いが、見事なアレンジとポップなメロディが長さを感じさせない。「ザッツ・モティヴェーショ

**Cat People - Original Soundtrack**

US・MCA／MCA-1498（1982年）

**The Falcon And The Snowman - Original Motion Picture Soundtrack**

US・EMI America／SV-17150（1985年）

**Labyrinth - From The Original Soundtrack Of The Jim Henson Film**

US・EMI America／SV-17206（1986年）

**Absolute Beginners - The Original Motion Picture Soundtrack**

UK・Virgin／VD 2514（1986年）

**When The Wind Blows - Original Motion Picture Soundtrack**

UK・Virgin／V2406（1986年）

**Moulin Rouge - Music From Baz Luhrmann's Film**

EU・Interscope / Twentieth Century Fox Film Corporation／490 507-2［CD］（2001年）

**Lazarus - The Original Cast Recording**

US・Columbia／88985374912［CD］（2016年）

**The Man Who Fell To Earth - Original Soundtrack Recording**

UK・UMC／479 903-0［CD］（2016年）

ン」はシアトリカルな展開だ。「ヴァラーレ」ではジャジーなヴォーカルが楽しめる。アルバムにはボウイのほかにシャーデーや（ザ・キンクスの）レイ・デイヴィス、スタイル・カウンシルらが参加した。ギル・エヴァンスによる、タイトル曲の別ヴァージョンも収録されている。

　ボウイは核戦争の恐怖を描いたアニメーション映画、『風が吹くとき』の主題歌も担当した。映画の原作はレイモンド・ブリッジズのコミック。音楽はロジャー・ウォーターズが手がけた。

　映画『ムーランルージュ』のサントラには、ナット・キング・コールで知られる「ネイチャー・ボーイ」を2ヴァージョン提供した。ラストに収録されたのは、マッシヴ・アタックとの共演版だ。なおサントラ盤には、ベックによる「ダイアモンドの犬」のカヴァーも収録。

　『ラザルス』はボウイが最後に手がけていたプロジェクトのひとつで、『地球に落ちてきた男』の後日譚を描いたミュージカルだ。オフ・ブロードウェイで15年11月18日から16年1月20日まで上演された。ボウイがカーテンコールに登場したこともあったという。本作に使われたボウイの楽曲のうち、『★』に収録された「ラザルス」を含む4曲が新曲だ。

　ボウイ主演による映画『地球に落ちてきた男』のサントラ盤は、公開から40年が経ってようやくリリースされた。ツトム・ヤマシタやジョン・フィリップス（ママズ＆パパズ）が、多くの曲を提供しているが、ボウイの楽曲は収録されていない。しかしジャケットがボウイの美しい顔のアップなので、紹介しておく。

盟友ミック・ロンソンのドキュメンタリー映画『ビサイド・ボウイ〜ミック・ロンソンの軌跡』のサントラでは、多くのボウイ楽曲が取り上げられている。オープニングを飾るのは「すべての若き野郎ども」。92年4月20日にロンドンのウエンブリー・スタジアムで行われた、ザ・フレディ・マーキュリー・トリビュート・コンサートでのライヴ・テイクだ。ロンソン、イアン・ハンター（モット・ザ・フープル）、クイーンらとともにステージに上ったボウイは、主にアルト・サックスを担当している。同じ日の「ヒーローズ」も収録。スタジオ録音では『ジギー・スターダスト』から「ムーンエイジ・デイドリーム」、『アラジン・セイン』からは「クラックド・アクター」「タイム」が選ばれている。

　プロデュース作品についても紹介しておこう。ボウイが最初にプロデューサーとして関わったのが、モット・ザ・フープルの『オール・ザ・ヤング・デューズ』だ。解散寸前だったモットのためにタイトル曲「すべての若き野郎ども」を書き、全英3位のヒットに導いている。アルバムのアレンジはモットとボウイが行い、ミック・ロンソンもストリングスやブラスのアレンジで協力した。

　ルー・リードのセカンド・ソロ・アルバム『トランスフォーマー』も、ミック・ロンソンとプロデュースしている。本作から「パーフェクト・デイ」や「ワイルド・サイドを歩け」、「サテライト・オブ・ラヴ」などの代表曲が生まれ、ルーのソロ・アーティストとしての礎を築くことになったのだ。

**Beside Bowie: The Mick Ronson Story The Soundtrack**

EU・Universal／00600753826300［CD］（2019年）

Mott The Hoople
**All The Young Dudes**

UK・CBS／65184（1972年）

Lou Reed
**Transformer**

US・RCA Victor／LSP-4807（1972年）

Iggy And The Stooges
**Raw Power**

US・Columbia／KC 32111（1972年）

イギー&ザ・ストゥージズの『ロウ・パワー』は、当初はボウイのプロデュースが予定されていたが、最終的にはミックスに協力するのみにとどまっている。

　ボウイとイギー・ポップの関係はさらに続く。ストゥージズ解散後、ドラッグの影響から思うように活動ができなかったイギーに、ボウイは手を差し伸べた。自身のベルリン3部作に先立ってレコーディングしたのが、彼の実質的なソロ・デビュー作になった『イディオット』である。ボウイ色が強く出た作品になったが、ストゥージズのワイルドなイメージを払拭し、知的な面を加えた新たなイギー像を提示することに成功した。また、「チャイナ・ガール」はボウイ自身がヒットさせることになる。

　イギーの次作『ラスト・フォー・ライフ』もボウイのプロデュースによるもの。満面の笑みでジャケットを飾ったイギーの表情もまた、過去のイメージから遠ざかろうとしている意志の現れだろう。『イディオット』のツアーにはボウイも帯同してキーボードを弾いている。その模様はイギーのライヴ・アルバム『ＴＶ・アイ』に4曲が収録された。20年に発売されたイギーのボックス・セット『ザ・ボウイ・イヤーズ』にはＲＣＡでの3作に加えて、ボウイが参加したライヴがＣＤ3枚分発掘されている。

　ボウイは、イギーの86年作『ブラー・ブラー・ブラー』もエンジニアのデイヴィッド・リチャーズと共同プロデュースした。こちらは『レッツ・ダンス』で得たノウハウが生かされ、かなりポップな方向に舵を切った仕上がりになっている。

Iggy Pop
**The Idiot**

US・RCA Victor／APL1-2275（1977年）

Iggy Pop
**Lust For Life**

US・RCA Victor／AFL1-2488（1977年）

Iggy Pop
**TV Eye 1977 Live**

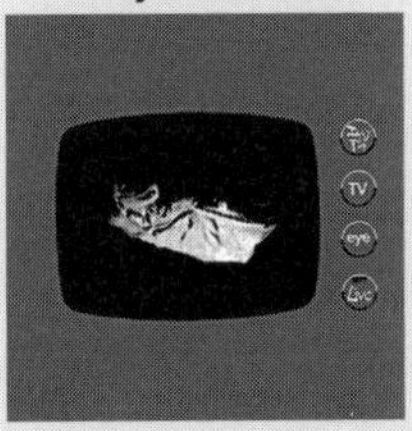

US・RCA Victor／AFL1-2796（1978年）

Iggy Pop
**Blah-Blah-Blah**

US・A&M／SP 5145（1986年）

Chapter 12

# Box & Compilations

犬伏 功

## The Best Of Bowie

UK・K-Tel／NE 1111（1980年）

[**Side A**] 1. Space Oddity / 2. Life On Mars / 3. Starman / 4. Rock 'n' Roll Suicide / 5. John, I'm Only Dancing / 6. The Jean Genie / 7. Breaking Glass / 8. Sorrow

[**Side B**] 1. Diamond Dogs / 2. Young Americans / 3. Fame / 4. Golden Years / 5. TVC 15 / 6. Sound And Vision / 7. Heroes / 8. Boys Keep Swinging

80年のRCA契約満了に伴い、ライセンスを受けたバジェット・レーベルから同年12月にリリースされたベスト・アルバム。アートワークは2ヶ月前に発売されたシングル「ファッション」からデザインを拝借し、アレンジしたものが用いられている。アナログLPの許容量を少し超えた16曲を収めるため、「フェイム」「ゴールデン・イヤーズ」「TBC15（ワン・ファイヴ）」がシングル・エディット・ヴァージョン、「火星の生活」「ダイアモンドの犬」が本作用にエディットされたものとなっており、おかげでディープなファンには〝レア・エディット入り〟の見逃せない編集盤となっている。見るからにチープな作りの廉価盤ではあるが、選曲自体はコンパクトながらも優れており、発売のタイミングも良かったことから英国では3位、オランダで4位の大ヒット・アルバムとなった。

## Sound+Vision

US・Rykodisc／RCD 90120/21/22（1989年）

[**Disc 1**] 1. Space Oddity (Original Demo) / 2. Wild-Eyed Boy From Freecloud (B-Side Version) / 3. The Prettiest Star (Single Version) / 4. London Bye Ta-Ta / 5. Black Country Rock / 6. The Man Who Sold The World / 7. The Bewlay Brothers / 8. Changes / 9. Round And Round / 10. Moonage Daydream / 11. John, I'm Only Dancing / 12. Drive In Saturday / 13. Panic In Detroit / 14. Ziggy Stardust (Live) / 15. White Light / White Heat (Live) / 16. Rock 'N' Roll Suicide (Live)

[**Disc 2**] 1. Anyway, Anyhow, Anywhere / 2. Sorrow / 3. Don't Bring Me Down / 4. 1984 / Dodo / 5. Big Brother / 6. Rebel Rebel (Single Version) / 7. Suffragette City (Live) / 8. Watch That Man (Live) / 9. Cracked Actor (Live) / 10. Young Americans / 11. Fascination / 12. After Today / 13. It's Hard To Be A Saint In The City / 14. TVC15 / 15. Wild Is The Wind

[**Disc 3**] / 1. Sound And Vision / 2. Be My Wife / 3. Speed Of Life / 4. Helden (1989 Remix) / 5. Joe The Lion / 6. Sons Of The Silent Age / 7. Station To Station (Live) / 8. Warszawa (Live) / 9. Breaking Glass (Live) / 10. Red Sails / 11. Look Back In Anger / 12. Boys Keep Swinging / 13. Up The Hill Backwards / 14. Kingdom Come / 15. Ashes To Ashes

[**CDV**] 1. John, I'm Only Dancing (Live) / 2. Changes (Live) / 3. The Supermen (Live) / 4. Ashes To Ashes (Video)

88年に米ライコディスクがデイヴィッド・ボウイのマーキュリー〜RCA時代作品の販売権を獲得し、89年9月にリリースされた初のアンソロジー作品。本ボックスには3枚のCDに加え、短命に終わったCDV規格の映像ディスク（72年10月1日のボストン公演より3曲のライヴ映像と「アッシュズ・トゥ・アッシュズ」のPVを収録）も付属、名実ともにタイトル通りのパッケージとなっている。ここではボウイの69〜80年までのキャリアを総括、「スペイス・オディティ」のデモや「ロンドン・バイ・タ・タ」の70年再録版など8曲の未発表トラックに加え、「レベル・レベル」の米シングル・ヴァージョンなどレア音源も随所に盛り込まれている。ボックスでは異例の20万セットを超えるセールスを記録、90年の米グラミー賞では〈最優秀アルバム・パッケージ賞〉を受賞している。

## Sound+Vision

EU・EMI／07243 594511 2 1（2003年）
EU・Parlophone／DBSAVX 1（2014年）

［Disc 1］
1. Space Oddity (Original Demo) / 2. The Wild-Eyed Boy From Freecloud (B-Side Version) / 3. The Prettiest Star (Single Version) / 4. London Bye Ta-Ta (Stereo Mix) / 5. Black Country Rock / 6. The Man Who Sold The World / 7. The Bewlay Brothers / 8. Changes / 9. Round And Round (Alternate Vocal Mix) / 10. Moonage Daydream / 11. John, I'm Only Dancing (Sax Version) / 12. Drive-In Saturday / 13. Panic In Detroit / 14. Ziggy Stardust (Live '73) / 15. White Light/ White Heat (Live '73) / 16. Rock 'N' Roll Suicide (Live '73) / 17. Anyway, Anyhow, Anywhere / 18. Sorrow / 19. Don't Bring Me Down

［Disc 2］
1. 1984 / Dodo / 2. Big Brother / 3. Rebel Rebel (U.S. Single Version) / 4. Suffragette City (Live '74) / 5. Watch That Man (Live '74) / 6. Cracked Actor (Live '74) / 7. Young Americans / 8. Fascination / 9. After Today (Young Americans Outtake) / 10. It's Hard To Be A Saint In The City (Station To Station Outtake) / 11. TVC15 / 12. Wild Is The Wind / 13. Sound And Vision / 14. Be My Wife / 15. Speed Of Life / 16. “Helden” ('89 Remix) / 17. Joe The Lion / 18. Sons Of The Silent Age

［Disc 3］
1. Station To Station (Live '78) / 2. Warszawa (Live '78) / 3. Breaking Glass (Live '78) / 4. Red Sails / 5. Look Back In Anger / 6. Boys Keep Swinging / 7. Up The Hill Backwards / 8. Kingdom Come / 9. Ashes To Ashes / 10. Baal's Hymn (Der Choral Vom Großen Baal) / 11. The Drowned Girl (Vom Ertrunkenen Mädchen) / 12. Cat People (Putting Out Fire) (Soundtrack Album Version) / 13. China Girl / 14. Ricochet / 15. Modern Love (Live) / 16. Loving The Alien / 17. Dancing With The Big Boys

［Disc 4］
1. Blue Jean / 2. Time Will Crawl / 3. Tin Machine -Baby Can Dance / 4. Tin Machine -Amazing / 5. Tin Machine -I Can't Read / 6. Tin Machine -Shopping For Girls / 7. Tin Machine -Goodbye Mr Ed / 8. Tin Machine -Amlapura / 9. You've Been Around / 10. Nite Flights (Moodswings Back To Basics Remix Radio Edit) / 11. Pallas Athena (Gone Midnight Mix) / 12. Jump They Say / 13. Buddha Of Suburbia / 14. Dead Against It / 15. South Horizon
16. Tao Jones Index -Pallas Athena (Live)

89年にリリースされ、豪華ボックスとしては異例の20万セット以上を売り上げた人気作の増補改訂版。装丁が縦長のブック型デジパックに変更され、CDV仕様の映像ディスクをオミット、CDが1枚追加された4枚組の拡張版となった。各ディスクの収録曲数を増やすことでスペースを空け、82〜98年の24曲を新たに追加。BBCのドラマ『バール』用に書かれて82年にEP発売された「バールズ・ヒム」「ザ・ドロウンド・ガール」、83年「モダン・ラヴ」のモントリオールでのライヴ・ヴァージョン、93年「パラス・アテナ」のグッド・ミッドナイト・ミックスが初CD化、「ナイト・フライツ」のムードスウィング・バック・トゥ・ベーシックス・リミックス・ラジオ・エディットは本ボックスが初出となっている。14年に中身は同様ながらCDサイズのコンパクトな装丁に改められた。

## The World Of David Bowie

UK・Decca／PA 58(mono), SPA58(stereo)（1970年）

[**Side A**] 1. Uncle Arthur / 2. Love You Till Tuesday / 3. There Is A Happy Land / 4. Little Bombardier / 5. Sell Me A Coat / 6. Silly Boy Blue / 7. The London Boys

[**Side B**] 1. Karma Man / 2. Rubber Band / 3. Let Me Sleep Beside You / 4. Come And Buy My Toys / 5. She's Got Medals2:23 / 6. In The Heat Of The Morning / 7. When I Live My Dream

マーキュリー移籍後の成功を受けて70年にリリースされた、ボウイのデラム・レーベル期の作品集。デッカの〝ザ・ワールド・オブ〟シリーズの1枚として出されたものだが、決して安易な便乗作というわけではなく、選曲はボウイ自身が行なっている。そのためデラム在籍時に発売が叶わなかったシングル曲「カーマ・マン」「レット・ミー・スリープ・ビサイド・ユー」「イン・ザ・ヒート・オブ・ザ・モーニング」が初収録された。ただし、「ロンドン・バイ・タ・タ」は当時ボウイが再録音を考えていたため、選曲から外されている。本作は当初、マーキュリー時代の顔がアップになった写真が使われていたが（通称〝ヘッド・ショット・カヴァー〟）、73年に髪を赤く染めたグラム時代の写真に差し替えられている。英国では83年まで発売が続けられたロングセラー盤となった。

## Early On (1964–1966)

US・Rhino／R2 70526（1991年）

1. Davie Jones With The King Bees - Liza Jane / 2. Davie Jones With The King Bees - Louie, Louie Go Home / 3. The Manish Boys- I Pity The Fool / 4. The Manish Boys- Take My Tip / 5. That's Where My Heart Is / 6. Davy Jones - I Want My Baby Back / 7. Davy Jones - Bars Of The County Jail / 8. Davy Jones With The Lower Third - You've Got A Habit Of Leaving / 9. Davy Jones With The Lower Third - Baby Loves That Way / 10. Davy Jones With The Lower Third - I'll Follow You / 11. Davy Jones With The Lower Third - Glad I've Got Nobody / 12. David Bowie With The Lower Third - Can't Help Thinking About Me / 13. David Bowie With The Lower Third- And I Say To Myself / 14. David Bowie With The Buzz - Do Anything You Say / 15. David Bowie With The Buzz - Good Morning Girl / 16. David Bowie - I Dig Everything / 17. David Bowie - I'm Not Losing Sleep

91年に米ライノからリリースされた極初期作品集。64年にリリースされたデイヴィー・ジョーンズ・ウィズ・ザ・キング・ビーズ（ヴォカリオン）名義のデビュー・シングルからザ・マニッシュ・ボーイズ（パーロフォン）、デヴィッド・ボウイ・ウィズ・ザ・ロウワー・サード、ザ・バズ（ともにパイ）とデイヴィッド・ボウイのバンド遍歴を一気に振り返ることができる編集盤で、それぞれのシングル両面が発売順に並べられている。ボウイの弾き語りによるアセテート盤をソースにした初々しい未発表デモ3曲も収録。マニッシュ・ボーイズの2曲「アイ・ピティー・ザ・フール」「テイク・マイ・ティップ」はともにオリジナル・シングルとは別ヴァージョンで本作で初めてリリースされたもの。発売から30年が経過した今も、編集盤としての価値は不変の優れた1枚だ。

## "All Saints" Instrumental Christmas '93

David Bowie / No Number (1993年) [2CD] / EU・EMI／7243 5 33045 2 2 (2001年) [CD]

[**Disc 1**] 1. Warszawa / 2. Philip Glass - Some Are (The Low Symphony) / 3. Subterraneans / 4. Sense Of Doubt / 5. Moss Garden / 6. Neuköln / 7. Art Decade / 8. The Mysteries / 9. Ian Fish U.K. Heir

[**Disc 2**] 1. Abdulmajid / 2. South Horizon / 3. Weeping Wall / 4. Pallas Athena / 5. A New Career In A New Town / 6. The Wedding / 7. V-2 Schneider / 8. Looking For Lester / 9. All Saints

93年のクリスマスにデイヴィッド・ボウイが親しい友人へのプレゼントとして制作したCD2枚組のプライヴェートなアルバムで、それまでにリリースされたインストゥルメンタルを集めた編集盤。プレス数は200枚に満たないと言われており、ボウイの有名なレア・アイテムのひとつである。ブライアン・イーノとの共作のタイトル曲は『ロウ』のアウトテイクと言われており、91年に米ライコからリリースされた同作のボーナス・トラックとして初出。01年に公式盤としてリリースされたが、CD1枚に纏める際に「サウス・ホライズン」「パラス・アテナ」「ザ・ウェディング」「ルッキング・フォー・レスター」がカットされ、新たに「クリスタル・ジャパン」「ブリリアント・アドヴェンチャー」の2曲を追加。曲順とアートワークも一新されたほぼ別物のアルバムとなった。

## Rarestonebowie

UK・Golden Years／GY 014 (1995年)

0. Pin Ups Radio Publicity Spot / 1. All The Young Dudes / 2. Queen Bitch / 3. Sound And Vision / 4. Time / 5. Be My Wife / 6. Footstompin / Wish I Could Shimmy Like My Sister Kate / 7. Ziggy Stardust / 8. My Death / 9. I Feel Free

かつてのマネージャー、トニー・デフリーズが設立したメインマンが権利を主張してリリースした編集盤で、94年の『ライヴ・サンタモニカ'72』に続く2枚目のボウイ作品。違法ではないがボウイ自身の承認は得られておらず、サンタモニカのライヴ・アルバムのように、のちに公式盤化されるようなこともなく消滅した。目玉はモット・ザ・フープルに提供し、彼らの代表曲となった「すべての若き野郎ども」のボウイ・ヴァージョンだが、これ以外は細切れのライヴが収められているだけの代物で、サンタモニカ公演からも1曲が拾われている。アナログ盤は10インチ仕様で、CD版には頭にラジオ・スポットの隠しトラックが入っていた。国内盤もリリースされたが、ボーナスにサンタモニカ公演を6曲追加。なお、ボウイ版「すべての〜」は97年発売のベスト盤で公式化が実現している。

## Strangers When We Meet

UK・EMI/509995-04277-2-7(2007年)
1. The Jean Genie (Live) [From "Live - Santa Monica '72"]
2. Strangers When We Meet [From "The Buddha Of Suburbia" New Edition Package]
3. Oh! You Pretty Things [From "Hunky Dory" Collector's Special Edition CD]
4. Word On A Wing (Live) [From "Live Nassau '76"]
5. Always Crashing In The Same Car [From "Low" Collector's Special Edition CD]
6. Young Americans (Live) [From "Glass Spider" Live Tour DVD]

米のディスカウント・チェーン、ターゲット限定で07年にリリースされた6曲入りのミニ・ベスト的編集盤で、4・99ドルの低価格で販売されたが、輸出不可の独占リリースだったために米国外のファンにとっては入手が難しい厄介な1枚だった。将来的に発売が予定されていた限定パッケージのプロモーションを目的に廉価販売されたもので、同年に再発売された『郊外のブッダ』『グラス・スパイダー』(ライヴDVD)、翌年発売の『ライヴ・サンタ・モニカ'72』、10年発売の『ライヴ・ナッソー・コロシアム'76』からチョイスされた一方で、ここで〝コレクターズ・スペシャル・エディション〟発売の告知とともに1曲づつ先行収録された『ハンキー・ドリー』『ロウ』はパッケージ自体の発売が見送られたため、今では本作がレア・トラック収録の貴重盤と扱われるようになった。

## iSelect

UK・EMI / Upfront/UPDB001 (2008年)
1. Life On Mars / 2. Sweet Thing/Candidate/Sweet Thing (Reprise) (Medley) / 3. The Bewlay Brothers / 4. Lady Grinning Soul / 5. Win / 6. Some Are / 7. Teenage Wildlife / 8. Repetition / 9. Fantastic Voyage / 10. Loving The Alien / 11. Time Will Crawl (MM Remix) / 12. Hang On To Yourself (Live)

ボウイ自身の選曲による08年発表のベスト・アルバムで、同年6月29日の英新聞『メイル・オン・サンデー』の付録として配布されたもの。のちにプラ・ケース版が一般発売、iTunesでも配信された。ヒット曲の大半が未収録となった異例の編集盤で、ボウイ自身の曲解説は指定のウェブサイトで英語の他に日本語を含む多言語版を読むことができるようになっていた。前出の『オール・セインツ』同様、『ロウ』のアウトテイク「サム・アー」が選ばれており、ボウイのお気に入りだったようだ。マリオ・J・マクナルティによる「タイム・ウィル・クロール」の〝MMリミックス〟は本作が初出。この曲のあと30秒のブランクを挟み『ライヴ・サンタ・モニカ'72』より「君の意思のままに」が収められているのは、本作発表の翌日に同ライヴの正規版がEMIよりリリースされたため。

## Bowie At The Beeb

EU・EMI / BBC／7243 5 28629 2 4（2000年）

[Disc 1] 1. In The Heat Of The Morning / 2. London Bye Ta Ta / 3. Karma Man / 4. Silly Boy Blue / 5. Let Me Sleep Beside You / 6. Janine / 7. Amsterdam / 8. God Knows I'm Good / 9. The Width Of A Circle / 10. Unwashed And Somewhat Slightly Dazed / 11. Cygnet Committee / 12. Memory Of A Free Festival / 13. Wild Eyed Boy From Freecloud / 14. Bombers / 15. Looking For A Friend / 16. Almost Grown / 17. Kooks / 18. It Ain't Easy

[Disc 2] 1. The Supermen / 2. Eight Line Poem / 3. Hang On To Yourself / 4. Ziggy Stardust / 5. Queen Bitch / 6. I'm Waiting For The Man / 7. Five Years / 8. White Light / White Heat / 9. Moonage Daydream / 10. Hang On To Yourself / 11. Suffragette City / 12. Ziggy Stardust / 13. Starman / 14. Space Oddity / 15. Changes / 16. Oh! You Pretty Things / 17. Andy Warhol / 18. Lady Stardust / 19. Rock 'n' Roll Suicide

[Disc 3] 1. Wild Is The Wind / 2. Ashes To Ashes / 3. Seven / 4. This Is Not America / 5. Absolute Beginners / 6. Always Crashing In The Same Car / 7. Survive / 8. Little Wonder / 9. The Man Who Sold The World / 10. Fame / 11. Stay / 12. Hallo Spaceboy / 13. Cracked Actor / 14. I'm Afraid Of Americans / 15. Let's Dance

90年代に盛り上がった〝BBCセッション〟ブームからは少し遅れたが、00年に満を持してリリースされたでボウイ初のBBC録音集。初回版のみCD3枚組となっており、00年6月27日のBBCラジオ・シアターでのライヴが付属していた（現在は21年発売のボックス「ブリリアント・アドヴェンチャー」でCD2枚組の拡張版を聴くことができる）。まだボウイがデラムに所属していた68年の録音（当時未発表だった曲を含む）に始まり、フォーク・シンガー然とした弾き語り中心の69〜70年（69年10月の「レット・ミー・スリープ・ビサイド・ユー」「ジャニーヌ」はジュニアーズ・アイズをバックにした貴重な録音）から、トニー・ヴィスコンティらによるバンド、ザ・ハイプを経てスパイダース・フロム・マーズとともに絶頂期を迎えるまでの生々しい姿が捉えられている。

## Best Of Bowie

EU・EMI／7243 5 39821 2（2002年）

[Disc 1] 1. Space Oddity / 2. The Man Who Sold The World / 3. Oh! You Pretty Things / 4. Changes / 5. Life On Mars? / 6. Starman / 7. Ziggy Stardust / 8. Suffragette City / 9. John, I'm Only Dancing / 10. The Jean Genie / 11. Drive-In Saturday / 12. Sorrow / 13. Diamond Dogs / 14. Rebel Rebel / 15. Young Americans (Single Version) / 16. Fame / 17. Golden Years (Single Version) / 18. TVC15 / 19. Wild Is The Wind

[Disc 2] 1. Sound And Vision / 2. "Heroes" (Single Version) / 3. Boys Keep Swinging / 4. David Bowie & Queen –Under Pressure / 5. Ashes To Ashes (Single Version) / 6. Fashion (Single Version) / 7. Scary Monsters (& Super Creeps) (Single Version) / 8. Let's Dance (Single Version) / 9. China Girl (Single Version) / 10. Modern Love (Single Version) / 11. Blue Jean / 12. David Bowie & The Pat Metheny Group –This Is Not America / 13. Loving The Alien (Single Version) / 14. David Bowie & Mick Jagger –Dancing In The Street / 15. Absolute Beginners (Single Version) / 16. Jump They Say (Radio Edit) / 17. Hallo Spaceboy (Pet Shop Boys Remix) / 18. Little Wonder (Edit) / 19. I'm Afraid Of Americans (V1) (Radio Edit) / 20. Slow Burn (Radio Edit)

02年にリリースされたベスト・アルバムで、同名の映像集（DVD2枚組）と連動する形で同時発売されている。69年の「スペイス・オディティ」から02年の最新アルバム『ヒーザン』まで23年の軌跡を2枚のCDに収めたものだが、各国独自の人気曲を踏まえ、国ごとに異なる選曲でリリースされたことが当時大きな話題になった。欧州版を基本に、国ごとの違いをCDトレイ左上にある国旗で識別できるようになっており（一部側表記のない国もあり）、欧州版は2枚組、米国では2枚組およびCD+DVDの限定盤、独豪日などではシンプルな1枚ものでリリースされている（日本はタイと同じ選曲だった）。発売当時は英国で11位を記録したが、16年のボウイ死去の際には英米とスコットランドで1位を獲得、同年新たなベスト盤がリリースされその役割を終えている。

## Nothing Has Changed

EU・Parlophone／DB64143（2014年）［3CD］
EU・Parlophone／DB64142（2014年）［2CD］
AU・Parlophone／2564620569（2014年）［CD］
EU・Parlophone／DB6414（2014年）［2LP］

**［Disc 1］** 1. Sue (Or In A Season Of Crime) / 2. Where Are We Now? / 3. Love Is Lost (Hello Steve Reich Mix By James Murphy For The DFA Edit) / 4. The Stars (Are Out Tonight) / 5. New Killer Star (Radio Edit) / 6. Everyone Says 'Hi' (Edit) / 7. Slow Burn (Radio Edit) / 8. Let Me Sleep Beside You / 9. Your Turn To Drive / 10. Shadow Man / 11. Seven (Marius De Vries Mix) / 12. Survive (Marius De Vries Mix) / 13. Thursday's Child (Radio Edit) / 14. I'm Afraid Of Americans (V1) (Radio Edit) / 15. Little Wonder (Edit) / 16. Hallo Spaceboy (PSB Remix) / 17. The Hearts Filthy Lesson (Radio Edit) / 18. Strangers When We Meet (Single Version)

**［Disc 2］** 1. The Buddha Of Suburbia / 2. Jump They Say (Radio Edit) / 3. Time Will Crawl (MM Remix) / 4. Absolute Beginners (Single Version) / 5. David Bowie & Mick Jagger –Dancing In The Street / 6. Loving The Alien (Single Remix) / 7. David Bowie & The Pat Metheny Group –This Is Not America / 8. Blue Jean / 9. Modern Love (Single Version) / 10. China Girl (Single Version) / 11. Let's Dance (Single Version) / 12. Fashion (Single Version) / 13. Scary Monsters (And Super Creeps) (Single Version) / 14. Ashes To Ashes (Single Version) / 15. David Bowie & Queen –Under Pressure / 16. Boys Keep Swinging / 17. "Heroes" (Single Version) / 18. Sound And Vision / 19. Golden Years (Single Version) / 20. Wild Is The Wind (2010 Harry Maslin Mix)

**［Disc 3］** 1. Fame / 2. Young Americans (2007 Tony Visconti Mix Single Edit) / 3. Diamond Dogs / 4. Rebel Rebel / 5. Sorrow / 6. Drive-In Saturday / 7. All The Young Dudes / 8. The Jean Genie (Original Single Mix) / 9. Moonage Daydream / 10. Ziggy Stardust / 11. Starman (Original Single Mix) / 12. Life On Mars? (2003 Ken Scott Mix) / 13. Oh! You Pretty Things / 14. Changes / 15. The Man Who Sold The World / 16. Space Oddity / 17. In The Heat Of The Morning (Stereo Mix) / 18. Silly Boy Blue / 19. David Bowie With The Lower Third –Can't Help Thinking About Me / 20. Davy Jones (& The Lower Third) –You've Got A Habit Of Leaving / 21. Davie Jones & The King Bees –Liza Jane

14年に発売された久々のアンソロジー作品で、ボウイ本人が関わった最後の編集盤でもある。3枚組CD、2枚組CD、アナログ2枚組LP（一部の国で1枚ものののCDもリリース）があり、いずれも選曲が大幅に異なっている。メインとなる3CD版は現在から過去へ遡る構成となっており、最新曲の「スー（オア・イン・ア・シーズン・オブ・クライム）」から始まり64年のデビュー曲「リザ・ジェーン」で終わるという大胆なもの。未発表だった01年の『トイ』の収録曲や、初登場となる「すべての若き野郎ども」のステレオ・ミックスなど、レア・トラックが適度に散りばめられている。2CD版は「スペイス・オディティ」から始まる時系列な並びで、2LP版は「レッツ・ダンス」から始まるベスト盤らしい構成となっている。英5位、豪とニュージーランドでは1位を獲得している。

## Legacy

EU・Parlophone／DB64162（2016年）［2CD］
EU・Parlophone／DB64161（2016年）［CD］

［**Disc 1**］1. Space Oddity / 2. The Man Who Sold The World / 3. Changes / 4. Oh! You Pretty Things / 5. Life On Mars? (2016 Mix) / 6. Starman (Original Single Mix) / 7. Ziggy Stardust / 8. Moonage Daydream / 9. The Jean Genie (Original Single Mix) / 10. All The Young Dudes / 11. Drive-In Saturday / 12. Sorrow / 13. Rebel Rebel / 14. Young Americans (Original Single Edit) / 15. Fame / 16. Golden Years (Single Version) / 17. Sound And Vision / 18. 'Heroes' (Single Version) / 19. Boys Keep Swinging / 20. Fashion (Single Version) / 21. Ashes To Ashes (Single Version)
［**Disc 2**］1. Queen & David Bowie –Under Pressure (2011 Remaster) / 2. Let's Dance (Single Version) / 3. China Girl (Single Version) / 4. Modern Love (Single Version) / 5. Blue Jean / 6. David Bowie with The Pat Metheny Group –This Is Not America / 7. David Bowie & Mick Jagger –Dancing In The Street / 8. Absolute Beginners (Edit) / 9. Jump They Say (Radio Edit) / 10. Hallo Spaceboy (Pet Shop Boys Remix) / 11. Little Wonder (Edit) / 12. I'm Afraid Of Americans (V1) (Clean Edit) / 13. Thursday's Child (Radio Edit) / 14. Slow Burn (Radio Edit) / 15. Everyone Says 'Hi' (Edit) / 16. New Killer Star (Radio Edit) / 17. Where Are We Now? / 18. Lazarus (Radio Edit) / 19. I Can't Give Everything Away (Radio Edit)

02年にリリースされた『ベスト・オブ・ボウイ』から役割を引き継いだ16年発売、目下最新のベスト・アルバム。69年の「スペイス・オディティ」から16年の遺作『★（ブラックスター）』収録の「ラザルス」までがフォローされている。2枚組CD、1枚もののCD、アナログLPと3種のフィジカル・フォーマットが用意され、曲を時系列に並べた2CD版に対し、1CD版では人気曲「レッツ・ダンス」を冒頭にもってきたユニークな編集が行なわれている。欧州版1CDに収められたミック・ジャガーとの共演曲「ダンシング・イン・ザ・ストリート」は米国版で「モダン・ラヴ」に差し替えられた。また欧州版のアナログのみ、米国版には未収録の「ユー・プリティ・シングス」をパッケージ。「火星の生活」は本作初出のケン・スコットによる16年リミックスとなっている。

## Bowie Now

EU・Parlophone / DBNOW 77（2018年）
［**Side A**］1. V-2 Schneider / 2. Always Crashing In The Same Car / 3. Sons Of The Silent Age / 4. Breaking Glass / 5. Neuköln
［**Side B**］1. Speed Of Life / 2. Joe The Lion / 3. What In The World / 4. Blackout / 5. Weeping Wall / 6. The Secret Life Of Arabia

オリジナルは78年に米国でラジオ局を中心に配布されたプロモーション盤で、77年発売の『ロウ』と『ヒーローズ』から11曲（それぞれの曲が交互に並べられている）を収録。18年の〝レコード・ストア・デイ〟でホワイト・ヴァイナル仕様による復刻が実現した。アートワークがオリジナル通りに再現された一方で、新たにベルリン滞在時のボウイの写真をあしらったインナー・スリーヴが付属している。のちに〝ベルリン3部作〟と称されるようになる『ロウ』と『ヒーローズ』だが、このプロモーション盤が作られた時点ではまだ『ロジャー』は未発売（79年5月に発売）。78年といえばボウイがナレーションを務めた『ピーターと狼』とライヴ・アルバム『ステージ』が発表されたのみだった。本盤はボウイの新しいイメージを保ち、次作へと繋げる役割があったのだろう。

## ChangesOneBowie

UK・RCA Victor／RS 1055（1976年）
[**Side A**] 1. Space Oddity / 2. John, I'm Only Dancing / 3. Changes / 4. Ziggy Stardust / 5. Suffragette City / 6. The Jean Genie
[**Side B**] 1. Diamond Dogs / 2. Rebel Rebel / 3. Young Americans / 4. Fame / 5. Golden Years

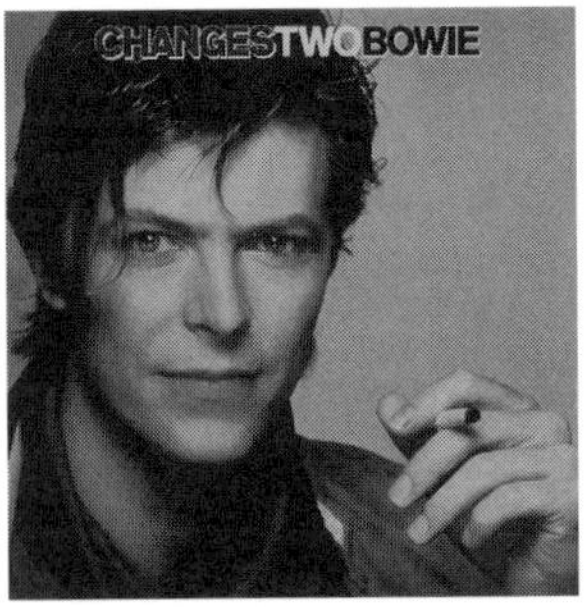


## Changestwobowie

UK・RCA Victor／BOW LP3（1981年）
[**Side A**] 1. Aladdin Sane (1913-1938-197?) / On Broadway / 2. Oh! You Pretty Things / 3. Starman / 4. 1984 / 5. Ashes To Ashes
[**Side B**] 1. Sound And Vision / 2. Fashion / 3. Wild Is The Wind / 4. John I'm Only Dancing (Again) 1975 / 5. D.J.

## Bowie Rare

UK・RCA Victor／PL 45406（1982年）
[**Side A**] 1. Ragazzo Solo, Ragazza Sola / 2. 'Round And 'Round / 3. Amsterdam / 4. Holy Holy / 5. Panic In Detroit / 6. Young Americans
[**Side B**] 1. Velvet Goldmine / 2. Helden / 3. John, I'm Only Dancing (Again) 1975 / 4. Moon Of Alabama / 5. Crystal Japan (Instrumental)

## Golden Years

UK・RCA Victor／BOWLP 4（1983年）
[**Side A**] 1. Fashion / 2. Red Sails / 3. Look Back In Anger / 4. I Can't Explain / 5. Ashes To Ashes
[**Side B**] 1. Golden Years / 2. Joe The Lion / 3. Scary Monsters (And Super Creeps) / 4. Wild Is The Wind

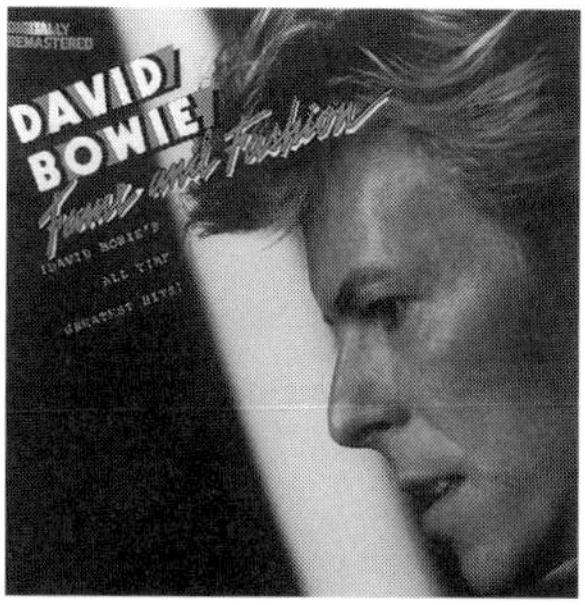


## Fame And Fashion

EU・RCA／PL84919（1984年）

[**Side A**] 1. Space Oddity / 2. Changes / 3. Starman / 4. 1984 / 5. Young Americans / 6. Fame

[**Side B**] 1. Golden Years / 2. TVC 15 / 3. "Heroes" / 4. D.J. / 5. Fashion / 6. Ashes To Ashes

## Changesbowie

US・Rykodisc／RCD 20171（1990年）

1. Space Oddity / 2. John, I'm Only Dancing / 3. Changes / 4. Ziggy Stardust / 5. Suffragette City / 6. Jean Genie / 7. Diamond Dogs / 8. Rebel Rebel / 9. Young Americans / 10. Fame '90 (Remix) / 11. Golden Years / 12. Heroes / 13. Ashes To Ashes / 14. Fashion / 15. Let's Dance / 16. China Girl / 17. Modern Love / 18. Blue Jean

## The Singles 1969 To 1993 (Featuring His Greatest Hits)

US・Rykodisc／RCD 10218/19（1993年）

[**Disc 1**] 1. Space Oddity / 2. Changes / 3. Oh, You Pretty Things / 4. Life On Mars? / 5. Ziggy Stardust / 6. Starman / 7. John, I'm Only Dancing / 8. Suffragette City / 9. The Jean Genie / 10. Sorrow / 11. Drive In Saturday / 12. Diamond Dogs / 13. Rebel Rebel / 14. Young Americans / 15. Fame / 16. Golden Years / 17. TVC 15 / 18. Be My Wife / 19. Sound & Vision / 20. Beauty & The Beast

[**Disc 2**] 1. Heroes / 2. Boys Keep Swinging / 3. DJ / 4. Look Back In Anger / 5. Ashes To Ashes / 6. Fashion / 7. Scary Monsters (And Super Creeps) / 8. David Bowie And Queen -Under Pressure / 9. Cat People (Putting Out Fire) / 10. Let's Dance / 11. China Girl / 12. Modern Love / 13. Blue Jean / 14. Loving The Alien / 15. David Bowie And Mick Jagger -Dancing In The Street / 16. Absolute Beginners / 17. Day-In Day-Out / 18. Never Let Me Down / 19. Jump They Say

[**Disc 3**] 1. David Bowie And Bing Crosby -Peace On Earth / Little Drummer Boy

## The Best Of David Bowie 1969/1974

EU・EMI／7243 8 21849 2 8（1997年）

1. The Jean Genie / 2. Space Oddity / 3. Starman / 4. Ziggy Stardust / 5. John, I'm Only Dancing / 6. Rebel Rebel / 7. Let's Spend The Night Together / 8. Suffragette City / 9. Oh! You Pretty Things / 10. Velvet Goldmine / 11. Drive-In Saturday / 12. Diamond Dogs / 13. Changes / 14. Sorrow / 15. The Prettiest Star / 16. Life On Mars? / 17. Aladdin Sane / 18. The Man Who Sold The World / 19. Rock 'N' Roll Suicide / 20. All The Young Dudes

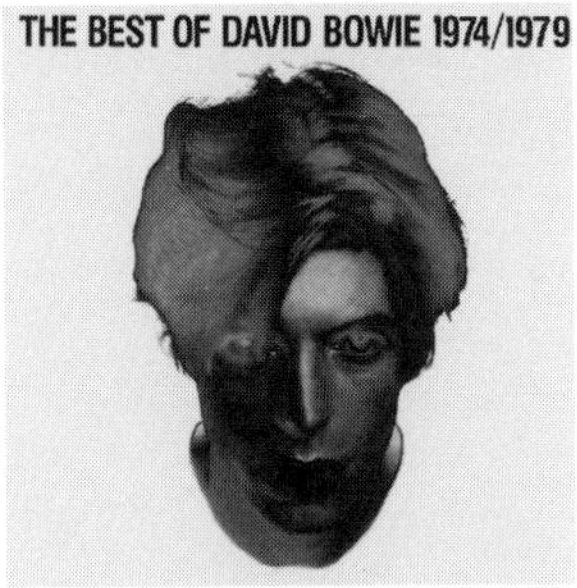


## The Best Of David Bowie 1974/1979

EU・EMI／7243 4 94300 2（1998年）
1. Sound And Vision / 2. Golden Years (Single Edit) / 3. Fame / 4. Young Americans (Single Version) / 5. John, I'm Only Dancing (Again) / 6. Can You Hear Me / 7. Wild Is The Wind / 8. Knock On Wood (Live) / 9. TVC 15 (Single Version) / 10. 1984 / 11. It's Hard To Be A Saint In The City / 12. Look Back In Anger / 13. The Secret Life Of Arabia / 14. DJ / 15. Beauty And The Beast / 16. Breaking Glass / 17. Boys Keep Swinging / 18. Heroes (Single Version)

## Club Bowie (Rare And Unreleased 12" Mixes)

UK・Virgin／VTCD591（2003年）
1. The Scumfrog vs. David Bowie - Loving The Alien / 2. Let's Dance (Trifactor Vs Deeper Substance Remix) / 3. David Guetta vs. Bowie - Just For One Day (Heroes) (Extended Version) / 4. The Scumfrog vs. David Bowie - This Is Not America / 5. Solaris vs. Bowie - Shout (Original Mix) / 6. China Girl (Riff & Vox Club Mix) / 7. Magic Dance (Danny S Magic Party Remix) / 8. Let's Dance (Club Bolly Extended Mix) / VideoDavid Bowie-Let's Dance (Club Bolly Mix)

## The Best Of David Bowie 1980/1987

EU・EMI／00946 3 86478 2 9（2007年）
［CD］
1. Let's Dance (Single Version) / 2. Ashes To Ashes (Single Version) / 3. Queen With David Bowie -Under Pressure / 4, Fashion (Single Version) / 5. Modern Love (Single Version) / 6. China Girl (Single Version) / 7. Scary Monsters (And Super Creeps) (Single Version) / 8. Up The Hill Backwards / 9. Alabama Song / 10. Drowned Girl / 11. Cat People (Putting Out Fire) (Film Version Single Edit) / 12. David Bowie And The Pat Metheny Group -This Is Not America / 13. Loving The Alien (Album Version) / 14. Absolute Beginners (Single Version) / 15. When The Wind Blows / 16. Blue Jean / 17. Day-In Day-Out / 18. Time Will Crawl / 19. Underground (Single Version) / ［**DVD**］ / 1. Ashes To Ashes / 2. Fashion / 3. Queen With David Bowie -Under Pressure / 4. Drowned Girl / 5. Let's Dance / 6. China Girl / 7. Modern Love / 8. Cat People (Live) / 9. Blue Jean / 10. Loving The Alien / 11. Absolute Beginners / 12. Underground / 13. When The Wind Blows / 14. Day-In Day-Out / 15. Time Will Crawl

Chapter 13

# Cinema & Videos

森 次郎

**The Man Who Fell to Earth**
**地球に落ちて来た男**
(1976年)

角川映画／DAXA-5593［Blu-ray］

Directed by: Nicolas Roeg
Starring: David Bowie / Rip Torn / Candy Clark / Buck Henry / Bernie Casey
Distributed by: British Lion Films

69年に公開されたマイケル・アームストロング監督の短編映画『イメージ』に主役級で出演したことはあるが、ボウイ初の本格的な映画出演作となったのが『地球に落ちて来た男』だ。ボウイは主役に抜擢され、『ジギー・スターダスト』を彷彿とさせる、人間のかたちをしたエイリアン、トーマス・ジェローム・ニュートンを演じている。

撮影は『ステイション・トゥ・ステイション』のレコーディング直前にあたる、75年7月6日に開始された。当時のボウイはコカイン中毒に陥っていて、慣れない撮影の間にさらに依存症を悪化させたらしい。

映画はカルト・ムービーとして支持を集めることになり、ボウイはSF作品を対象とするサターン賞の主演男優賞を獲得した。

当初ボウイは映画音楽についてもオファーを受け、実際にレコーディングにも着手していたが、契約上のトラブルもあって最終的に手を引くことになる。

---

**Just A Gigolo**
**ジャスト・ア・ジゴロ**(1978年)

デックス エンタテインメント／DXDS-0005［DVD］

Directed by: David Hemmings
Starring: David Bowie / Sydne Rome / Kim Novak / David Hemmings / Maria Schell / Curd Jürgens / Marlene Dietrich
Distributed by: Warner-Columbia / Filmverleih

ボウイの次なる主演作が、西ドイツ映画の『ジャスト・ア・ジゴロ』だ。ミケランジェロ・アントニオーニ監督の『欲望』に主演した、デイヴィッド・ヘミングスがメガホンをとっている。撮影は『ロウ』『ヒーローズ』をレコーディングした、ベルリンの地で行われた。

プロイセン将校のポールをボウイが演じ、マレーネ・ディートリッヒが共演している。第一次世界大戦後のベルリンが舞台で、負傷して帰国したポールはディートリッヒが演じる男爵夫人が経営するバー、エデンで働きはじめ、やがてジゴロに身を落としていく。紆余曲折の末、ファシストの暴動に巻き込まれて死んだポールは、時代の英雄として祀り上げられるのだ。

引退状態だったディートリッヒを引っぱり出したにもかかわらず、映画の評判は芳しくなかった。たしかに、軍服からタキシードまで、さまざまな衣装で登場するボウイの立ち姿がいちばんの見どころかも知れない。

**Merry Christmas, Mr. Lawrence**
**戦場のメリークリスマス**
（1983年）

紀伊國屋書店／KKBS-82［Blu-ray］

Directed by: 大島渚
Starring: David Bowie / Tom Conti / 坂本龍一 / ビートたけし / Jack Thompson
Distributed by: Palace Pictures (UK) / 松竹 (JAP) / Universal Pictures (US)

南アフリカの作家、ローレンス・ヴァン・デル・ポストの「影さす牢格子」と「種子と蒔く者」を原作とする、大島渚監督作品。ボウイはジャワ島の日本軍俘虜収容所に収容された陸軍少佐、ジャック・セリアズを演じた。日本人キャストも坂本龍一、ビートたけし、内田裕也、ジョニー大倉、三上寛など、俳優以外のジャンルから多く起用されている。

　セリアズ役はロバート・レッドフォードやニコラス・ケイジ（当時は高校生）などにオファーされていたが、交渉は不調に終わっていた。そこでブロードウェイの舞台「エレファント・マン」に出演中のボウイを見た大島が起用を決断し、オファーしたという。

　本作は大島の監督作品として最大のヒット作となった。坂本龍一がはじめて映画音楽を手がけた作品でもある。また、第36回カンヌ国際映画祭に出品され、グランプリ最有力と言われたが受賞を逃している。

---

**Labyrinth**
**ラビリンス／魔王の迷宮**
（1986年）

ソニー・ピクチャーズ／BLU-17209［Blu-ray］

Directed by: Jim Henson
Starring: David Bowie / Jennifer Connelly
Distributed by: Tri-Star Pictures (US) / Columbia-EMI-Warner Distributors (UK)

ジム・ヘンソンの『ダーク・クリスタル』のファンだったボウイは、『ラビリンス』への出演オファーを快諾し、15歳の多感な少女サラの前に現れたゴブリンの魔王ジャレスを演じている。また、スクリプトの段階からプロジェクトに関与したという。脚本にはジョージ・ルーカスやモンティ・パイソンのテリー・ジョーンズが参加した。主要キャスト以外はマペットが演じたこともあり、撮影は5か月に及んでいる。ボウイの衣装や金髪のウィッグはどうなの？と思わないでもないが、そもそもがファンタジー作品だし、ジギー・スターダストの頃はもっと派手だったのだから、これはこれでアリなんだろう。やはり興行成績は振るわず、のちにカルト的な人気を博した作品でもある。

　また、87年には本作を基にしたアクションゲームのファミコン用ソフトが発売され、映画のサウンドトラックに提供したボウイの楽曲も使用された。

ボウイがはじめてテレビ・ドラマに出演したのは、レコード・デビュー後の68年、BBC『テアトル625』シリーズの中の1本だった「ザ・ピストル・ショット」という作品のようだ。その後も断続的に映画、ドラマに起用されている。主な出演作は230〜231ページで取り上げたが、ここでは現在DVDやブルーレイで入手可能な作品を中心に紹介していこう。

『クリスチーネ・F』は、ボウイの大ファンである13歳の少女、クリスチーネがドラッグに溺れ、ついには売春に身を投じていく姿を描く、事実をもとにした西ドイツ映画。ボウイは本人役でコンサートの場面に登場する。音源はライヴ・アルバム『ステージ』に収録された「ステイション・トゥ・ステイション」だが、ステージのシーンはニューヨークで新たに撮影されている。赤いブルゾンに身を包んだボウイが、映画の退廃的な空気を増幅させているようだ。またこのシーン以外でも、全編にわたってボウイの楽曲が用いられている。

『スノーマン』は、レイモンド・ブリッグス原作の絵本をテレビ・アニメーション化した作品。原作は絵のみで構成されており、アニメ化でもそれを踏襲してセリフはない。テレビ放映の際、ボウイがイントロダクションに登場して作品の紹介を行ったのだ。本作品はアカデミー短編アニメーション賞を受賞した。

『バール』は、ベルトルト・ブレヒトの戯曲をBBCがテレビ・ドラマ化したもの。ボウイは放浪の吟遊詩人、バールを演じている。トニー・ヴィスコンティとともに、音楽も担当した。

トニー・スコット監督作品の『ハンガー』はホラー映画。ボウイはカトリーヌ・ドヌーヴと吸血鬼のカップルを演じている。共演はスーザン・サランドン。古代エジプトから生きている吸血鬼ミリアム(ドヌーヴ)が、18世紀のフランスで出会ったチェロ奏者、ジョンがボウイの役どころだ。人間から転向して2

**Christiane F. - Wir Kinder vom Bahnhof Zoo**
**クリスチーネ・F**～麻薬と売春の日々～(1981年)
IVC／IVCF-28045［DVD］

**The Snowman**
**スノーマン**(1982年)
NHKエンタープライズ／NSBS-19437［Blu-ray］

**Baal**
**バール**(1982年)
《Alan Clarke At The BBC, Volume 2: Disruption》
EU・BFI Video／B01BGX19JU［DVD/PAL］

**The Hunger**
**ハンガー**(1983年)
ワーナー／1000419044［DVD］

00年が経ち、不眠症に陥ったジョンは急激に年をとり始める、というストーリー。ボウイは出演にかなり乗り気だったようだ。現在ではカルト的人気の作品である。

セックス・ピストルズのドキュメンタリー映画『ザ・グレイト・ロックンロール・スウィンドル』を監督した、ジュリアン・テンプルの『ビギナーズ』はミュージカル作品。テンプルはボウイをはじめ、ザ・キンクス、ザ・ローリング・ストーンズなどのミュージック・ビデオも多く手がけている。50年代後半のロンドンが舞台で、ボウイはヴエンディス・パートナーズ役。サウンドトラックにも参加した。パッツィ・ケンジットやレイ・デイヴィス（ザ・キンクス）、シャーデーも出演している。

『ニューヨーク恋泥棒』は、英国出身のバーテンダーをボウイが、奇術師を目指すウェイトレスをロザンナ・アークエットが演じたラヴ・コメディ。トレンディ・ドラマのような邦題がスゴい。ボウイが主演の映画のなかで、もっとも酷評された作品かも。ジュリアン・レノンがチラッとカメオ出演している。

90年から91年にかけて放送され、人気を博したデイヴィッド・リンチ監督のテレビ・ドラマの映画版が『ツイン・ピークス／ローラ・パーマー最期の7日間』だ。ボウイの役どころはテレビ・シリーズには登場しなかった特別捜査官、フィリップ・ジェフリーズ。

ボウイがカメオ出演した映画のひとつが『ズーランダー』。ベン・スティラー監督・主演による、ファッション業界を題材にしたコメディで、ボウイは本人役でショウの審査員として登場する。09年のコメディ『バンドスラム』にも本人役で顔を出しているが、これが最後の映画出演になった。

ほかにもアンディ・ウォーホル役で出演した『バスキア』（96年）や、『プレステージ』（06年）、『オーガスト』（08年）など、出演作は多岐にわたっている。

**Absolute Beginners**
**ビギナーズ**（1986年）
TCエンタテインメント／TCBD-0550
［Blu-ray］

**The Linguini Incident**
**ニューヨーク恋泥棒**（1991年）
パイオニアLDC／WBOT-1001［DVD］

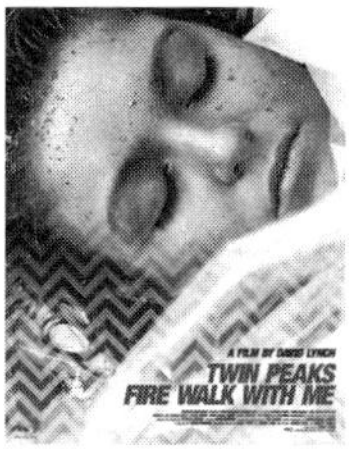


**Twin Peaks: Fire Walk With Me**
**ツイン・ピークス／ローラ・パーマー最期の7日間**（1992年）
角川書店／DAXA5191［Blu-ray］

**Zoolander**
**ズーランダー**（2001年）
パラマウント／PHNE107847［DVD］

## Ziggy Stardust And The Spiders From Mars: The Motion Picture

**ジギー・スターダスト**（1984年）

ワーナーミュージック・ジャパン／WPBR-90790［DVD］

1. Intro-Ninth Symphony-Wendy Carlos / 2. Hang On To Yourself / 3. Ziggy Stardust / 4. Watch That Man / 5. Wild Eyed Boy From Freecloud / 6. All The Young Dudes / 7. Oh! You Pretty Things / 8. Moonage Daydream / 9. Changes / 10. Space Oddity / 11. My Death / 12. Cracked Actor / 13. Time / 14. The Width Of A Circle / 15. Let's Spend The Night Together / 16. Suffragette City / 17. White Light / White Heat / 18. Rock 'n' Roll Suicide / 19. Outro (Incorporating Pomp And Circumstance)

73年7月3日、ロンドンのハマースミス・オデオンで行われた〈ジギー・スターダスト・ツアー〉の最終公演を撮影した作品。『モントレー・ポップ』やボブ・ディランの『ドント・ルック・バック』で知られる、Ｄ・Ａ・ペネベイカーが監督した。

もともとは映画化が前提ではなく、ＲＣＡの依頼で20分程度のプロモーション映像を撮影する予定だったらしい。ボウイのことをよく知らなかったペネベイカーは、前日のショウや当日のリハーサルを見てボウイのカリスマ性に驚き、急遽全編を撮影することになったという。

しかし、ステージの照明だけでは撮影するには暗過ぎたし、スタッフも足りなかった。音声にも問題があり、さらにはジギーのキャラクターを終わらせたボウイの協力も得られず、映画の制作は難航する。

短縮版がテレビ放送されたこともあったが、90分のヴァージョンが公開されたのは79年のエジンバラ映画祭だった。

---

## Serious Moonlight

**シリアス・ムーンライト**（1984年）

ワーナーミュージック・ジャパン／WPBR-90791［DVD］

1. Introduction / 2. Look Back In Anger / 3. "Heroes" / 4. What In The World / 5. Golden Years / 6. Fashion / 7. Let's Dance / 8. Breaking Glass / 9. Life On Mars? / 10. Sorrow / 11. Cat People (Putting Out Fire) / 12. China Girl / 13. Scary Monsters (And Super Creeps) / 14. Rebel Rebel / 15. White Light / White Heat / 16. Station To Station / 17. Cracked Actor / 18. Ashes To Ashes / 19. Space Oddity / Band Introduction / 20. Young Americans / 21. Fame / End Credits / [Extras - Ricochet Documentary] 22. China Girl / 23. Look Back In Anger / 24. "Heroes" / 25. Fame

ボウイ初のライヴ・ヴィデオ作品。『レッツ・ダンス』リリース後の大規模な〈シリアス・ムーンライト・ツアー〉を収録したものだ。ヨーロッパ、北米サーキットの終盤、83年9月12日にカナダのヴァンクーバーで撮影されている。

このあと数本のライヴを行ったボウイとバンドは、日本を含むアジア、オセアニアの各国をまわり、83年を締めくくることになった。

発売当初はＶＨＳとレーザー・ディスク（国によってはベータも）でリリースされ、何度目かのＤＶＤ化の際にはボーナス映像が追加されている。ツアー最終盤のシンガポール、タイ、香港での滞在の様子が記録され、当地でのライヴ・シーンも盛り込まれているが、残念ながら日本で撮影された素材は含まれていない。

また、ボックス・セット『ラヴィング・ジ・エイリアン』発売時にＣＤ化され、のちに単体でもリリースされた。

## Glass Spider
### グラス・スパイダー・ツアー '87
（1988年）

US・EMI / Virgin／09463-90960-9-1［DVD］

1. Intro / Up The Hill Backwards / 2-1. Glass Spider / 2-2. Up The Hill Backwards / 3. Day-In, Day-Out / 4. Bang Bang / 5. Absolute Beginners / 6. Loving The Alien / 7. China Girl / 8. Rebel Rebel / 9. Fashion / 10. Never Let Me Down / 11. "Heroes" / 12. Sons Of The Silent Age / 13. Band Introduction / 14. Young Americans / 15. The Jean Genie / 16. Let's Dance / 17. Time / 18. Fame / 19. Blue Jean / 20. I Wanna Be Your Dog / 21. White Light / White Heat / 22. Modern Love

『ネヴァー・レット・ミー・ダウン』リリース後の87年5月に開始された〈グラス・スパイダー・ツアー〉の模様を収録したヴィデオ作品。撮影はツアー終盤にあたる11月7日と9日、オーストラリアのシドニー・エンタテインメント・センター公演で行われた。

巨大なセットとダンサー陣を帯同した、シアトリカルなステージを追体験できる内容になっている。ボウイもヘッドマイクを使うことで動きが自由になり、ときにはゴンドラで空中高くまで釣り上げられながら歌っている。

最初に発売されたメディアがVHSだったことから収録時間に制約があり、いくつかの曲が外され、110分の映像作品に仕上げられた。

なお、同名のCDは8月30日のカナダ公演、モントリオール・オリンピック・スタジアムでの録音なのでご注意を。曲数も多いので、映像と比べてみるのも一興かと。

---

## A Reality Tour
### リアリティ・ツアー（2004年）

ソニー／SIBP-82［DVD］

1. Rebel Rebel / 2. New Killer Star / 3. Reality / 4. Fame / 5. Cactus / 6. Sister Midnight / 7. Afraid / 8. All The Young Dudes / 9. Be My Wife / 10. The Loneliest Guy / 11. The Man Who Sold The World / 12. Fantastic Voyage / 13. Hallo Spaceboy / 14. Sunday / 15. Under Pressure / 16. Life On Mars? / 17. Battle For Britain (The Letter) / 18. Ashes To Ashes / 19. The Motel / 20. Loving The Alien / 21. Never Get Old / 22. Changes / 23. I'm Afraid Of Americans / 24. Heroes / 25. Bring Me The Disco King / 26. Slip Away / 27. Heathen (The Rays) / 28. Five Years / 29. Hang On To Yourself / 30. Ziggy Stardust

03年11月22日と23日に、アイルランドのダブリンにあったザ・ポイント・デポで撮影されたライヴ・ヴィデオ。収録曲は同名のCDと同じだ（CDにはボーナス・トラックあり）。

〈ア・リアリティ・ツアー〉は03年10月に開始され、当初は04年7月に各地のフェスを周るところまで予定されていた。つまり、本作の収録時点ではまだ最初のヨーロッパ・ツアーがようやく終わる頃にあたるわけだ。

しかしながら、『ヒーザン』のツアー、『リアリティ』のレコーディングをともにしたメンバーが多くいるバンドのせいか、映像で見る限りステージ上の一体感が強く感じられる。

そして、なにより観客と一緒になって、昔からの定番曲を嬉々として歌うボウイの清々しい表情が印象的な映像である。こんな人だったっけ？というのが正直なところ。それにしてもこのあと、ツアーを中止せざるをえない状況に陥るとは予想もつかないほどの充実ぶりだ。

ボウイのライヴ映像やドキュメンタリーは、多数制作されている。主な作品は234〜235ページで紹介したが、パッケージ化されていないテレビ番組や、アンオフィシャルのDVDも相当数存在している。ここでは入手可能な作品をいくつか取り上げておこう。

『ラヴ・ユー・ティル・チューズデイ』は69年に制作された、ボウイのプロモーション映像だ。当時のマネージャーだったケネス・ピットの発案によるもので、西ドイツのテレビ局ZDFネットワークに売り込みをかけながら制作に踏み切っている。デビュー・アルバムやシングルの曲が使われ（新録音もあり）、さらに当時の最新曲だった「スペイス・オディティ」も収録されたが、映像に興味を示すバイヤーは現れなかった。結局、ホーム・ビデオの普及と『レッツ・ダンス』の大ヒットを待つかたちでピットがポリグラムに連絡をとり、84年になってようやくVHSが発売されたのである。

『ティン・マシーン・ライヴ』はDVD化されていないが、同名のCDとは内容が異なるので紹介しておく。91年10月24日にハンブルクで撮影されたティン・マシーンのライヴ・ヴィデオで、バンドのオリジナルのほか、ニール・ヤングの「アイヴ・ビーン・ウェイティング・フォー・ユー」のカヴァーなど全17曲が収録されている。

『ブラック・タイ・ホワイト・ノイズ』は、アルバムの発売時に制作された映像版。プロモーションのためにコンサート・ツアーを組むことを避けようとする目的があったらしい。ドキュメンタリーやミュージック・ビデオを組み合わせたものだが、現在は10周年版CDにDVDがセットされているため、そちらのほうが入手しやすいかも。

『ベスト・オブ・ボウイ』は47曲収録のミュージック・ヴィデオ集。一部、テレビ番組でのパフォーマンスが収められている。72年に英国BBCのオールド・グレイ・ホイッスル・テストに

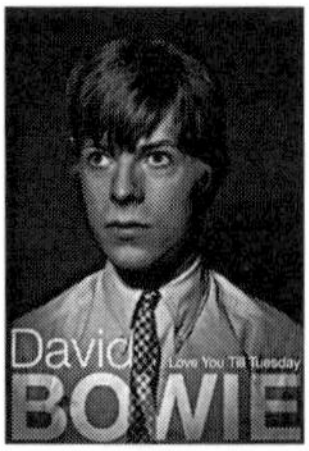


**Love You Till Tuesday**
**ラヴ・ユー・ティル・チューズデイ**
（1984年）
ユニバーサル／UIBY-75079［DVD］

**Tin Machine Live - Oy Vey, Baby**
**ティン・マシーン・ライヴ**（1992年）
Victory / London／085 320-3［VHS/PAL］

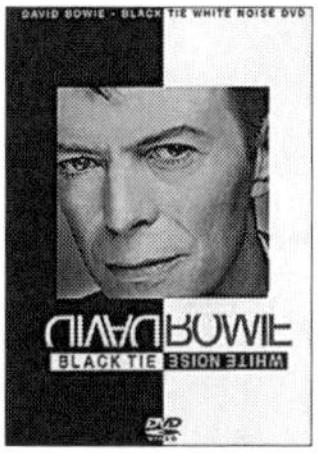


**Black Tie White Noise**
**ブラック・タイ・ホワイト・ノイズ**
（1993年）
US・Virgin／72435-90726-9-5［DVD］

**Best Of Bowie**
**ベスト・オブ・ボウイ**（2002年）
ワーナーミュージック・ジャパン／
WPBR-90788/9［DVD］

出演した際の映像は、「ファイヴ・イヤーズ」ほか3曲が収録された。

ボウイの半生を追ったドキュメンタリー作品が『スターマン』だ。イギー・ポップやブライアン・イーノ、トニー・ヴィスコンティ、ナイル・ロジャース、そしてボウイ自身のインタヴューが収録されている。ほかにヴィデオ・クリップ、ライヴ映像、映画の出演シーンなど、内容はもりだくさん。

『VH1 ストーリーテラーズ』『グラストンベリー2000』は、どちらもCDとDVDがセットになっている。『VH1〜』はDVDに4曲のボーナス・トラックを収録。『グラストンベリー〜』はCDとDVDの収録曲が同じだ。

ミック・ロンソンのドキュメンタリー映画『ビサイド・ボウイ／ミック・ロンソンの軌跡』では、もちろんボウイは大きく取り上げられているが、ナレーションも担当している。

ボウイがゲスト参加した映像作品も紹介しておこう。ティナ・ターナー『プライヴェート・ダンサー・ツアー』(85年)では、「トゥナイト」「レッツ・ダンス」をティナとデュエットしている。ナイン・インチ・ネイルズ『クローサー』(97年)では「ハート」に参加。『コンサート・フォー・ニューヨーク・シティ』(02年)では「アメリカ」「ヒーローズ」を披露している。デイヴィッド・ギルモア『リメンバー・ザット・ナイト(覇響)』(07年)は、心臓手術後の療養期間にロイヤル・アルバート・ホールのライヴに出演したもの。「アーノルド・レーン」「コンフォタブリー・ナム」に参加した。85年に行われたライヴ・エイドでは「TVC15」「レベル・レベル」「モダン・ラヴ」「ヒーローズ」を披露した。のちに全曲がDVDに収録されている。ドキュメンタリー作品では、ルー・リード『ロックンロール・ハート』(98年)や、スコット・ウォーカー『30センチュリー・マン』(06年)に登場した。

**Starman**
**スターマン**(2006年)
Vap／VPBR-19040［DVD］

**VH1 Storytellers**
**VH1 ストーリーテラーズ**(2019年)
EU・EMI／DBVH 1［CD+DVD］

**Glastonbury 2000**
**グラストンベリー2000**(2018年)
ワーナーミュージック・ジャパン／WPZR-30832/4［CD+DVD］

**Beside Bowie: The Mick Ronson Story**
**ビサイド・ボウイ／ミック・ロンソンの軌跡**(2019年)
トライアングルエンターテインメント［DVD］

ラヴ」
④『スペイス・オディティ』『ハンキー・ドリー』『ジギー・スターダスト〜』『ロウ』『レッツ・ダンス』
⑤アルバムごとに形態が変わるまさしくカメレオン。ロック・スターたるロック・スターの一人。

**森 次郎**（もり・じろう）
①1968年愛媛県生まれ。音楽愛好家。
②20年紙媒体デビュー。賞罰なし。
③「サーズデイズ・チャイルド」「セヴン」「スロウ・バーン」「エヴリワン・セッズ・ハイ」「すべての若き野郎ども」
④『ヒーローズ』『ヒーザン』『リアリティ・ツアー』『ザ・ネクスト・デイ』『★』
⑤ボウイの訃報が流れた日の夜、渋さ知らズの新春公演を観に行ったら、ゲストのPANTA（頭脳警察）がアコギをかき鳴らしながら「スペイス・オディティ」を歌っていた。このときおぼろげながら頭に浮かんだ、ポップでロックでオルタナなボウイがようやく像を結んだ気がしています。

**山田順一**（やまだ・じゅんいち）
①1965年、東京出身。ライター／エディター&リサーチャー
②出版社で雑誌、書籍の編集、CD制作、イヴェントの企画運営を経験。現在はライナーノーツ（近年のボウイ作品も）や雑誌への執筆及び編集、CD／LPの企画編纂、コーディネイト、監修などを行なう。編著は『グラム・ロック黄金時代1971〜77 ―フィーチャーリング・モダーン・ポップ―』、『GSアイ・ラヴ・ユー ニュー・ロック&アフターGSサウンド時代』など。
③「アッシュズ・トゥ・アッシュズ」「ライフ・オン・マーズ」「レディ・スターダスト」「アブソリュート・ビギナーズ」「スロー・バーン」（順不同）
④『ハンキー・ドリー』『ジギー・スターダスト』『ダイアモンドの犬』『ロウ』『スケアリー・モンスターズ』（発売順）
⑤憧れのロック・スターにして尊敬するジェネラリスト。彼がこの世を去ってから、『★』とは向き合えていない。

**吉村栄一**（よしむら・えいいち）
①1966年福井市生まれ。著述業&編集者
②月刊『広告批評』編集者を経てフリーランスに。ライターとして多くの雑誌、単行本にかかわる。近年の著書は『評伝デヴィッド・ボウイ 日本に降り立った異星人』（DU BOOKS 2017年）、『YMO 1978–2043』（KADOKAWA 2021年）、共著に『戦場のメリークリスマス 知られざる真実』（東京ニュース通信社 2021年）など。
編書に三浦憲治写真集『40ymo 1979–2019』（KADOKAWA 2019年）もある。
③「ドードー」「ファンタスティック・ヴォヤージ」「スルー・ジーズ・アーキテクツ・アイズ」「ハウ・ダズ・ザ・グラス・グロウ」「ティズ・ア・ピティ・シー・ワズ・ア・ホア」
④『ウェルカム・トゥ・ザ・ブラックアウト』『スケアリー・モンスターズ』『1.アウトサイド』『ヒーザン』『★』
⑤2013年の突然の復活が忘れ難い。ライナー執筆のため『ザ・ネクスト・デイ』の音源を日本到着と同時にバイク便で送ってもらったがあれほど首を長くしてバイク便を待ったことはない（泡を冷やしつつ）。その2013年のロンドン、2015年のパリ、2017年の東京、2018年のニューヨークのそれぞれの『DAVID BOWIE IS』展もいい思い出だ。

**和久井光司**（わくい・こうじ）
①1958年10月2日に、東京渋谷で生まれ、横浜で育つ。総合音楽家。
②81年にスクリーンを率いてレコード・デビュー。翌年キティレコードと作家契約し、他者に詞・曲を提供するようになる。バンドで5枚、ソロで5枚のフル・アルバムがあり、プロデュース、参加、楽曲提供、企画・コーディネイト、デザインなどで関わった音楽作品は60作を超える。代表作はソロ名義の『ディランを唄う』と、和久井光司&セルロイド・ヒーローズの『愛と性のクーデター』（ともにソニー）。著書に『ビートルズ原論』『放送禁止歌手 山平和彦の生涯』『ビートルズはどこから来たのか』『ヨーコ・オノ・レノン全史』など、編著に『フランク・ザッパ攻略ガイド』『ザ・キンクス 書き割りの英國、遙かなる亜米利加』『ヴェルヴェット・アンダーグラウンド完全版』『ニール・ヤング全公式音源攻略ガイド』『ラヴ ジョン・レノン』『ジョージ・ハリスンスワンプ・ロック時代』などがある。
③「スターマン」「レベル・レベル」「ヤング・アメリカンズ」「ストレンジャーズ・ホェン・ウィ・ミート」「セヴン」（発売順）
④『ピンナップス』『ステイション・トゥ・ステイション』『スケアリー・モンスターズ』『アワーズ』『デイヴィッド・ライヴ（ニュー・ステレオ・ミックス）』（発売順）
⑤最も刺激的なスター、そして最高のシンガーだった。私のセンスに大きな影響を与えたひとり。

## 執筆者プロフィール／アンケート

①生年、出身地、肩書き
②経歴
③個人的に好きなボウイの曲（5曲）
④個人的に好きなボウイのアルバム（5作）
⑤いま、ボウイを振り返って想うこと

**犬伏 功**（いぬぶし・いさお）
①1967年大阪生まれ、大阪市在住の音楽文筆家／グラフィック・デザイナー。英国産ポップ・ミュージックを軸足に音楽執筆活動を展開、地元大阪ではトークイベント『犬伏功のMusic Linernotes』を定期開催している。
②「スペイス・オディティ」「世界を売った男」「スターマン」「レベル・レベル（USシングル・ヴァージョン）」「ブルー・ジーン」
③『デイヴィッド・ボウイ』（ファースト）『アラジン・セイン』『ロウ』『トイ』『ヒーザン』
④努力が培った比類なき天才。ぼくにとって唯一の、そして永遠の“スター”。

**梅村昇史**（うめむら・しょうじ）
①1961年名古屋生まれ。グラフィック・デザイン／イラストを成業とする。在野のザッパ研究家。
②グラフィック・デザイン／イラストを成業とする。在野のフランク・ザッパ研究家。ザッパの国内発売に関して何かしらの関与をしています。
③「ソウル・ラヴ」「ヤング・アメリカンズ」「フェイム」「スピード・オヴ・ライフ」「ホワット・イン・ザ・ワールド」（発売順）
④『★』『スペイス・オディティ』『ステイション・トゥ・ステイション』『ロウ』『ステージ』
⑤トランスジェンダー、孤独、疎外感、偽り、変容、博愛、といったあたりをキーワードに、今こそより深く歌を理解できるような気がします。

**サエキけんぞう**（さえき・けんぞう）
①1958年7月28日生まれ。作詞家、アーティスト。
②80年ハルメンズでデビュー。86年パール兄弟で再デビュー。作詞家として、沢田研二、小泉今日子、サディスティック・ミカ・バンド、ムーンライダーズ、モーニング娘。他多数に提供。著書『歯科医のロック』他多数。03年フランスで『スシ頭の男』でデビュー。12年『ロックとメディア社会』でミュージックペンクラブ賞受賞。最新刊『エッジィな男、ムッシュかまやつ』（リットーミュージック）。15年ジョリッツ結成。16年パール兄弟デビュー30周年を迎えて再結成、活動を本格化。18年ミニアルバム『馬のように』、19年『歩きラブ』、20年『パール玉』をリリース。20年ハルメンズも再結成。
③「ヒーローズ」「ビューティー＆ビースト」「サウンド＆ヴィジョン」「チェンジズ」「フェイム」
④『ロウ』『ヒーローズ』『ヤング・アメリカンズ』『ステイション・トゥ・ステイション』『ハンキー・ドリー』
⑤人生を通して実験を続けた音楽アーティストはなかなかいないと思う。結局は全ての試行錯誤が『★（ブラックスター）』に繋がったと思う。ボウイに駄作無し！

**立川芳雄**（たちかわ・よしお）
①1959年、千葉県市川市生まれ。音楽批評家。
②いろいろあって現在に至る。『レコード・コレクターズ』誌などに執筆。河出書房新社〈文藝別冊〉シリーズでは、「キング・クリムゾン」「ジェフ・ベック」「ザ・フー」「ジャニス・ジョプリン」などで、あれこれ喋らせてもらいました。
③「火星の生活」「スペイス・オディティ」「アンディ・ウォーホル」「ジーン・ジニー」「魂の愛」
④『ハンキー・ドリー』『ロウ』『ジギー・スターダスト』『ステージ』『アワーズ』
⑤73年の初来日公演には、「こないだも行ったでしょ！」と言われ、行かせてもらえなかった。ちなみに「こないだ」というのは、T・レックスの来日公演（私にとっての初「外タレ」体験）を指します。

**真下部緑朗**（まかべ・ろくろう）
①1964年、鹿児島県生まれ、某出版社・営業部勤務。
②大学卒業後、婦人実用書出版社、食肉専門商社を経て老舗文芸出版社に潜り込む。縁あって『フランク・ザッパ攻略ガイド』『ザ・キンクス 書割りの英国、遙かなる亜米利加』『ニール・ヤング全公式音源攻略ガイド』に続いて参加。
③「スペイス・オディティ」「スターマン」「ジギー・スターダスト」「ライフ・オン・マーズ」「モダン・

| | |
|---|---|
| 企画／構成／アート・ディレクション | 和久井光司 |
| 執筆 | 犬伏 功、梅村昇史、サエキけんぞう、<br>立川芳雄、真下部緑朗、森 次郎、<br>山田順一、吉村栄一、和久井光司 |
| データ作成 | 犬伏 功、森 次郎、山田順一、<br>和久井和佳子 |
| デザイン | 倉茂 透 |

**デイヴィッド・ボウイ完全版**

2022年1月20日　初版印刷
2022年1月30日　初版発行

| | |
|---|---|
| 責任編集 | 和久井光司 |
| 発行者 | 小野寺優 |
| 発行所 | 株式会社河出書房新社<br>〒151-0051　東京都渋谷区千駄ヶ谷2-32-2<br>電話　03-3404-1201（営業）<br>03-3404-8611（編集）<br>https://www.kawade.co.jp/ |
| 組版 | 倉茂 透 |
| 印刷・製本 | 株式会社暁印刷 |

Printed in Japan
ISBN978-4-309- 29183-3